·江苏省高等教育教改研究重点项目（编号：2017JSJG454）研究成果

地方应用型本科高校工商管理学科“U-G-E”协同育人的模式与运行机制研究

A U-G-E Coordinated Education Model
and Its Working Mechanism
for Business Administration of Regional Applied Universities

刘曙霞　蔡柏良／著

中国经济出版社
CHINA ECONOMIC PUBLISHING HOUSE
北 京

图书在版编目（CIP）数据

地方应用型本科高校工商管理学科“U－G－E”协同育人的模式与运行机制研究／刘曙霞，蔡柏良著．—北京：中国经济出版社，2019.10

ISBN 978－7－5136－5926－0

Ⅰ.①地…　Ⅱ.①刘…　②蔡…　Ⅲ.①地方高校—工商行政管理—产学合作—研究—中国　Ⅳ.①F203.9

中国版本图书馆 CIP 数据核字（2019）第 209768 号

责任编辑　彭　欣
责任印制　巢新强
封面设计　华子图文

出版发行　中国经济出版社
印 刷 者　北京九州迅驰传媒文化有限公司
经 销 者　各地新华书店
开　　本　710mm×1000mm　1/16
印　　张　18.25
字　　数　260 千字
版　　次　2019 年 10 月第 1 版
印　　次　2019 年 10 月第 1 次
定　　价　54.00 元
广告经营许可证　京西工商广字第 8179 号

中国经济出版社 **网址** www.economyph.com **社址** 北京市东城区安定门外大街 58 号 **邮编** 100011
本版图书如存在印装质量问题，请与本社销售中心联系调换（联系电话：010－57512564）

前 言

所谓地方本科院校是指隶属于各省、自治区、直辖市，以地方财政供养为主，承担着为地方（行业）培养人才、提供服务的普通本科院校。地方本科高校是我国高等教育的主体，占据最大比例。从办学类型来看，地方本科高校基本上都属于应用型高校，从办学层次来看，又基本归类于教学研究型、教学型高校，其主要任务是面向行业、企业培养高素质的应用型专业人才。但是，从众多地方本科院校的发展规划可以看出，过多地在教学型、教学研究型、研究教学型、研究型这些名词上做文章，把自己定位于教学研究型或研究教学型甚至于研究型大学，定位趋同，发展同位；许多新建地方本科院校也致力于向教学研究型或研究型大学目标靠拢，培养学术型拔尖创新人才，而学校自身又无坚实的办学基础和发展条件，发展困难重重，前景不明。部分学校虽然定位明确，但惯性发展，尚处于“自发自为探索阶段”，尽管有强烈的转型愿望，但未找到突破口，困难较多，在实际办学中仍然沿袭传统本科办学思路，亟须指导和支持。

2018 年 6 月 21 日，教育部在四川大学召开了新时代全国高等学校本科教育工作会议，这是改革开放 40 年来的第一次。会议提出了“以本为本”和“四个回归”，提出要全面整顿本科教学秩序，淘汰“水课”，打造“金课”，取消“清考”，形成了人才培养为本，本科教育为根的共识。2018年11月23－24日，教育部在西安召开了地方应用型本科高校发展工作座谈会，会议提出“地方本科院校必须坚持走地方应用型大学的发展之路，要瞄准服务域，紧紧围绕应用型人才培养这个中心，突出合作办学、合作育人、合作就业、合作发展这个核心，把握培养下得去、用得上、靠得住、离不开的一线生产、服务、管理人才这个重心，努力建设神形兼备的一流地方应用型大学”。应当说，当前是振兴本科教育，加快地方应用型本科高校发展的最佳时期，而“合作”是地方应用型本科高校特色发展的关键所在，也是能否体现“应用型”的根本所在，包括高校、政府、企业之间的协同育人，这是已经国内外高校实践证明了的行之有效的应用型人才培养模式。

本书是江苏省高等教育教改研究重点项目（编号：2017JSJG454）的研究成果，本研究结合工作实践，采取多案例研究，旨在实现以下目标：

1. 构建工商管理学科“U－G－E”协同育人的实践模式，形成提升职业胜任力的“U－G－E”嵌入式课程体系；形成“合作、体验、模拟、探究”为特征的“浸润式”学习方式；形成“知识、人员、平台”三重交融的协同育人途径，破解工商管理学科学生职业胜任能力不足的困境。

2. 研究提出工商管理学科“U－G－E”协同育人的运行机制和政策工具，构建“高校链、行政链和产业链”有机融合的嵌入式人才培养运行机制及其政策工具。从整体上破解“U－G－E”协同育人中“动力不足，融合不深”的难题。基于三重螺旋理论，构建高校、政府、企业三方深度融合的协同机制。拟从需求和供给两端，提出“供给型、需求型、混合型”政策工具，分别发挥供给端的推动（高校）、需求端的拉动（企业）和混合政策（政府）的协同作用，破解大学、企业、政府协同育人动力不足，融合不深的关键问题，推动三方合作，共享共赢。

本课题研究有两大创新点：

1. 破解工商管理学科“U－G－E”协同育人难题，为“U－G－E”合作育人研究提供新视角，为其实践提供鲜活案例。针对实践中的难题，本课题构建职业胜任能力导向的“U－G－E”嵌入式课程体系、全过程的“浸润式”学习方式和“三重交融”的协同育人途径，并构建“供给型、需求型、混合型”政策工具，将有效破解工商管理学科“U－G－E”协同育人中“动力不足，融合不深”的难题，为“U－G－E”合作育人实践提供鲜活案例和操作性方案。

2. 采取多案例实证研究方法，注重动态性、过程性、实践性研究，突破传统思辨、静态、描述性研究局限，深度掌握“U－G－E”合作育人的演化过程与问题。基于扎根理论、SEM（结构方程模型），挖掘和识别影响“U－G－E”合作育人的关键因素及其作用路径，有助于深度掌握“U－G－E”合作育人的演化过程；采取过程追踪性的多案例研究，打破传统的静态研究，且课程的构建注重实效，机制的构建和混合政策工具的提出均注重协同，在研究思路上是一个新的尝试。

本研究成果的形成是由刘曙霞、蔡柏良共同完成，也得到了中国经济出版社的大力支持，在此表示由衷的感谢。

由于时间仓促，自身能力和水平有限，对一些问题的认识可能还不够全面，对地方应用型本科高校的研究不够深入，难免存在疏漏和不足，恳请各位专家和读者批评指正。

2019 年 5 月 26 日

于通榆河畔新长校区

目　录

第一章　绪论

第一节　问题提出与研究意义

一、问题：地方应用型本科院校专业定位问题

一般来讲，地方本科高校由于其办学历史、办学地位和服务面向等原因，大多数属于应用型本科高校，研究地方本科高校的办学情况基本上就是研究地方应用型本科高校的办学情况。当然，不排除部分地方本科高校是学术研究型本科高校，但总体而言，应用型本科高校是地方本科高校的主体。本课题在研究过程中，采纳了地方本科高校也就是地方应用型本科高校的基本判断。

近几年，应用型教育已经成为人们讨论的热点问题，引起学术界的关注，既有实际行动，也有理论探讨。一些大学经过论证和反思，纷纷提出了应用型定位，这是适应时代发展需要的。提出应用型本科院校这一说法，既是为了区别于传统学术型高校，也是为了区别于高等职业技术院校，这绝不是文字游戏，而是社会发展赋予高等教育的当然使命。因为，从人才培养上看，应用型本科院校更加适合全方位的社会需求，从专业设置上看，应用型本科院校能够更广泛地与实际工作和实际生产紧密结合，并具备灵活的应变能力，从课程与教学方面看，应用型本科院校的教学内容更加注重与生产实践的结合，教学模式和教学方法更加灵活多样，既有理论学习，又有实践教学，能够更好地将高校、政府、企业结合起来。事

实上，随着社会的不断发展，对应用型人才的需求也迅速增加。这就要求高校不能仅仅培养高深学问的精英人才，而且要培养工农业生产发展需要的应用型人才。而地方本科高校基本都属于应用型本科高校，因此，探索应用型本科高校的办学问题实质是专题研究了地方本科高校的办学实践问题，具有很强的现实性。事实上，地方本科高校既有侧重于专业应用能力培养的高校，也有侧重于理论研究能力培养的高校，本课题研究侧重于专业应用能力培养的地方高校。

二、扫描：地方应用型本科高校工商管理类专业快速发展

2001 年，全国共有本科院校 597 所，其中中央直属本科院校 100 所，地方本科院校 497 所，地方本科院校占全国本科院校的 83.25%。2017 年，全国本科院校一共有 1243 所，比上年增加 6 所，其中中央直属高校 114 所，地方高校 1129 所，占全国本科高校的 90.83%，与 2001 年相比，中央直属本科高校增长了 14%，地方本科院校增长了 128.54%。可见，地方本科院校的快速发展是全国本科高校快速增长的关键所在。

仅从经济学、管理学两个学科的学生数来看，经济学学科在校生数，2001 年为 22.2 万人，2017 年增加到 96.15 万人，增长 333.11%，平均年增长 19.60%。管理学学科在校生数，2001 年为 102.75 万人，2017 年增加到 298.98 万人，增长 190.98%，平均年增长 11.23%。从中国教育年鉴的统计数据来看，虽然无法精准提供地方本科高校工商管理类各专业的基本情况，但从地方本科院校 90% 的占比，也可以想象地方本科高校工商管理类各专业发展的基本情况。

伴随着本科院校特别是地方本科院校的快速发展，工商管理学科专业也得到了迅猛增长。1998 年，普通高等学校本科专业目录中设置的工商管理类（1102）专业共有工商管理、市场营销、会计学、财务管理、人力资源管理、旅游管理等 6 个专业，另外还有房地产经营与管理、物流管理目录外专业和酒店管理少数高校试点的目录外专业，共有 9 个工商管理类本科专业。2012 年，普通高校本科专业目录调增了工商管理类（1102）专

业，包括工商管理、市场营销、会计学、财务管理、国际商务、人力资源管理、审计学、物业管理、资产评估、文化产业管理等10个专业，另外还有4个特设工商管理类专业，包括劳动关系、体育经济与管理、财务会计教育、市场营销教育。

三、聚焦：现象背后的问题

2018年6月21日，教育部长陈宝生在新时代全国高等学校本科教育工作会议上指出，要把人才培养的质量和效果作为检验一切工作的根本标准。对于地方本科应用型高校而言，着眼于应用型人才培养，增强为区域经济社会发展服务和为行业企业技术进步服务的能力，是提高人才培养质量和效果的主要内涵。

从办学定位看，地方本科高校要符合高等教育规律和发展趋势，立足于自身的办学历史、优势特色和行业基础，对接地方经济社会发展，对焦应用型高校的发展目标，从地方经济发展、产业行业发展和自身特色优势的契合度来精准办学定位。要立足应用型，不攀高求全，基于自身办学历史沿革与基础，凝练、发展鲜明的办学特色，积极探索产教融合的内涵式发展道路。

从服务面向看，学校的服务面向应当定位于立足国家发展战略和区域经济社会发展需求，面向新时代背景下专业、行业最新主战场，主要为地方经济社会发展和行业培养人才。从人才培养规格看，应是培养“实基础、重应用、有特色、高素质”的、具有较强创新创业精神和实践能力的应用型人才。课程作为高校人才培养方案中最基层的单位，是人才培养的基础和保证，应用型人才培养的目标必须通过应用型课程体系才能得以实现。地方本科高校通常都将“应用型”人才作为培养目标，但在实际操作过程中却存在办学定位与人才培养课程体系不匹配的现象，其主要原因在于部分高校人才培养体系缺乏需求导向或缺乏产出导向，其课程设置没有真正围绕职业能力及岗位需求构建，其课程体系与应用型脱钩，缺乏“能力”培养这一主线贯穿。地方本科高校应依据行业和岗位的实际需求，以学生“能力”发展为中心，构建应用型课程体系，将思想政治教育、创新创业教育贯穿于人才培养全过程，着重培养学生“品行好、基础实、能力强、特色明、素质高”的特质，让学生学会学习、学会工作、学会创新。

应用型人才培养主要模式就是要发挥高校、政府和企业协同育人的积极性，走产教融合、校企合作的道路。通过校企合作达到产教深度融合，形成多方互利共赢、协同创新发展的良性循环，推动高等教育人才培养供给侧改革，全面提升应用型人才培养质量。而高校、政府和企业协同育人又是一项系统工程。由于地方本科院校受制于学科专业差异与发展不平衡，以及所面临行业产业背景、政府支持力度和高校本身存在的体制矛盾等因素，从而使高校、政府和企业协同育人推进过程中出现了培养理念冲突、统筹乏力、主体缺失、资源缺乏、体制机制不畅等问题。

从政府统筹角度，要加强对产教融合的政策支持。将高校、政府和企业协同育人的应用型人才培养作为评价学校办学的核心指标，与学校招生、拨款等直接关系学校生存发展要素刚性挂钩，倒逼学校面向产业、行业和市场办学。同时通过企业财税制度、企业用人制度、应用创新成果转化等制度强力调动企业参与产教融合的主动性和积极性。就高校而言，应用型高校应确立以社会需求为导向，以行业、职业要求为参照，以学生实践能力和创新精神培养为核心的“能力本位”融合人才培养要求，通过专业链与产业链对接、课程内容与职业标准对接、教学过程与生产过程对接，建立师资跟着课程走，课程跟着专业走，专业跟着产业走，促进人才链对接创新链，创新链对接产业链的良性机制，全力构建产教融合、校企合作的应用型人才培养新模式。在合作平台搭建上，要发挥行业、企业和学校三方面积极性，成立由学校、企业、行业等组成的专业建设指导委员会，共同制定人才培养方案，协同探索学生专业能力培养与岗位需求有机结合的校企（地）联合培养机制。通过校企合作开办实验班、校企联合开发特色教材、校企职工双向交流等措施，全面强化校企合作育人模式，切实将产教融合型多渠道、全方位、全过程的学生“能力”培养体系落到实处。

四、价值：研究的理论意义和现实意义

（一）理论意义

1. 理论的创新：传统“产学研”理论的补充与完善

本课题研究的主题是地方本科院校工商管理类专业如何借助高校（Universities）、政府（Government）与企业（Enterprise）（简称“U－G－E”）之间的新型互动关系，即高校、政府和企业是知识经济社会内部创新制度环境的三大要素，它们根据市场要求而联结起来，形成了三种力量交叉影响的三螺旋关系，以此来推进应用型本科人才的培养。其实，这个三螺旋交叉合作就是对传统产学研合作的升华。众所周知，传统“产学研”理论存在理论体系薄弱、创新主体职能不清、合作模式单一等问题。而三螺旋理论是传统“产学研”理论的创新范式，从新的视角对传统“产学研”理论进行补充和完善。首先，三螺旋理论强调三螺旋主体的“创新”职能，在这里这个“创新”也可以理解为对人才培养的协同。三螺旋理论认为，大学的学术核心和知识创新与技术转化是三螺旋模型良性运转的基础和前提，大学尤其是研究型大学始终起着对新知识、新技术的生产和扩散功能，成为经济发展的推动器。企业作为三螺旋创新主体之一，通过人才需求促进“产学研”合作，进而促进技术创新，并促进区域创新的发展。企业是协同育人成果的需求者，也是直接的受益者和推广者。政府通过政策、资金支持促进协同育人，是区域应用型人才培养的支持者甚至是发动者。基于三螺旋理论的现代“产学研”理论从根本上说提高了各主体的创新能力和整个系统的创新效率。其次，三螺旋理论更加强调“产学研”的“区域”协同，更加强调“官”“产”“学”“研”各创新主体在区域内的协同，并且认为区域内的环境、资源、政策、信息等创新要素在各创新主体间的流动也是现代“产学研”理论研究的一部分。传统的“产学研”合作只停留在具体项目的合作，合作要素和模式比较单一，对区域创新能力的提高作用不足。三螺旋理论则重视“官”“产”“学”三个机

构相互作用形成的创新动力和合力，努力创造三螺旋创新空间，超出了传统的“产学研”点对点的合作模式。区域内各主体之间的关系会随着区域创新要素如信息、环境、政策、资源的变化而变化，不同区域“产学研”合作模式也不同。最后，在传统“产学研”理论中，合作主体少、合作规模小、合作模式单一，三螺旋理论强调的是多主体参与的复杂多维的区域创新网络模式。区域网络创新模式包括区域三螺旋创新模式和区域非线性网络创新模式。埃茨科威兹提出，在孵化器运动中隐约呈现出一种组织联络模式，孵化器再也不是个别实体，而是金融、社会、智力专业知识和资本集合而成的网络。这里提到的网络是支撑着整个创新系统的结构，成员通过创新网络进行合作交流，技术和知识通过创新网络集聚转移，资金资本通过创新网络流动，这个创新网络就是现代“产学研”合作形式的具体化，是现代“产学研”理论的创新模型。三螺旋理论能够更好地诠释现代“产学研”理论和实践。

2. 主体的创新：双螺旋向三螺旋的转变

传统“产学研”理论中，政府的作用和地位比较模糊，通常存在两种情况：一种是政府对于“产学研”合作处于放任的状态，政府放任企业和学校自由合作，企业和学校之间的合作需要自行联系，政府游离于“产学研”合作之外，三者之间的关系较为松散，互动性差；同时也存在另一种情况，政府完全干预“产学研”的合作，企业和大学共同完成指定的合作项目，但是其他领域的合作特别是深度融入应用型本科人才培养方面还是不多，使得企业和大学积极性不高。三螺旋理论中对协同育人主体的定位很好地解决了这三者之间的矛盾。首先，三螺旋理论首次提出大学、政府、企业在区域“产学研”合作中具有同等重要的作用，任何主体不再是从属者或控制者，每个主体都可以作为“产学研”创新活动的领导者或是组织者；其次，三螺旋理论认为“产”“学（研）”“官（政府）”三个主体之间相互融合和渗透，合作中作用相互重叠，使“产学研”创新能力和效率提高；最后，三螺旋理论不仅强调大学、政府与企业的作用，同时也强调中介机构等主体的作用，使区域“产学研”创新必须在多主体的共同参与下进行。三螺旋创新理论模式作为顺应时代发展的创新模式，与传统“产学研”理论相比，更加强调多主体的共同参与，使“产学研”合作从“产”“学（研）”双螺旋或双主体向“官（政府）”“产”“学（研）”三螺旋或三主体转变。

3. 合作模式的创新：线性模式向非线性模式的飞跃

在传统的“产学研”合作中，合作模式主要局限于点对点的线性合作模式。各协同主体在区域内的合作模式简单，不外乎发起主动合作的正向线性模式和被动接受合作的逆向线性模式。三螺旋理论的出现，从直观上打破了传统线性模式的存在，它提出的三螺旋模式和非线性网络模式使传统“产学研”理论中的线性合作模式在平面上和空间上都有新的突破。三螺旋理论模式强调，各协同主体在合作过程中既保持独立，彼此平等，又存在交互重叠。各协同主体场域之间通过互动建立高度互惠的联系并创造性地构建相互支撑的知识资本化创新机构和三边网络，并通过知识和市场的力量不断重复以达到持续发展的目标，而非“产－学（研）”线性模式中的领导或服从的单一角色，避免了完全点对点式的单一产学研合作。这种模式的优势在于，更多的创新主体参与到合作中去，主体间合作关系的建立更加积极主动，合作规模也随之扩大。三螺旋理论还认为，区域中的主体都不能单独存在，它们之间存在一种特殊的网络结构，这个网络支撑着整个区域的发展。如果某个主体在网络边缘或是不存在于网络中，迟早会被淘汰。这种网络具有一定的稳定性、开放性和非正式性，同时能更好激发出创新的潜能。现代“产学研”合作模式已经摆脱了传统线性模式刻板、单一的形式，非线性模式的出现不仅是现代“产学研”理论的进步，而且其复杂多变的形式更适合当今变化万千的经济发展背景和科技发展趋势。

4. 机制创新：单向创新向协同创新的转变

如前文所述，传统的单向创新机制具有效率低、成本高和风险大等缺点，而三螺旋理论的出现则在机制创新上给了我们新的启示——协同育人。协同育人是指创新资源和要素有效汇聚，通过突破创新主体间的壁垒，充分释放彼此间“人才、资本、信息、技术”等创新要素而实现深度合作。在三螺旋模型中，大学、企业、政府三个机构旧有的边界在逐渐消失，各自职能和作用相互重叠与渗透，融为一体，即每一个育人主体在保持原有作用和独特身份的情况下，都表现出其他两个主体的一些特征，除执行自身的传统功能外还都承担了其他功能。这样每个螺旋体的结构和功能都得到进化并有所增强，由此各机构获得更大的能量并促使其进一步相互作用与合作，形成持续的创新流，实现跨边界的协同育人。在三螺旋理论下的“产学研”合作中，以企业为主体的实践育人链、以大学为核心的知识育人链、以政府为主体的制度育人链的三螺旋各育人主体在合作中既保持独立，又相互渗透，在内部驱动和外部驱动的双重利益驱动下，协同育人，共同完成创新活动，从而创造“1＋1＋1＞3”的协同价值。三螺旋理论提出的协同育人机制比起传统“产学研”理论中的自发、随机、简单、单向为主的合作机制在处理资本、信息、人才和技术资源的过程中，能使协同主体各自保持积极性，更易促进资源流动，最终达到降低创新成本和风险，提高创新效率的目的。

（二）现实意义

1. 构建职业胜任能力导向的工商管理学科协同育人模式，能有效破解高校、政府、企业传统模式中“动力不足、融合不深”等关键问题，有利于聚合高校、企业、政府等多方力量，落实国家有关“产教融合、协同育人”的文件精神

针对应用型工商管理人才的培养要求，以产出为导向，创设了职业胜任力“双层”内涵指标体系。其中，第一层包括“知识”“技能”和“潜质”3个维度。第二层包括基础知识专业知识和前沿知识3个“知识”指标，基础技能、专项技能、综合技能和创新创业技能4个“技能”指标，以及职业价值观、沟通协调、个性特质、心理素质和职业动机5个

"潜质"指标,前两者属于显性能力，后者属于隐性能力，两种能力在人才培养过程中缺一不可。(见表1－1)

表1－1　职业胜任力"双层"内涵指标体系

第一层	第二层
知识	基础知识
	专业知识
	前沿知识
技能	基础技能
	专项技能
	综合技能
	创新创业技能
潜质	职业价值观
	沟通协调
	个性特质
	心理素质
	职业动机

2. 构建职业胜任能力导向的工商管理类专业嵌入式课程体系，实施全过程的"浸润式"学习方式，创建"知识、人员、平台"三重交融的协同育人途径，以及构建全链式的协同育人机制，有助于培养更多高质量的创新创业人才

盐城师范学院在工商管理类专业的建设中按照知识、人员、平台三重交融的要求，开展了三重交融的制度化、平台化建设，取得了实质性成效。三方共同发起成立了"专业建设与发展指导委员会"，先后出台了高校教师到企业挂职锻炼制度、企业专家到高校兼职制度、政府有关职能部门与高校定期召开业务交流制度、政府委托高校开展重大政策的第三方评估制度和校企微学分置换制度等，实现了三重交融的制度化。同时，通过合作建设盐城市商务发展研究中心、盐城市金融研究院、盐城市商务人才培养基地、盐城市中小企业主管理研修基地和"专家工作站"等载体实现三重交融的平台化。经过近几年的建设，在实验教材建设、双师型队伍建

设和决策咨询报告等方面取得了显著成绩，其中有9份决策咨询报告得到了省市主要领导的批示。

3. 构建职业胜任能力导向的工商管理人才培养的全链式协同育人模式，对政府相关部门制定产教融合、协同育人政策有较好的借鉴意义

在传统的“教室－实验室－实习岗位”线状培养模式基础上，围绕职业胜任力提升把应用型人才的价值链分成协同制定培养方案、协同开发课程体系、协同培养师资队伍、协同推进教学改革、协同建设实践资源、协同指导毕业论文、协同评估培养质量等7个不同的环节，实现了从培养方案制定到毕业质量反馈全过程协同育人，政府、企业的参与从某个培养点扩展到整个培养链，从单向参与转变为双向或多向参与。与此同时，我们突出知识、人员、平台三重交融在人才培养中的作用，催生出了诸如商学院工学结合、信息工程学院嵌入式、新能源学院微工厂微学分等深度融合的范式。

五、综述：研究现状

研究地方应用型本科高校工商管理类专业协同育人问题大都是围绕着应用型人才培养、高校协同创新与人才培养、产学研协同创新、三螺旋创新模式研究等方面开展研究的。

潘懋元（2011）在《应用型人才培养的理论与实践》一书中提出目前大多数有关应用型人才培养的研究，仅停留在一般的宏观层面的理论上，很少深入微观层次上的实际问题。因此，探讨应用型人才培养的模式，探寻应用型本科高校的发展路径，深入分析应用型本科院校的基本理论，在实践中总结出应用型人才培养问题的目标、模式、课程、教学理念，是解决应用型人才培养问题的重要环节。汪志兵（2014）在《基于协同创新理论的高校创新人才培养》中提到首先要设计协同创新管理体制与机制，其次是制定科学的协同创新建设方案，再次是师资队伍的协同构建，最后是依托协同创新载体引导学生参与协同创新实践活动，促进学生能力的培

养。刘明（2014）在《协同创新背景下高校人才培养模式探析》中提出协同背景下的高校人才培养面临新的机遇和挑战，出现了一些新的变化趋势，具体包括培养主体多元化、培养方式合作化、培养内容前沿化和培养目标多样化，提出在协同背景下，高校与社会的联系更加紧密，学科、专业和课程设置所包含的知识体系也随之变化。知识体系的变化必然要求教学培养途径、教学组织形式、教学运行机制、培养方案等要素与之相适应，促进高校重新建构和选择人才的培养模式，建立以高校为主导的多元化培养主体运行机制，建立文人教学与科学教育、通识教育与专业教育相结合的课程体系，建立政产学研合作的校内校外双导师或导师组制。乔玉香（2014）在《论地方高校协同创新人才培养模式的构建》中提出要推进教学体系的实践性改革，建立以第二课堂为平台的校政企协同培养人才的多元化模式。张宝歌（2015）在《地方高校人才培养协同创新机制研究——以牡丹江地区5所高校协作为例》中提出地方高校人才培养协同创新机制就是地方高校与其他主体共同协作、相互补充、相互配合培养人才的机制，是地方高校与其他高校、企业、政府的协同创新机制，也是地方高校在高等教育改革与发展的推动下，对自身办学模式进行的改革与适应，并在这个过程中，探索人才培养的新路径。由于地方高校自身的区位特点以及为地方政治、经济、文化、教育等服务的特性，人才培养协同创新涉及范围较大，协同主体不断改革与发展，致使地方高校人才培养协同创新的建立与实施情况较为复杂。季庆辉等（2016）在《地方综合性大学协同创新培养创新创业人才模式研究》中提出要围绕培养创新创业人才为核心目标，进行多个方面的培养主体与因素的共同协作、各个主体间为共同目标取长补短相互补充、相互配合协助的培养创新创业人才行为。企业、大学、科研单位进行产学研协同创新为主要模式，突破三者主体间的壁垒，充分有效汇聚创新创业资源和要素，特别是企业、大学、科研单位和地方政府等各方之间“人才、资本、信息、技术”四个创新创业人才培养教育要素进行充分释放融合，深度合作，搭建为地方经济服务产学研协同创新平台与构建培养创新创业人才模式。地方综合性大学和其他参与主体协同创新培养创新创业人才是共同目标，各主体间动力、知识转移、风险控制、利益分配、激励机制等方面各不相同，依靠现代信息技术构建产学研协同创新平台，各主体间为了培养创新创业人才在产学研协同创新平台进行多方位直接沟通和多样化合作。方丽（2014）在《协同创新视域下的高校人才培养模式的重构与选择》中提出人才培养模式包括内部培养过程和外部培养生态。在协同创新的环境下，人才培养的生态环境发生了变化。这种变化有下面几方面特点：一是与其他高校、科研院所、行业企业的协同尤其是产业界的协同，使培养生态从高校内部向外部延伸。培养生态的延伸意味着高校与社会的联系加深，学科、专业及课程设置所包含的知识体系也随之发生更新，知识体系的变化必然要求教学培养途径、教学组织形式、教学运行机制、培养方案等要素与其相适应，并实现各要素之间的平衡。与此同时，要素的变化必然会带来培养目标乃至办学理念的革新，这势必要求高等教育系统的结构与功能相匹配。这就是高等教育系统结构与功能在人才培养模式层面的生态平衡。二是多中心、多部门共同作用在人才培养中，使培养模式发生了根本改变，最明显的是跨学科培养、交叉学科培养、多导师联合培养、产学研结合培养、国际合作培养等成为可能。余潇潇等（2016）在《基于三螺旋的研究型大学创新创业教育模式探索与实践》中提出可以围绕人才培养目标设计合作机制，调动各方资源，汇聚梳理，改进现有教育体制，建立大学、企业、政府各自发挥原有结构性功能的基础上，建立宏观循环下人才培养的微观循环。在微观循环中，每个机构也可以有另外两个机构的一些能力和功能，形成紧密合作。大学首先发挥原有的教学科研功能，培养能力塑造人格；大学可以在创业教育中引入企业生存的市场环境，使得教育不脱离实际；大学也可以在具体环节中发挥政府一样的规则制定者和协调者角色，使得各方不脱离人才培养的目标。同理，企业可以在原有职能基础上发挥高校和政府的职能，可以传递业界信息，传授企业经验和技术，起到教育作用，还可以发挥规则设立的功能，在某些环节设立市场评判标准。政府也可以发挥教育引导，提供产品服务的功能。在共同的目标下，大学、企业、政府各自履行本职，发挥长处，提供资源，交叉合作，协同培养。在具体操作层面，则应当由三方共同协商，依据实际情况进行调整和创新。张秀平等（2013）在《三螺旋理论：传统“产学研”理论的创新范式》中提出三螺旋理论不仅关注“产”“学（研）”之间的合作，更加重视政府等其他创新主体的作用，旨在强调大学、产业、政府三方在人才培养过程中密切合作、相互作用，形成三种力量相互交叉影响、螺旋上升的“三重螺旋”的新关系，促进“官产学”整体协同创新，提高区域创新效率。李培凤（2014）在《我国大学、产业、政府三螺旋效果分析及政策建议》中提出大学－产业－政府之间的三螺旋网络关系，展现了以知识创新为核心的社会组织系统的基础结构和基本机制。但是，在三螺旋运行过程中，每个国家或地区都存在着这样或那样的结构性问题和机制缺口，创新的关键在于：如何弥补三螺旋中的机制缺口，发展适于创新开展的组织机制。三螺旋运行中的这种机制缺口，表明各创新主体对协同研发的组织设计不合理或功能拓展不充分，预示着政府政策制定与实施的缺陷，同时，也隐藏着政府政策调整的机会窗口。

第二节　概念界定与理论基础

一、几个重要概念界定

1. 地方本科院校

广义概念上的地方本科院校是指教育部及其他中央部委直属院校以外的高校。地方本科院校的办学区位一般在省会城市和其他地市级，其资金来源主要依靠地方财政供给，具有很强的区域性特点。地方性是学校的基本特征，地方特有的历史文化、社会环境、产业特色是地方院校生存和发展的基础。根据潘懋元在《国际教育标准分类法》的基础上对我国高校类型进行的分类，我国各类型高校可以分为学术型大学（5A1）、应用型本科院校（5A2）和职业技术院校（5B）三个大类。而在我国普通本科院校中，地方性本科院校约占90%。就地方院校及其所推行的人才培养模式而言，如何在与学术型大学的学术型人才培养和高职院校的实用型人才培养的激烈竞争中生存下来，一直是地方本科院校面临的巨大挑战。由于地方本科院校在地理位置和服务区域等方面具有的特点，其在办学定位和人才培养的方式和规格等方面带有着鲜明的目的性。与传统的学术型高校有巨大差异，同时与高职院校在学生能力要求、教学质量评价体系、学位授予等方面也有比较大的区别。因此，地方本科院校应在原有学校特色和传统的基础上，重建应用型人才培养模式，以切合区域经济与社会发展对技术技能型人才的需求。换而言之，大多数地方本科院校应归属于应用型本科院校（5A2），因此，本课题研究的对象就是地方应用型本科高校，即5A2型本科高校。(见图1－1)

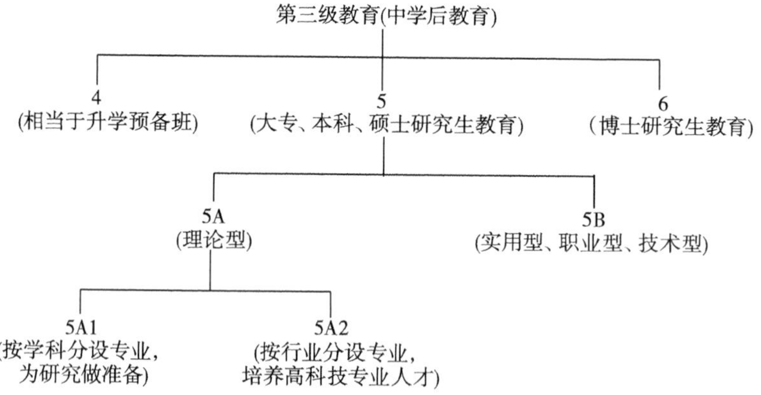

图1－1　国际教育标准分类法

2. 工商管理学科

本课题研究的工商管理学科是指工商管理类本科专业的人才培养模式和运行机制。地方应用型高校的工商管理类本科专业应将培养面向地方市场经济需要的应用型管理人才作为自身的人才培养目标，以培养能够在工业生产管理、商业经营管理、财务管理、人力资源管理等基层部门担任实际工作的应用型人才为主。毕业生应是掌握现代管理理论和管理技能，具有管理学、经济学和企业管理等方面的基本知识，在接受企业管理方法与技巧的基本训练的基础上能够将掌握的理论、知识和技能转化为实际操作能力的应用型专门人才。“地方性”和“应用型”是地方应用型本科高校工商管理类专业的基本特征，毕业生不仅要具有专业知识，还要具有解决实际问题能力、管理能力、信息处理能力以及促进自身可持续发展的学习能力，从而具备较强的社会适应能力。因此，地方高校工商管理专业应根据自身的资源和特点，以培养具有上述知识和能力的应用型人才为目标，以加强学生综合素质、提高学生的实践能力为核心，不断深化教学改革。2012 年，普通高校本科专业目录调增了工商管理类（1102）专业，包括工商管理、市场营销、会计学、财务管理、国际商务、人力资源管理、审计学、物业管理、资产评估、文化产业管理等 10 个专业，另外还有 4 个特设工商管理类专业，包括劳动关系、体育经济与管理、财务会计教育、市场营销教育。（见表 1 –2）

表 1 –2 工商管理类专业目录

目录	2008 版工商管理类专业目录	2012 版工商管理类专业目录
目录内	工商管理、市场营销、会计学、财务管理、人力资源管理、旅游管理	工商管理、市场营销、会计学、财务管理、国际商务、人力资源管理、审计学、物业管理、资产评估、文化产业管理
目录外	房地产经营与管理、物流管理、酒店管理	劳动关系、体育经济与管理、财务会计教育、市场营销教育
专业数量	6 个目录内，3 个目录外	10 个目录内，4 个目录外

3. “U – G – E” 合作

“U – G – E”是高校（ Universities ）、政府（ Government ）与企业（ Enterprise）的英文简称，即高校、政府和企业是知识经济社会内部创新制度环境的三大要素，它们根据市场要求而联结起来，形成了三种力量交叉影响的三螺旋关系。三螺旋理论强调“U – G – E”三方之间是纵向上升横向循环的合作关系，强调共创社会价值是三方追求的共同目标。以此理论为基础，重新审视地方应用型高校经管人才的培养问题，把提升职业胜任力作为“U－G－E”共同追求的最大社会价值，把“U－G－E”全链式协同作为三方深度融合的联结机制，将线性人才培养模式转变为网络状人才培养模式，把人才培养的高校链、行政链和产业链有机融合，形成螺旋状协同育人新机制。按照三螺旋理论，紧紧围绕职业胜任力“双层”内涵要求，从人才培养方案制定到毕业生质量反馈全过程发挥“U－G－E”三方作用、运行全链式协同育人机制，逐步形成了培养方案更加科学、课程设置更加合理、“双创教育”更加突出、能力结构更加精准、培养模式更加先进、实践教学更加凸现、学生质量更受欢迎的良好态势。

二、本研究的理论基础

1. 三螺旋理论

三螺旋概念于20世纪50年代初最先出现于生物学领域。90年代中期，纽约州立大学的社会学家亨利·埃茨科威兹教授和阿姆斯特丹科技学院的罗伊特·雷德斯多夫教授在三螺旋概念基础上提出了著名的官、产、学三螺旋理论，来分析在知识经济时代政府、产业和大学之间的新型互动关系。即政府、企业与大学是知识经济社会内部创新制度环境的三大要素，它们根据市场要求而联结起来，形成了三种力量交叉影响的三螺旋关系，这就是所谓三螺旋理论。被学界认为开创了一个创新研究的新领域、新范式。该理论不刻意强调谁是主体，而是强调政府、产业和大学的合作关系，强调这些群体的共同利益是给他们所处其中的社会创造价值，政府、产业和大学三方都可以成为动态体系中的领导者、组织者和参与者，每个机构范围在运行过程中除保持自身的特有作用外，可以部分起到其他机构范围的作用，三者相互作用、互惠互利、彼此重叠。三螺旋理论的核心在于，随着知识经济的出现，在区域内的科研院所与大学成为主要知识资产，具有了更高的价值。在成熟的创新区域内，科研院所与大学通过其组织结构最下层的研究中心、科研小组以及个人等建立起与市场经济活动

良好的接口，在区域内发挥了强大的技术创新辐射作用。（见图 1 – 2）

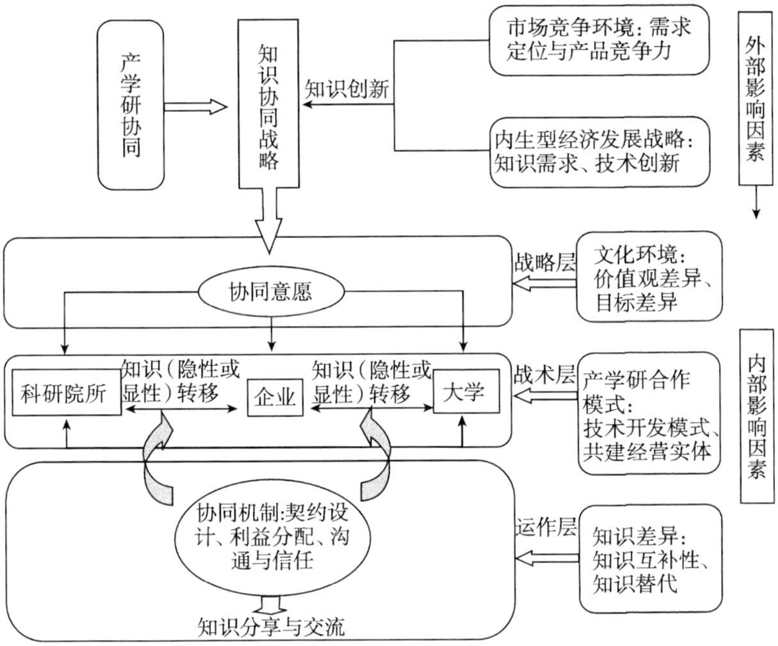

图 1 – 2　三螺旋影响因素

2. 自组织理论

自组织理论是 20 世纪 60 年代末期开始建立并发展起来的一种系统理论。它的研究对象主要是复杂自组织系统（生命系统、社会系统）的形成和发展机制问题，即在一定条件下，系统是如何自动地由无序走向有序，由低级有序走向高级有序的。它主要由三个部分组成：耗散结构理论（Dissipative Structure）、协同学（Synergetics）、突变论（Catastrophe Theory）。

耗散结构理论主要研究系统与环境之间的物质与能量交换关系及其对自组织系统的影响等问题。建立在与环境发生物质、能量交换关系基础上的结构即为耗散结构，如城市、生命等。远离平衡态、系统的开放性、系统内不同要素间存在非线性机制是耗散结构出现的三个条件。远离平衡态，指系统内部各个区域的物质和能量分布是极不平衡的，差距很大。

协同学主要研究系统内部各要素之间的协同机制，认为系统各要素之间的协同是自组织过程的基础，系统内各序参量之间的竞争和协同作用是系统产生新结构的直接根源。由于系统要素的独立运动或在局部产生的各种协同运动以及环境因素的随机干扰，系统的实际状态值总会偏离平均值，这种偏离波动大小的幅度就叫涨落。当系统处在由一种稳态向另一种稳态跃迁时，系统要素间的独立运动和协同运动进入均势阶段时，任一微小的涨落都会迅速被放大为波及整个系统的巨涨落，推动系统进入有序状态。

突变论则建立在稳定性理论的基础上，认为突变过程是由一种稳定态经过不稳定态向新的稳定态跃迁的过程，表现在数学上是标志着系统状态的各组参数及其函数值变化的过程。突变论认为，即使是同一过程，对应于同一控制因素临界值，突变仍会产生不同的结果，即可能达到若干不同的新稳态，每个状态都呈现出一定的概率。

3. 种群生态学理论

种群生态学理论主要是从生物学的自然淘汰学说演变而来的，这一理论的分析对象为所有的组织生存和适应性问题，重点不在于个别组织如何演变，而是整个社群（Community）或全种群（Population）组织的变化。哈南与弗里曼（Hannan and Freeman）是两个最早主张“种群生态”的组织理论学者。他们的模式集中探讨组织的总量（Aggregates），如行业，而不是个别企业组织机构；同时，他们对组织设计提出的有关问题也不一样。他们探讨为何在社会上有那么多类型的组织。他们对其过程感兴趣，同时探讨相同行业内的不同组织形式如何在长期的竞争环境压力下作出反应。针对一个种群，种群生态学研究者所提出的问题，就是关于社会组织的数量和变化。为什么新形成的组织会不断带来多样性？其答案是对照环境所要求的变化，组织的适应性很有限。在组织种群内，新形式和新类型的组织比起既有组织来其创新和变革发生得更为频繁。的确，组织的形式被认为是相对稳定的，通过企业家创新的组织新形式给整个社会带来了好

处。新的组织比起那些变化缓慢的既有组织更能满足社会的新需求。（见图 1－3）

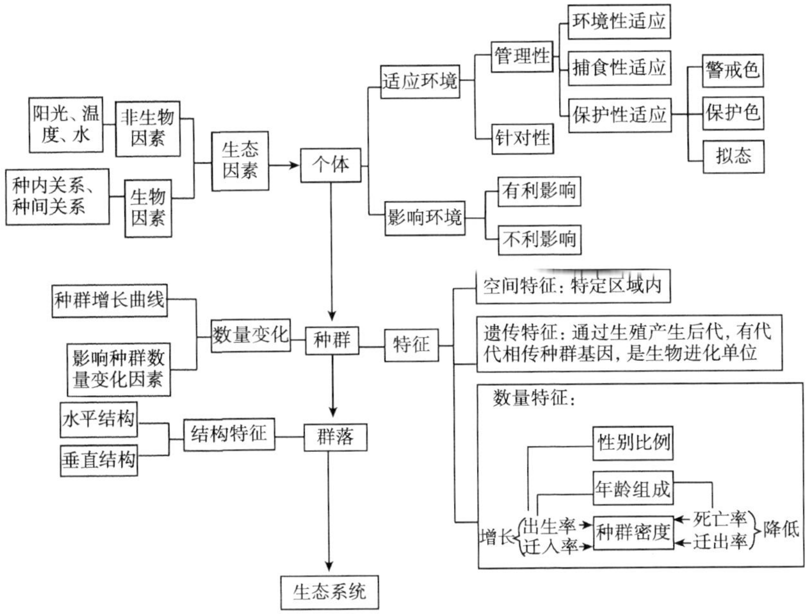

图 1－3　种群生态学系统

第三节　研究方法与研究思路

一、研究的基本方法

研究方法的选择基于研究的实际需要。任何方法只要导致能够合理论证的结果，就是正当的方法。由于本课题研究的是地方应用型本科高校工商管理学科“U－G－E”协同育人的模式和机制问题，因此，根据研究需要，本课题研究采用了以下研究方法：

1. 文献研究法

本课题在具体的研究过程中，还必须收集大量的与地方本科高校工商管理类专业有关的文献资料，其中包括相关的政策性文件、官方统计资料、有关会议纪要等。显然，对这些文献资料进行研究，并从中提炼出有学术价值的重要事实判断是非常有必要的。客观上讲，地方本科高校工商管理类专业的建设问题既有高校自身的理性期望和诉求，也有全社会的期盼和要求，更重要的是，通过研究文献，不仅能使研究避免陷入人云亦云的资料讹传中，而且还能使本研究直接回到地方本科高校工商管理类专业的原点去检视专业的建设问题，这无疑增强了本研究的客观性。

2. 调查研究法

本课题在研究过程中，为了尽可能全面地掌握地方本科高校工商管理类专业“U－G－E”协同育人状况，采取了大量的问卷调查或电话访谈或会议交流等方式。截至目前，已经发放问卷 180 份，收回 154 份，占发放问卷的 85.56%，均为有效问卷。大样本调查与访谈，不仅使本研究收集了可信、真实的第一手资料，而且保证了研究的信度和效度。

3. 案例研究法

一般而言，案例研究是对特定对象进行描述和分析，并得出相应结论的研究方法。由于本课题在探寻和揭示地方本科高校工商管理类专业“U－G－E”协同育人的模式和机制中对一些案例进行分析和研究、概括和提炼，因此，案例研究法是本课题研究不可或缺的方法。特别需要强调的是，为了能够更真实地接触到地方高校的工商管理类专业建设情况，本研究特别选择了盐城师范学院商学院、常熟理工学院经济管理学院和嘉兴学院商学院 3 所地方高校的工商管理类专业为案例背景，对其进行实地研究。

4. 历史研究法

任何事物都是作为一个过程而展开，都有其本身的发展规律，要客观地认识当下就必须全面了解过去。本课题研究的是地方本科高校工商管理类专业的“U－G－E”协同育人模式和机制，就必须把这一议题放在历史的背景下才能审视得更为清楚与透彻，因此，历史研究法也是本课题研究的重要方法。

二、研究的基本思路

研究思路是指研究者为解决某个现实问题，在选择了特定视角的基础上，按照一定的逻辑脉络，建构适当的分析框架并展开具体研究的思维路径。对于同一个问题，由于选择的视角不同，往往会形成不同的研究思路。由于地方本科院校是一个典型的自组织系统，工商管理类专业又属于一个较大的专业群，专业群内部存在着一个种群生态系统，特别是“U－G－E”协同则是典型的三螺旋理论。因此，本课题研究以三螺旋理论为主要视角，同时以自组织理论和种群生态学理论为辅助视角，以此来构建相应的分析框架，对本课题进行深度的研究。

1. 研究的认识路径

本研究遵循认识问题—分析问题—解决问题的基本认识路线，由问题的导入开始，按照问题的逻辑脉络，层层推进，合理展开，在对问题的全面把握和深度分析的基础上，提出解决问题的方法。

2. 研究的技术路线

本研究建立在求解“地方本科高校工商管理学科‘U－G－E’协同育人的模式和机制”问题的基点上，以地方本科高校工商管理类专业为研究主线，遵循一般—个别、静态—动态的研究路径，以地方本科高校工商管理类专业为现实图景切入，将实地研究的结论作为理论研究的依据，并力图在三螺旋理论为主的分析框架内，全面而深入解析影响地方本科高校工商管理类专业建设的相关变量，系统而客观地提示内在的逻辑，理性而前瞻地探寻这一类高校工商管理专业的目标趋势，从而为地方本科高校工商管理类专业的“U－G－D”协同育人提供切实的理论指导。研究思路的具体技术路径如图1－4所示。

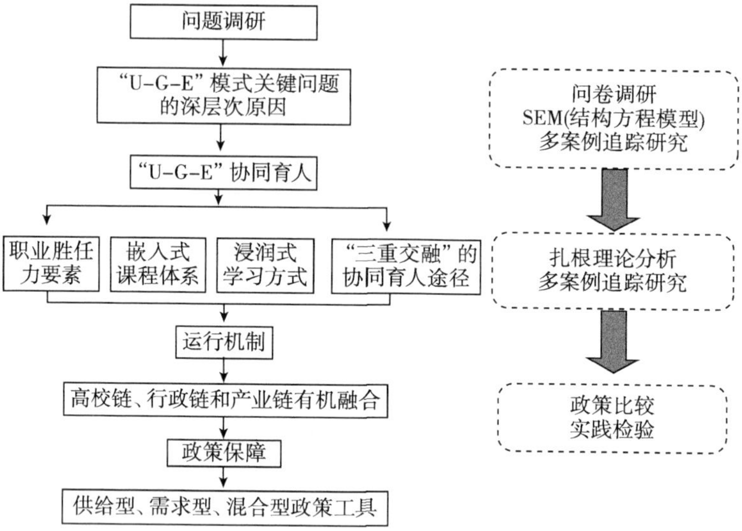

图1－4　技术路线

第四节　本书的写作框架

本书共分十章内容。

第一章，绪论。在对地方应用型本科高校工商管理类专业建设长期关注的基础上，提出地方应用型本科高校专业定位、发展现状及其原因，剖析了本研究的理论意义与实际意义，对本研究所涉及的地方应用型本科高校、工商管理学科、“U－G－E”协同育人等概念作了界定和明确，系统论述了本研究的理论基础、研究方法和研究思路。本章内容对本课题研究起着纲领性作用。

第二章，地方应用型本科高校的特征与战略意义。本章从地方应用型本科高校的特征、发展地方应用型本科院校的战略意义和地方应用型本科人才培养目标与规格三个方面进行了系统研究，“地方性”是服务面向，“应用型”是办学类型，“本科”是办学层次，提出地方应用型本科高校要有清晰的培养目标和培养规格，要走高校、政府和企业三方协同培养的办学模式。

第三章，地方应用型本科高校工商管理类专业建设的现状与困境。本章从地方应用型本科高校存在问题及其工商管理类专业发展现状、形成归因分析，系统剖析了当前地方应用型本科高校工商管理类专业的现状，提出了诸如专业定位、课程体系、培养模式、实践教学等方面的问题。

第四章，"U－G－E"协同育人理论。本章重点研究了基于三螺旋的"U－G－E"协同育人理论、应用型人才培养的三螺旋建立、"U－G－E"协同育人的主要内涵、主要模式以及三螺旋合作中多元主体的最适角色等内容，提出了地方应用型本科人才培养的最佳模式就是"U－G－E"协同育人。

第五章，地方应用型本科高校工商管理类专业"U－G－E"协同育人的实证研究。本章分析了国内外高校协同育人的一般做法，并重点围绕国内部属重点高校、地方重点高校、地方应用型高校三个层次的协同育人典型案例进行分析，且对多案例追踪分析进行了总结，提出了三螺旋理论对工商管理类专业人才培养的路径启示。典型案例包括中山大学的旅游管理专业、江苏大学的工商管理专业、盐城师范学院商学院的工商管理类专业、湖南工商大学的工商管理类专业。

第六章，影响协同育人的主要因素与协同途径。本章从外部因素、内部因素两个层面重点研究了影响协同育人的主要因素，提出协同育人的利益相关方之间目标的不一致、利益分配机制缺失、协同机制不健全和政策时有失灵或不对位是影响协同育人的主要外部因素，而认识不到位、定位不准确、师资跟不上、机制不配套和教学方法不匹配则是影响协同育人的主要内部因素。从内外部影响因素的研究中提出了协同育人模式，包括传统的校地合作模式、校企合作模式、"U－G－E"合作模式等不同的模式。

第七章，地方应用型本科高校工商管理类专业人才培养目标与能力体系。本章从应用型人才的培养目标、能力指标体系和应用型人才培养的实践教学体系三个方面进行了研究，提出应用型人才的培养目标应当借鉴OBE 理论，反向设计、正向实施，并以成果产出为导向、以学生发展为中心、以持续改进为原则，科学合理设计培养目标，构建契合应用型人才培养要求的能力指标体系和实践教学体系。

第八章，协同育人的课程体系与协同模式研究。本章从以职业胜任力为导向的嵌入式课程体系和实施全过程的“浸入式”学习模式两个方面研究了协同育人的课程和模式问题。从地方应用型高校工商管理人才培养过程中存在的主要问题，提出要借鉴工科专业认证的经验，构建以OBE理论为导向的嵌入式课程体系，嵌入行业企业的课程资源和评价标准，嵌入行业企业的最新要求和最新趋势，嵌入专业评估和专业认证的最新理念和最新导向，实施“合作、体验、模拟、探究”为特征的浸润式学习模式，走“三重交融”的协同育人路径，即从知识的传播与转化、人员的赋能与流动、平台的创建与优化三重螺旋交融实现“U－G－E”协同育人。

第九章，“U－G－E”协同育人的运行机制与政策工具研究。本章从协同育人的运行机制、政策工具两个层面进行了研究，分析了行政驱动、利益驱动的协同育人运行机制，并从利益分配机制、协同机制、保障机制、组织机制、人才培养机制等方面探讨了“U－G－E”协同育人治理办法，分析了供给型政策工具、需求型政策工具和混合型政策工具，重点剖析了规格供给结构、专业供给结构、课程供给结构、教学供给结构、师资供给结构等供给政策工具的改革，以谋取协同育人机制和效果的最优化。

第十章，“U－G－E”协同育人模式的持续改进。本章从“三全”质量管理分析了“U－G－E”协同育人过程中质量监控，剖析了存在的主要问题，探讨了用持续改进理念来加强协同育人的流程管理和质量监控体系的建设，并从持续改进的逻辑、学生培养方案的持续改进、教学管理机制的持续改进、教学质量控制的持续改进、评价机制的持续改进、反馈机制的持续改进等多方面进行了持续改进的研究，通过持续改进的案例分析进一步明确持续改进在“U－G－E”协同育人模式中的地位和作用。

第二章　地方应用型本科高校的特征与战略意义

第一节　地方应用型本科高校的特征

地方应用型本科教育不同于学术型或职业型专业教育，主要在于这类教育结合学科和行业分设专业，培养面向社会一线的专业应用型高级专门人才，其面向上以行业性为主导，性质上以专业性为主线，类型上以应用型为主体，层次上以教学型为主流，模式上以实践性为主载，与侧重学科教育的普通大学教育同型异质，是建立在普通教育基础上本科层次的应用型专业性教育。这些教育突出强调专门性、针对性、实践性和行业性，其定“向”在行业，定“性”在专业，定“型”在应用，定“位”在教学，定“格”在实践。具体体现为如下七个方面的基本特征：

一、地方应用型本科教育是以行业性为主导的教育

行业指向性是应用型本科高校服务面向的主要特征，也是应用型本科高校办出特色的根本所在。应用型本科高校大多数具有行业办学的传承优势，有的是“出生”在地方，本来就归口于行业管理，有的是前些年高校隶属体制改革，原本是中央部委领导而后划归到地方管理，其办学的空间区位性或地方适应性得到了强化。而行业的指向性或产业对接链却逐步弱化，致使没有了行业纵向支撑的区位横向服务而变得空泛盲目，人才培养找不到合理的专业结合点，往往背离了专业性应用教育而与传统的学科性本科教育趋同。因此，应用型本科院校不仅要立足地方，更要着眼行业，

应在更合理的区位行业性背景内，强调专业布局、适应行业特征、人才培养适应行业需求、科技服务适应行业功能，建立行业指向性明显的需求驱动型的发展模式，形成与本地区的产业、科技和社会文化协调发展的机制，拓展特色办学的广阔发展空间，增强对地方经济社会发展的辐射力和贡献率，因地制宜地实现应用型本科教育与区位经济社会的协调发展。尤其是不同地区的应用型本科院校，应当从自身所处的区位差异、地域特色和行业发展的特定结构、特定背景出发，对办学目标体系中的各项指标，科学地、恰当地、实事求是地定位，而不能脱离本地区的行业发展实际，不顾学校自身的综合实力，盲目追求高层次、高水平、高指标。

世界各国高等教育的办学实践也证明，应用型本科高校只有融入行业、企业的要素和标准，切实加大行业、企业参与人才培养的强度和深度，其发展才会有生命力。法国的“大学校”与行业企业日趋紧密的联系在改革中发挥了至关重要的作用。学校在开设专业课、实验课和实习课的基础上，通过毕业设计和生产实习，延伸了专业教育链，加强了与行业企业的渗透与融合，形成独特的专业教育特色。与此同时，法国“工程师职称委员会”每年公布一次有权授予工程师职称的高校名单，学生毕业时不仅可以获得毕业文凭还可以获得权威机构的职业资格证书，毕业证书与职业资格证书挂钩，加强了专业教育的行业性。再如，德国的应用型本科高校也十分注重与当地人文、地理、行业企业的密切联系。在大众汽车集团公司总部所在地沃尔夫斯堡开办汽车高等专业学院，在港口城市开办航运、船舶制造高等专业学院。这些专业学院十分重视与当地行业企业的合作，行业企业始终参与人才培养的全过程，主导整个实践教学环节和实践教学过程。这不仅加深了专业型人才培养的行业与地方背景，加强了高校与行业企业的协同育人，而且也有利于地方产业结构与人力资源结构的优化，增强行业性就业能力，拓宽应用型高校的发展空间。

可见，应用型本科高校主要面向地方，为行业培养人才。只有充分适应了地方行业经济增长方式转变和产业结构调整优化的需要，紧密结合地方经济社会发展特性和行业需求来确定应用型专业教育方向，才能使其培养的人才与地方社会经济发展相适应，并切实担负起对地方优势行业和支柱产业的重要支撑作用，实现高等教育与地方经济社会的协调发展。

二、地方应用型本科教育是以专业性为主线的教育

应用型本科教育本质上应是建立在普通教育基础上本科层次的专业性应用教育，专业性教育是应用型教育的根本属性和本质特点。比较而言，职业型专业教育属于定向于职业岗位并更加体现职业针对性的职业技术教育，强调专业定向与职业方向的密切联系，注重贴近社会生产实际和职业分工，侧重以与工作相适应的职业能力为主线，突出专业设置的职业性属性，更加突出职业岗位的接口性和就业的针对性。主要培养生产一线或社会劳动终端的技术型和技能型人才。学科型专业教育属于定向于科学研究领域或工程研究领域并更加体现倾向性的学术型高等教育，强调专业定向与学科研究方向的密切联系，侧重于与基础研究相适应的学术能力为主线，注重专业设置的学科性属性，更加突出理论知识的基础性、广博性、普适性和非职业性，主要培养将客观规律转化为科学原理、致力于科学研究的学术研究型人才。应用型专业教育强调专业定向与行业走向密切联系，侧重以与行业企业实际需要相适应的专业能力主线，注重专业设置的行业性属性，更加突出专业教育的专门性、针对性、实践性和行业性，主要培养将工程原理应用于社会实践、侧重于工程管理和应用的应用型人才，培养兼具专业性和通识性的本科层次的工程师、经济师、会计师、医师等专业应用型高级复合人才。

应用型本科的专业教育同时是基于学科背景和通识教育的专业性教育。其专业内涵与专业结构既强调较强的专业应用性，又具备适度宽厚的学科基础；既有突出行业背景的应用性作为坚实平台，又有一定学科背景的宽口径专业或应用特征的主干学科和相关学科人为有力支撑。例如，会计学本科专业的人才培养，应有理论经济学、应用经济学、工商管理等主干学科的基础性支撑。应用型专业教育培养的人才同样是“具有创新精神与实践能力的高级专门人才”（《高等教育法》第5条）。因此，应用型高

校的专业教育一方面必须注重专业结构优化，对基础学科专业应当在保护的前提下进行应用性方向的改造，对产业技术含量高的通用性专业应加强宽口径整合和专业群建设，对培养新型复合型专业型人才的交叉型专业应优先发展，对能为地方经济发展特别是地方产业升级和支柱产业发展提供重要人才支撑、技术支撑的应用性专业应重点加强建设，倾力打造成优势产业和特色专业；另一方面，应用型高校的专业教育必须按照教育部规定的总体要求，构建独具特色的专业应用型人才培养方案，着力促进专业应用型人才培养模式的整体改革。

三、地方应用型本科高校是应用型本科教育的主体

如前所述，地方本科高校中绝大多数属于应用型本科高校。但对于地方本科高校的归属问题一直存在争议，争议的焦点在于：其一，将本科教育简单地分为学术型教育和应用型教育并不科学。高等教育体系应由科学教育、工程教育和技术教育三种教育类型组成，分别以科学型、工程型和技术型人才培养为主要目标。其二，人才类型与教育类型并不存在直接对应关系，培养本科层次的应用型人才是所有高等教育类型的主要目标但不是唯一目标，应用型人才的培养目标可以通过多种教育类型、多种途径来完成和实现。如果把地方本科高校定位于“工程型本科”或“技术型本科”，外延显得过于狭窄，可能适合于某一本科院校的校情，却难以涵盖地方高校多元教育类型，也极易模糊学术型教育与应用型教育的内在属性与价值指向。因此，我们认为，将地方本科高校定位为“应用型本科”既能够体现与学术型本科的错位发展，又可以突出“应用性”的内在属性和价值指向。尽管目前各类人才类型的边界日趋模糊，人才之间的重叠交叉日益拓宽，各类高校实施单一教育类型和人才培养类型的情形比较少见，但这种类型的重叠交叉本质上不颠覆不同教育类型和人才类型的主导地位与核心价值属性。

基于上述分析，地方本科高校应当归属于应用型专业教育。首先，专业性代表了高等教育的根本属性，而高等教育既可以是侧重于学科性的专

业教育，也可以是侧重于应用性的专业教育，两者存在着职能属性与培养方向事实上的差异，学科性的专业教育以满足多样化社会需要，培养高层次研究型人才为标志，地方本科高校的专业教育主要定位于应用性专业教育，这种教育与侧重学科性研究的普通高等教育同型异质。其次，依据“学科性”与“应用性”的主导价值取向，高等教育通常分为学术型与应用型两大类，主要存在类型指向和性质差异。按照国际教育分类标准，学术型或研究型高等教育归属于学科性研究型的高等教育，工程应用型和技术应用型高等教育归属于专业性应用型的高等教育。应用型高等教育是介于学科性研究型教育和职业性技术型教育之间，涵盖工程应用型、技术应用型，以本科层次为主的第二类型的专业性应用型教育。因此，其教育类型定位应以专业性为特征，以应用型为主体。

四、地方应用型本科教育是以教学型为主流的教育

参照美国卡内基教育促进基金会的大学分类，高等教育又可分为研究型、研究教学型、教学研究型、教学型四个层级，前两者以研究生教育为主体，或本科生与研究生教育并重，侧重于基础研究和科技创新，后两者以本科生教育为主体，辅以研究生教育，侧重于应用研究和科技服务。这一层级定位反映出高等教育的发展水平和多样化发展的必然趋势。尽管教学型高校可以基于所属类型，实现由教学型向研究型的层次攀升和跨越，但这种攀升和跨越必须遵循高等教育发展的内部和外部规律，必须基于教育资源的传承优势和核心能力，基于自身学术资源的积累和社会人力资本的需求。现阶段，应用型高校必须承担培养数以万计的高素质专门人才的重要使命，承担培养专业应用型高级专门人才、服务区域经济社会发展的神圣使命，应根据“应用型”的类型定位与“教学型”的层级定位，以培养社会急需的专业应用型高级专门人才作为办学核心价值和终极追求，形成关键性竞争优势，引领学校把握流向，错位发展，办出水平，彰显特色。

教学型本科院校的首要特点在于确立教学中心地位，以专业型人才培

养模式体现应用型教育的鲜明特色。人才培养模式集中体现了教育思想和教育理念，从根本上规定了人才培养的特性和方向，是培养目标、培养方案、培养途径、培养方式等要素的综合体现和规范样式。应用型本科教育的人才培养模式，其培养目标与质量规格在达成本科教育所需要的学业标准的同时，应充分体现行业企业对应用型人才的特殊要求，侧重于以解决实际问题的专业能力为主线，按照通识教育与专业教育相渗透、理论教学与专业实践相结合的原则，构建专业能力和素质拓展并举、以创新精神和实践能力培养为重点的理论教学体系、实践教学体系和素质教学体系。其培养方案的制订，应处理好学科建设与专业建设，更加注重应用型课程体系与教学内容的整体优化，使课程体系成为专业应用型人才培养的有机整体，从根本上改变传统学科导向型的课程模式，探索产出导向型的课程模式；培养途径也应有多样性的安排，要把高校、政府、企业三方之间的协同培养贯穿人才培养全过程，以切实创建专业应用型人才培养模式的实践范式和特色模式。

教学型本科院校同时还应重视学科建设和科研效能。大学是以学科为基础建构起来的学术组织，学科是承载教学、科研和社会服务的基础，是地方本科院校提升人才培养和科学研究水平、开发专业建设优质资源的重要基础，是学校增强核心竞争力、形成办学实力的显著标志。地方本科院校应以培养专业应用型人才为目标，以专业建设为基石，以学科建设为支撑，以队伍建设为关键，切实开展应用研究和科技服务，形成关键性持续竞争优势。

五、地方应用型本科教育是以实践性为主载的教育

应用型本科教育实现与学术型大学错位发展的关键，在于传承其重视和强化实践的原有优势，创建符合应用型人才培养要求的实践教学体系。但有的学校却丢掉了自身的办学优势，盲目照搬学科性教学体系，实践性教学功能反而弱化，实践教学环节的组织缺乏连续性、系统性和衔接性，缺乏专门的实践教学、实验室建设的规划、管理与评价机制。实践课或依

附于理论课程，或成为理论教学的辅助手段，实践内容以演示性和验证性为主，缺乏设计性、综合性、创新性的实践教学项目，实践教学手段停留在传统方式，“互联网 +”、虚拟仿真手段应用极不充分；实践教学的基地和设施严重滞后于当下的应用型人才培养要求，高校、政府、行业企业的合作还是形式化；实践教学的师资队伍严重不足，“双师型”队伍建设还任重道远。总之，现行的实践性教学水平和条件不足以满足应用型本科教育专业型人才培养的要求。因此，必须对现行的实践性教学组织和管理模式进行改革与创新，大胆引进社会优质资源，创建“U－G－E”协同育人新模式，建构具有专业应用型本科教育特色的实践教学体系。

地方应用型本科高校要承担以培养创新精神和实践能力为重点的专业应用型高级专门人才的教育任务，其主要载体或途径在于加强实践性教学，构建与理论教学体系紧密联系的实践性教学体系，培养“基础扎实、学以致用”的专业型人才是整个教学过程的共同元素和关键取向。要构建这样的实践教学体系，就必须引进优质社会教育资源，建构好“U－G－E”协同育人机制，把产学研合作教育深层次落实到整个人才培养过程。其中，“学”主要是传承知识，“研”主要是创新知识，“产”主要是应用知识，三者本质上都是知识运行的活动形式，存在相互储存关系和内在本质联系。产学研合作教育重在实践性教学，实现应用型人才培养计划与行业企业的用人标准的融通对接，以合作教育为切入点，以人才培养为根本点，既有针对性地培养极具行业企业特征、极富实践能力的专业应用型人才，也更便捷地为企业提供科技服务，更充分地发挥校企各自优势，实现资源共享与共赢。其基本特征为：在目标定位的适应性上，主要以培养学生实践能力、专业能力和就业竞争力为重点；在功能定位的互补性上，主要整合学校和社会两种教育资源，实现优势互补；在模式定位的延展性上，主要体现为产学研合作、工学交替、定向培养等多种实践模式，并注重在地方政府的主导和支持下，与行业企业合作共建开放性、多功能的实践性教学基地和科技服务平台，在为行业企业提供服务的过程中培养应用型专门人才。事实上，构建“U－G－E”协同育人机制的目的和作用远远不止实践性教学，而是人才培养的全部过程与环节。

六、地方应用型本科教育是具有职业能力（专业能力）核心性特征的教育

人才培养方案、课程体系、教学内容和学习评价都应以专业人才培养目标为根本。对一个专业来讲，四年的课程设置是一个完整的体系，但是在这个体系中有基础性的、有专业性的、有拓展性的，等等。地方应用型本科院校在人才培养课程体系（教学内容）的设置上要充分体现职业能力（专业能力）的核心性特征，要以社会需要、职业需要为核心，积极探索以能力为主线、实践体系为主、理论为其服务的新模式。课程体系（教学内容）要紧紧围绕职业能力（专业能力）这个核心来构建、取舍、优化、整合。专业建设上，不管定位何种人才，应用型、复合型、技术型、技能型、创新型、职业型、服务型等，都应深刻厘清、理顺。目标上要明确核心专业能力是什么，核心能力怎么定，核心课程怎么建，核心实践平台怎么支撑，教学团队及专业带头人怎么选聘，以及如何评判等问题。对新型应用型本科人才培养目标要明确重点，不能太泛化。这是培养“职业化”大学生和使大学生“职业师化”的核心问题。

据麦可思分析数据可知，不同专业目标定位所要求的核心知识是不同的，核心能力是不同的，这是根据学生毕业后岗位工作的相关性、时效性关联程度调查而来的。因此，新型应用型本科院校课程体系设计要以专业为导向，以学科为支撑，以能力培养为核心，依据业界对应用型本科层次人才的知识、能力和素质要求，打破学科专业壁垒，整合课程内容，构架课程体系，强化学生所学知识的综合应用。要敢于打破传统“三段式”“两条线”框架，实践三段相融合（基础、专业基础、专业与拓展相融合）、两线融一线（理论体系线和实践体系线融一线），探索新的专业人才培养方案、课程体系、教学内容、教学方法和学习评价，使之统一到专业人才培养目标上来，在专业课程体系的设置中充分体现出职业能力的核心性，实现学历教育与职业素质养成的科学统一，从而真正创新应用型人才

培养模式。这是办好新型应用型本科的重中之重的任务。

七、地方应用型本科高校具有地方性（行业性）和人才培养定位的行业适应性特征

服务面向是指高校在履行人才培养、科学研究、社会服务、文化传承与创新等职能时所涵盖的地理区域或行业范围。许多地方本科院校一般由专科独立或合并升格而来，大多数位于地市级城市，是我国经济社会发展的必然产物。由于这些学校其所生、所在、所长与地方或行业的客观紧密性，如何生于斯、长于斯、服务于斯，立足地方（行业）、融入地方（行业）、服务地方（行业）、共享地方（行业），成为推动地方（行业）经济社会发展不可缺少的组成部分，是地方应用型本科院校的使命与责任，是其自身的价值取向。这一地方性（行业性）服务价值取向是新型应用型本科院校的立足之根、存在之基，是指引学校办学定位、发展理念、办学思路的前提。如何做到与地方（行业）相融、相长、相促、相亲，形成共生共存的互利双赢办学态势，是摆在新型应用型本科院校面前的新课题。而其定位上对服务域和功能域的准确把握是这类学校的两个根本面向。学校的办学方向必须鲜明地体现出来，这是为谁办的问题。

地方应用型本科院校在人才培养定位上首先要彰显行业的适应性。行业适应性是指一个人在从事某项工作时所必须具备的行业素质特征，这些行业素质特征可以是某种技术、某种技能，也可以是创新能力，或者是复合应用能力等。培养具有职业适应性的人才是应用型本科院校人才培养的主要指向。注重提高学生面向社会的适应性，一般应按照“社会需要、市场（就业）导向、德育为先、能力本位、全面发展”来引导人才定位，以专业岗位或岗位群的需要，在学习能力、实践能力、创新能力、交流能力和社会适应能力的指向上更加具体。总体上人才培养定位是以专业能力甚至是职业能力的综合要求为指向。地方应用型本科院校在人才培养定位上要体现出规格多样性。由于经济社会的多元化、多样化发展，使得社会对人才的需要多类化、多样化，企业对人才的需要也多样化了。主要体现在

三个方面：一是同一专业对人才的需要是多样化的，既需要技能型、技术型，也需要创新型，还需要复合型，等等；二是专业的多样性，这主要体现在要适应经济社会发展的需要，培养所需的各类专业人才，特别是一些新兴行业所需的专业人才；三是由于价值取向的多样性，也决定了人才培养服务模式的多样性。多样性、多规格也是我国《国家中长期教育改革和发展规划纲要（2010—2020年）》的一个新的方向性指引。

第二节　发展地方应用型本科院校的战略意义

随着社会经济的发展，产业结构的调整，技术手段的进步，对人才培养提出了更多更高的要求，且越来越向综合化方向发展。而只注重操作能力和单一技术、忽视理论基础的高职高专与只注重理论知识、忽视动手操作能力培养的传统本科院校都无法满足科技发展、产业发展的需要。因此，培养理论知识与实践技能兼备的复合型人才的应用型本科必将成为大学的重要类型之一，成为高等教育系统的重要子系统，而且无论从理论视角还是从国内外高等教育发展实践来看，建设应用型本科都具有重要的战略意义。

一、地方应用型本科是对学术性与职业性二元对立状态的终结

从本科的办学层次和应用型的人才培养类型两个维度来看，应用型本科院校大多把自身的办学层次定位于教学研究型、教学型，将本科人才培养目标定位于培养直接面向市场和生产一线的高级应用型专业人才。应用型高校概念的提出，是对原有学术性与职业性二元结构的突破，确立了应用型的地位。可以说，从学理上讲，学术性与职业性的内涵并不截然对立，两者并无优劣之分、高贵低下之别。但是在我国学术性与职业性已经成为对立的两极，而且已经异化成学历高低的差异，职业院校不能办本科，仅仅局限于专科层次，本科院校不能办专科层次，只能办本科、研究生层次。

按照联合国教科文组织《国际教育标准分类法》（1997）的分类，中学后教育分成序号4（相当于升学预备班）、序号5（大专、本科、硕士研究生教育）、序号6（博士研究生教育），其中序号5又分成5A（理论型）、5B（实用性、技术型），5A又分成“按学科分设专业”（5A1）与“分行业分设专业”（5A2）两类。对应我国的高等教育体系，5A相当于我国的大学本科教育，既包括学科理论类，也包括专业理论类，5A1类院校相当于我国的学术型高等教育，对应的就是综合性研究型大学，5A2类院校相当于我国的应用型高等教育，对应的就是多科性或单科性专业型大学或学院。5B相当于我国的高职高专教育，而介于5A1与5B之间的5A2类院校就是我国的应用型本科院校。在国际上，特别是发达国家或地区，应用型本科教育早已存在。德国的高等专科学校培养的也是应用型人才，其水平相当于我国的本科教育。在新加坡及我国台湾地区应用型本科教育都已具有相当的规模。因此，无论是从学理上，还是从实际情况出发，应用型本科院校实现了理论与实践、学术性与职业性的完美结合，从实践层面来看，应用型本科院校调整了高等教育的类型结构，明晰了院校定位，促进了高等教育结构向科学化、合理化方向发展。

二、地方应用型本科是对“重文法、轻理工”高教模式的调整与纠偏

中华人民共和国成立以后，我国高等学校文科类、理工类专业的培养目标几经变化，都逐步向应用性过渡。例如，文科类专业的培养目标就经历了从主要培养干部到主要培养专家，再发展到主要培养实际工作者的变化过程，而工科类专业一直比较重视应用型人才的培养，从综合培养目标、类型来看，工科类院校就属于应用型本科，而且从20世纪50年代到80年代，工科院校几乎是我国高等学校的主体，这与我国当时采取的以重工业为中心的工业化发展道路有直接关系。作为一种类型的高校，应用型高校的出现是对“重文法、轻理工”高教模式的一次重大调整，奠定了其在高等教育体系中的地位，并培养了大量的应用型专业人才，为我国经济

社会发展作出了巨大贡献。

高等教育大众化以来，应用型本科高校的提法开始走进社会公众的视野。这是有着深刻的历史背景的：一是伴随着高等教育宏观管理体制的改革，原本隶属于中央部委的部分院校被下放到地方，变为地方管理，利用其优势学科和特色学科服务地方。部分院校要么被合并要么朝着综合性大学发展，新开设了大量的文、法、商等专业，“重理论、轻实践”倾向突出，失去了应用型本科院校理应具有的“应用性”，毕业生结构性失业矛盾加剧。二是从高职高专升格为本科的本科高校也逐步失去了专科时的特色，专业设置求大求全，朝着综合化方向发展，也不愿意再提“应用性”。因此，尽管中华人民共和国成立后纠偏了“重文法、轻理工”高教模式，但仍然没有能够满足社会发展尤其是区域经济发展对高层次人才的需求，人才培养缺乏与行业企业的互动和协同，严重制约了应用型本科高校的自身发展。一些地方本科院校主动或被动地转型发展，采取了与学术性研究型大学的错位发展战略，大力发展应用型本科教育，以赢得更大的生存与发展空间。当前，应用型本科高校已经成为我国高等教育的主体，应用型本科院校也存在一些共性特征，如多为地方性本科院校；多具有行业办学的特色；有的是经过合并升格而来，多为多科性院校；有的则是高起点本科层次的大学分校。其中一些应用型本科院校还是原来的全国示范性高职院校，有其突出的办学特色和明显的办学优势。

三、地方应用型本科建设是与国际接轨、提高国际竞争力的战略需要

从全球范围来看，建设一批应用型本科也是我国本科教育与国际接轨，提高我国高等教育竞争力的战略需要。早在 20 世纪 90 年代，世界高职领域出现一些共同趋势，其中最引人注目的一些发达国家和地区的高职院校纷纷升格为科技大学或应用技术大学，但高职升格后的发展道路不尽相同。德国、荷兰和我国台湾地区仍然继承了高职的办学特色，走应用型本科之路，大多升格为科技大学或应用技术大学，这些应用型本科院校在

办学实践中加强了与行业企业的合作与协同，既保持了原有的办学特色，又提高了办学层次，成了经济社会发展不可缺少的一个高教类型，与学术性研究型高校错位发展、交相呼应，共同推进了一个国家或地区的发展。相反，英国的教训则令人深思。1993 年，英国 35 所多科性学院全部升格为科技大学，但是，大学的性质却发生了变化，逐步向普通大学、综合性学术性大学靠拢，应用性地位丧失，全部涌向学术性这一独木桥，千校一面也就在所难免了。

改革开放 40 年来，经济全球化趋势难以阻挡，尽管在特朗普“美国优先”的思想指导下，出现了逆全球化的倾向，但是全球化的趋势是不可阻挡的。经济全球化的背后是产业的全球化，实质是参与全球产业分工。这就必须要有一支与世界经济发展接轨的应用型人才队伍，要有一支能够提升我国产业竞争力的技术队伍和工匠队伍。应用型本科院校应当承担起这一历史使命和光荣责任。但是在大力发展应用型本科院校的过程中，要借鉴世界各国高等教育发展的经验和教训，坚持“应用性”的特色，坚持与行业企业协同育人的模式，集中有限资源，保持和凝练自己的优势和特色——应用性。应用性才是应用型本科的根基和可持续发展的源泉，更是与国际接轨、提高国际竞争力的战略需要。

四、建设地方应用型本科是我国高等教育发展实践的现实选择

既然应用型本科院校历史上早已存在，现在重提应用型本科就不仅是对高等教育发展现状的一种反思，也是对当前高等教育机构趋同现象的纠偏与理性回归，而且从实践层面来讲，应用型本科院校也为地方本科院校的发展指明了方向和道路。如前所述，地方本科院校基本都属于应用型本科院校，且许多是从专科升格而来的新建本科高校。这一群体的高校办学定位是什么？是摒弃高职高专的老路子，另起炉灶，朝着学术性、综合化方向发展，还是继续应用性的办学特色，办应用型本科高校，这是许多地方本科院校发展亟待解决的问题。通过对高等教育历史的回顾与追踪，我们发现，国际高等教育发展的经验与教训、我国教育发展的历史及当前面

临的挑战，以及当前我国社会经济发展对教育的要求与期待，对我们具有重要的启示意义，即地方本科院校，包括从高职高专升格而来的新建本科高校，必须走应用型本科发展的道路，必须与行业企业紧密合作，必须服务于经济产业发展，办专业性应用型的本科教育。这样，才能在打破原有高教系统的同时，采取错位发展战略，形成互补优势，赢得更好的发展机遇和更大的发展空间。

五、地方应用型本科是地方社会经济发展的助推器与中坚力量

应用型本科院校大多数隶属于地方管理，属于地方本科院校，地方政府（教育行政管理部门）则是地方本科院校的投资人和管理者，因此，应用型本科院校也就具有鲜明的地方属性。为了获得地方政府和社会更多的支持，应用型本科院校的人才培养、科学研究、社会服务和文化传承大都围绕着地方经济社会发展而展开。在具体办学实践过程中，由于应用型高校的科研实力相对较弱，得到的国家科研财政经费也较少，所以在招生、人才培养上就需要下功夫，充分体现“立足地方、服务地方”，其在本省的招生比例都会在80%以上，有的地方高校可能占100%；在专业设置方面，应用型本科院校紧密结合地方社会经济发展，包括地区经济产业结构调整和产业结构升级等对学校的支持和需要，通过产学研合作等形式，加强与行业企业的联系与协同；从学生就业来讲，受生源地和学生所学专业的影响，除了一些热门专业外，毕业生基本上是本地就业。高素质的人才直接促进了地方经济发展，而这也是应用型本科院校人才培养类型与层次决定的。具体来讲，应用型本科院校既重视学术研究，又重视专业能力的培养，是学术研究型与技术职业型两个层次和类型的结合，使得应用型本科院校的毕业生直接面向地方经济社会发展，直接面向地方产业升级和产业结构，直接面向生产经营管理第一线，直接从事解决实际技术问题的工作，这就直接促进了地方经济社会发展和地方产业结构的升级优化。

事实上，我们在强调应用型本科院校与行业企业紧密合作的同时，还应当包括与地方政府的合作与互动，地方政府也应在应用型本科院校的发

展与转型中发挥积极的作用，如地方政府可以颁布鼓励高校、政府、企业三方合作协同育人的法律法规，在利益分享机制、协同育人机制等方面实现共享共赢，在教育资源配置、教育质量评价、平台项目建设等方面也应当向高校、政府、企业协同育人项目倾斜。因此，政府既是应用型本科院校的领导者和管理者，也是应用型本科院校发展的引导者和鞭策者，同样也是高校、政府、企业三方协同育人的重要参与者和政策制定者。

第三节　地方应用型本科人才培养目标与规格

地方应用型人才的培养目标是一个体系，既要体现党的德智体美劳全面发展的教育方针，遵循《高等教育法》和有关专业教学指导委员会的基本要求，又要体现符合学校整体人才培养定位并体现学校与专业特色，还需要符合学校所在地区的经济社会发展和产业发展的现状。应用型人才培养规格则是应用型人才培养目标在人才培养实践中的具体落实与细化，也是课程设置、实践教学安排、教学条件配备等教学活动的前置性设计。换而言之，应用型本科院校的办学定位决定了培养目标，培养目标决定了培养规格，培养规格决定了课程设计等一系列教学安排。因此，明确应用型本科院校人才培养目标与规格是构建应用型人才培养模式的前提与基础。但是，我们研究发现，行业、企业在应用型本科高校人才培养目标和规格的确定过程中没有发挥应有的作用，只是停留在参加座谈会、接受访谈这样一些浅表层面的活动，基于三螺旋的“U－G－E”协同育人没有建立，然而，这对于应用型人才培养来讲是至关重要的。

一、地方应用型本科人才培养目标

人才培养目标是要回答“培养什么样的人”和“为谁培养人”这两个重大而严肃的问题，是要全面体现党的德智体美劳全面发展的教育方针，它规定着教育活动的性质与方向，且贯穿于整个教育活动过程的始终，是人才培养的出发点和归宿。一般认为，人才培养目标应当从国家层面、高校层面和专业层面三个角度来构建应用型人才培养目标体系。

1. 国家层面

国家层面的人才培养目标是国家在宏观层面对高等学校人才培养目标的基本规定，在我国主要是通过《高等教育法》来规定的。《高等教育法》明确提出：“高等教育必须贯彻国家的教育方针，为社会主义现代化建设服务，与生产劳动相结合，使受教育者成为德、智、体等方面全面发展的社会主义事业的建设者和接班人。高等教育的任务是培养具有创新精神和实践能力的高级专门人才，发展科学技术文化，促进社会主义现代化建设。”这就是说，不管是什么类型的高等教育，也不管是什么层次的高等教育，只要举办高等教育就必须达到以上基本标准。这是高等教育在人才培养方面的共性要求，也是从国家层面回答了高等教育“培养什么样的人”和“为谁培养人”的问题。

《高等教育法》对人才培养目标的共性要求有两点：一是“高级专门人才”是我国高等学校人才培养目标的基本定位，其核心是“高级”和“专门”。“高级”是指高等教育在整个教育体系中的高等性以及学生所学知识与技术的高深性。“专门”是指按学科行业分类教学的专门性以及学生所具有知识与能力结构的专业性。二是创新是知识经济时代对人才的共性要求，是新时代国民所必备的基本素质，而加强实践能力的培养是世界高等教育的趋势，也是我国高等学校人才培养急需加强的重要内容。因此，“具有创新精神和实践能力”不仅反映了时代发展对高级专门人才能力与素质的新要求，也使得我国高等学校人才培养具有一定的时代性和前瞻性。

《高等教育法》还对不同层次高等教育的人才培养目标做了明确规定。“专科教育应当使学生掌握本专业必备的基础理论、专门知识，具有从事本专业实际工作的基本技能和初步能力”；“本科教育应当使学生比较系统地掌握本学科、专业必需的基础理论、基本知识，掌握本专业必要的基本技能、方法和相关知识，具有从事本专业实际工作和研究工作的初步能力”；“硕士研究教育应当使学生掌握本学科坚实的基础理论、系统的专业知识，掌握相应的技能、方法和相关知识，具有从事本专业实际工作和科学研究工作的能力。博士研究生教育应当使学生掌握本学科坚实宽广的基础理论、系统深入的专业知识、相应的技能和方法，具有独立从事本学科创造性科学研究工作和实际工作的能力。”这说明专科教育、本科教育和研究生教育的人才培养目标有着本质的差异性。

但《高等教育法》并没有对不同类型的高等教育人才培养目标作出具体规定，这说明《高等教育法》对高等学校人才培养目标的总体规定，以及对本科教育人才培养目标的基本规定，是不同类型本科层次人才培养都应该遵循和达到的基本要求，而不管是学术研究型本科教育，还是专业应用型本科教育。所以，从这一点来讲，应用型本科教育的人才培养目标应该是具有创新精神和实践能力的高级专门人才，能够比较系统地掌握本学科、专业必需的基础理论、基本知识，掌握本专业必要的技能、方法和相关知识，具有从事本专业实际工作和研究工作的初步能力。

2. *学校层面*

学校层面的人才培养目标应当取决于学校的办学定位，是在遵循了国家层面人才培养目标宏观规定的前提下，不同类型和不同层次的高校根据学校自身的办学定位、办学特色、办学条件、服务区域等，而对人才培养目标作出的比较具体的规定。随着高校办学自主权的扩大，学校层次的人才培养目标完全可以由高校自身来确定，但前提是遵循国家层面的人才培养目标。首先要明确高校的办学类型和办学层次，应用型本科院校基本是属于专业应用型本科院校的办学类型和教学研究型或教学型的办学层次，然后再根据高校自身的办学特色、服务面向等细化为学校的人才培养目标。在此基础上，再对专业培养目标作出更为具体的规定。

地方应用型本科院校以培养应用型本科人才为主要目标。现在很多地方本科院校将人才培养目标定位于“高素质应用型人才”“复合型应用型人才”“高级应用型技术和管理人才”“高等技术人才”“一线工程师”

“高级应用型专业人才”“工程技术应用型和高级技能型人才”“高层次应用型人才”等。应当说多数高校对自身的办学定位、人才培养定位是有清楚认识的，定位也更加合理和切合实际。但仍有不少院校存在人才培养目标定位偏高、攀高、趋同的现象。另外，有些高校虽然已经明确定位于培养某一类人才，但对这一类人才的内涵是什么，如何与学校的办学特色、专业设置、课程体系紧密结合并加以落实，仍心中茫然。例如，很多地方本科高校都明确定位培养高素质的应用型人才，但对于应用型人才与学术型人才、技能型人才的本质区别是什么并不清楚，从而出现人才培养模式、课程体系与学术型本科趋同的现象，这种现象在工商管理类专业中尤其突出和明显。

3. 专业层面

专业层面人才培养目标是学校人才培养目标在专业层面的具体落实，最能直接指导人才培养活动。在学校确定了具体的人才培养目标之后，必须把它落实到每一个专业当中去。因此，专业培养目标首先要符合所在院校的整体人才培养目标定位，然后是针对具体专业的服务面向、专业特色、区域特点、基本专业要求和教育部专业标准来确定专业培养目标。当然，同一个专业在不同类型的高校、在不同层次的高校其培养目标定位是不相同的，也必须不同。例如，南京大学与盐城师范学院“会计学”专业的培养目标不同，盐城师范学院与无锡商业职业技术学院的“会计学”专业培养目标也不同。南京大学属于研究型高校，盐城师范学院属于应用型高校，无锡商业职业技术学院属于职业型院校，相同的专业在不同办学类型的高校其培养目标自然是不一样的。再如，盐城师范学院与常州工学院的“会计学”专业由于其主要服务面向、学校办学特色等不尽相同，尽管两校都属于应用型本科高校，但其专业的培养目标也是不相同的。（见表2－1）

表 2－1　不同类型高校“会计学”专业培养目标

类型	院校	培养目标
会计学专业标准	会计学教学指导委员会	会计学本科专业培养适应社会主义市场经济建设需要，具备人文素养、科学精神和诚信品质，掌握会计、管理、经济、法律和计算机应用的知识，具有实践能力和沟通技巧，能够在工商企业、金融企业、中介机构、政府机构、事业单位及其他相关部门胜任会计及相关工作的应用型、复合型、外向型和创新型专门人才。 会计学作为应用学科，应用型是人才培养的基本要求。应用型人才培养要求学生形成会计专业能力框架，具备会计业务处理和会计事务管理等实践能力。复合型人才培养要求学生将跨学科、跨专业的知识融会贯通，培养学生多学科交融的知识视野和思维素质。外向型人才培养要求学生了解国际前沿的学科理论知识与方法，了解国际经贸规则及会计准则，具有国际视野、跨文化沟通能力和国际竞争力。创新型人才培养要求学生通过初步的学术训练，具有一定的学术研究能力，或社会实践中的创新意识和创新能力。 为适应经济社会不断发展的实际需要，培养目标可以定期进行评估与调整。
研究型	复旦大学	本专业培养具备管理、经济、法律和会计学等方面的知识和能力，能在企、事业单位及政府部门从事会计实务以及教学、科研方面工作的工商管理学科高级专门人才。
应用型	盐城师范学院	本专业培养德、智、体、美、劳全面发展，具备人文素养、科学精神、社会责任、国际视野和诚信品质，能够适应未来职业和社会发展需要，掌握会计、管理、经济、法律和计算机应用的知识，具有实践能力、团队意识、创新思维和沟通技巧，能够在工商企业、金融机构、中介机构、政府部门、事业单位及其他相关部门胜任会计、财务、税收、审计等工作的核算与管理双能力应用型高级专门人才。
职业型	无锡商业职业技术学院	培养拥护党的基本路线、方针、政策，适应社会主义市场经济发展需求，具有会计专业必需的文化基础知识和岗位专业知识，具有良好的职业素养，熟练掌握本专业的核心专业技能，既会核算又能管理，满足企事业单位生产、建设、管理、服务一线需要的，德智体美等全面发展的高素质、高技能人才。

由此可以看出，应用型本科人才培养目标涉及不同的层面和不同的类型，既要遵循《高等教育法》和相关专业教学指导委员会对该专业人才培养的基本要求，也要与所在院校的整体人才培养定位保持一致，并要具体落实到专业上，切实体现出学校的办学特色与专业发展特色。

二、地方应用型本科人才培养规格

关于应用型本科人才培养规格，一般认为应当从价值引领、知识传授与能力培养三个方面进行考虑。我们认为，专业培养规格是专业培养目标的具体化，即应当从“德”“识”和“能”三个方面细化人才培养的目标要求，其中，要确定本专业的核心知识和核心能力、本校该专业的特色等关键性内容。许多应用型本科高校对人才培养规格作出了抽象性描述，也缺乏可操作性。例如，“厚基础、宽口径、强能力、高素质”“基础扎实、实践能力强、综合素质高”“一专多能、厚基础、宽口径”“知识面宽、基础厚实、创新能力和适应能力强”“人格健全、基础厚实、实践能力强、具有创新精神”“厚基础、宽专业、素质高、能力强、重德育”，等等。确定应用型本科人才培养规格一定既要考虑应用型本科人才的共性要求，更要考虑本校该专业的个性差异，这是整个专业培养方案中极其重要的一个内容。

1. 地方应用型本科人才培养规格的共性要求

应用型本科人才培养规格的共性要求是指不管什么专业，也不论具有什么特色的专业，只要定位于培养应用型本科人才，就应该具备的知识、能力和素质要求。

（1）素质要求。素质是指把从外在获得的知识、技能内化于人的身心，升华形成的稳定的品质和素养。高素质不仅可以使知识和能力更好地发挥作用，还可以促进知识和能力的进一步扩展和增强。素质要求是一个综合性概念，既包括思想品德、文化素质，又包括专业素质，既包括身体素质，又包括心理素质。应用型本科人才的素质要求包括：①基本素质。基本素质是指具有良好的公民道德，具有合格的思想政治素养，良好的身心素质和人文、科学素养；②职业素质。职业素质是指具有高度的职业责任心、严谨的工作作风和踏实的工作态度，有明确的职业岗位工作规范、安全规范以及一丝不苟地完成本职工作的意识和能力，具有强烈的进取精神、认真刻苦钻研业务的素质，具有团队精神、善于合作和协同工作的素质。

（2）知识要求。在知识、能力和素质三个基本要素中，知识要素是基础性要素，它从根本上影响着能力和素质要素。本科教育的过程实际上是教育者通过一系列的具体课程将知识传授给学生，并经学生主动构建形成一定的知识结构的过程。知识的广度和深度从根本上影响着知识的结构形式。知识结构不同，能力结构和素质结构也就不同。应用型本科人才应当掌握：①工具性知识。这是任何高级专门人才都应当具备的知识。例如，外语知识、计算机知识、信息技术应用与文献检索知识、方法论知识等。②人文社会科学与自然科学知识。应用型本科人才必须掌握必要的人文社会科学和自然科学知识，特别是要体现文理交叉。例如，哲学、政治学、历史学、法学、社会学、心理学等人文社会科学知识，数学、物理、化学、生命科学等自然科学知识。③专业知识。专业知识是应用型本科人才应该重点掌握的知识，包括专业基础知识、专业方向知识。专业基础知识是作为本科层次的人才必须掌握的基础知识与理论，这一方面的要求在教育部本科专业目录和专业标准中都有表述。专业方向知识是直接面向职业或岗位的知识，是应用型本科人才知识体系的核心，包括理论知识和实践知识两个部分。④相关学科专业知识。应用型本科人才是直接面向职业的人才，必须具有较强的解决专业实践问题的能力，而社会实践中的问题是复杂多样的，单纯依靠一门学科的知识无法解决，必须是多学科跨专业知识的综合运用。因此，应用型本科人才培养除了系统掌握本专业的基本理论和基础知识外，也要了解相关学科专业的基础理论和基础知识。例如，会计学专业的学生就需要延伸或拓展掌握大数据信息技术、经济学、统计学等。

（3）能力要求。能力要素是应用型本科人才培养规格中的核心要素。从教育的角度看，能力是知识追求的目标。学习者并不为了知识而学习知识，学习知识的目标是为了获得能力或提升能力。一个有能力的人可以在一定的知识基础上进一步获得知识和创新知识，并在这一过程中促进其综合素质的全面提升。能力水平是评估人才价值的主要尺度，应用型本科人才应具备：①专业应用能力。专业应用能力包括专业基本技能和专业核心应用能力两个部分。专业基本技能是指完成专业工作应具备或掌握的基础性的专业技术技能。专业核心应用能力是指综合运用专业知识，完成专业工作任务所特有的最主要的综合能力。专业基本技能是专业核心应用能力的重要支撑。每一个专业都要明确所培养的人才应具备哪些专业应用能力，然后根据每一项专业能力来设置相应的课程和相应的实践环节，它们之间一定是一个矩阵对应关系。例如，盐城师范学院的“会计学”本科专业明确提出：“本专业学生需掌握会计核算类、会计管理类方面的基本理论和基本知识，受到会计核算、成本管理、决策控制、税收申报及筹划、审计稽核等方面的技能训练，具有处理一般企事业单位及政府机构会计服务的基本能力。”②关键能力。关键能力并不是某种具体的专业和职业技能，而是对不同职业的适应能力，即使职业发生变更，劳动者的这些能力依然起作用，这种能力可以理解为跨职业能力或可迁移能力。例如，收集、分析信息的能力、组织活动能力、表达沟通能力、团队合作能力、思维能力、解决问题能力等。

2. 地方应用型本科人才培养规格的具体要求

应用型本科人才在知识、能力与素质方面有一些共性要求，但由于专业与专业间培养目标不同，在知识、能力与素质三方面的要求就必然不同。另外，即便是同一个专业在不同类型院校的培养目标不同，也导致专业培养规格的不同。因此，对应用型本科人才培养规格的讨论，必定要落实到具体的专业当中。专业与专业之间培养规格的差异比较容易理解，但在人才培养实践中，不同院校对同一专业具体培养规格的差异并没有清晰的认识，很容易出现形式化与相似化。对具体要求的确定要针对不同院校、不同专业来确定，应当按照学校办学的类型定位—培养目标（专业定位）—培养规格—课程设置的流程系统考虑。

例如，盐城师范学院“会计学”本科人才培养规格确定为：

本专业学生需掌握会计核算类、会计管理类方面的基本理论和基本知识，受到会计核算、成本管理、决策控制、税收申报及筹划、审计稽核等方面的技能训练，具有处理一般企事业单位及政府机构会计服务的基本能力。

毕业生应获得以下方面的素质、知识和能力：

（1）具备良好的道德修养、社会责任感和思想政治理论知识，积极向上的人生理想，符合社会进步要求的价值观念和爱国主义情怀；

（2）具备健康的体魄和心理素质，正确认识自然规律和社会发展规律，正确处理人与自然和谐发展关系及社会人际关系，诚实守信，有团队合作精神；

（3）具有人文社会科学知识，有较强的语言沟通与文字表达能力，掌握并能运用高等数学、外语和计算机等方面的知识技能；

（4）掌握管理学和经济学等基础知识，具有良好的、基础扎实的知识背景；

（5）熟悉国家财经法规与经济政策，坚持职业操守和道德规范，掌握会计学基本理论、方法和技能，了解会计学专业的理论前沿和发展动态；

（6）掌握财务会计和管理会计的知识，具备会计核算、成本管理、决策控制、税收申报及筹划、审计稽核等方面的技能；

（7）掌握撰写会计工作报告和财务分析报告的方法，具备决策支持和风险管理等方面的能力；

（8）具有文献检索和资料查询等信息获取能力，以及自主学习、终身学习和持续创新的能力。

又如，盐城师范学院“财务管理”专业的培养规格确定为：

本专业学生需掌握企业投融资、公司理财方面的基本理论和基本知识，受到会计核算、财务管理、证券投资和财务决策的技能训练，具有处理公司与金融机构财务管理与决策的基本能力。

毕业生应获得以下方面的素质、知识和能力：

（1）具备良好的道德修养、社会责任感和思想政治理论知识，积极向上的人生理想，符合社会进步要求的价值观念和爱国主义情怀；

（2）具备健康的体魄和心理素质，正确认识自然规律和社会发展规律，正确处理人与自然和谐发展关系及社会人际关系，诚实守信，有团队合作精神；

（3）具有人文社会科学知识，有较强的语言沟通与文字表达能力，掌握并能运用高等数学、外语和计算机等方面的知识技能；

（4）掌握管理学和经济学等基础知识，具有良好的、基础扎实的知识背景；

（5）熟悉国家财经法规与经济政策，坚持职业操守和道德规范，掌握财务管理基本理论、方法和技能，了解财务管理专业的理论前沿和发展动态；

（6）掌握现代投融资、公司治理等专门知识和技能，具备会计核算、财务管理、证券投资和财务决策的技能；

（7）掌握撰写会计工作报告和财务分析报告的方法，具备决策支持和风险管理等方面的能力；

（8）具有文献检索和资料查询等信息获取能力，以及自主学习、终身学习和持续创新的能力。

三、地方应用型本科人才培养模式

人才培养模式涉及“培养什么样的人”和“如何培养人”这两个根本问题。“培养什么样的人”包括培养目标和培养规格两个要素，“如何培养人”包括培养内容、培养过程、培养途径、考核评价、条件保障等要素，而且每一个要素又包括一系列的具体内容。应用型本科人才由于在培养目标与培养规格方面的特殊性，决定了其在人才培养模式其他要素与环节上的特殊性，从而出现了不同的人才培养模式。从宏观层面来讲，培养模式有以通识教育为主的研究型人才培养模式、通识教育与专业教育相结合的应用型人才培养模式和以专业教育为主的技能型人才培养模式。应用型本科人才培养模式是指以应用型本科人才培养为目标，将通识教育与专业教育相结合，以需求为主导建设专业，以学科为基础、应用为导向构建课程体系，以产学研结合为主要培养途径，以行动为导向应用教学方法，以能力为取向进行教学评价，教师队伍注重理论与实践相结合。

1. 培养目标：应用为本

“本科”是应用型本科人才培养目标的基本要求，“应用”则是其核心体现。应用型本科人才是本科层次的应用型人才，首先要达到本科教育对人才的最基本要求。《中华人民共和国学位条例》第 4 条规定：高等学校本科毕业生要获得学士学位，必须较好地掌握本门学科的基础理论、专门知识和基本技能。因此，作为一名本科层次的人才，不管是学术型还是应用型人才，都必须达到一名本科毕业生的基本要求。其次，应用型本科人才必须具有较强的专业应用能力，能够直接适应社会相应的职业与岗位的需求。应用型本科人才培养目标的确定要注重“基础”，更要强调“应用”。

2. 学科专业：需求主导

一个高校的特色跟它的学科专业定位有关，应用型本科高校要以地方经济社会发展需要为前提，以需求为主导，包括根据需求设置专业和根据需要来调整专业方向。一般来讲，专业设置的依据有两个，一是学科分类，二是社会需要。由于应用型本科人才对社会的直接适应性较强，因此，在专业设置方面应该主要考虑社会需求。社会需求有近期、中期和远期之分，也有全国和某一区域之分。由于人才培养是一个长期的过程，在专业设置时主要考虑中长期人才需求和区域性经济社会的需要。

3. 课程体系：依托学科、面向应用

“依托学科、面向应用”的课程体系开发是在给予学生足够的学科基础知识，尤其是跨学科基础知识的同时，强调培养学生的专业应用能力，使学生既能直接就业，又不缺乏发展后劲。其中，“依托学科”是应用型本科课程体系与高职高专课程体系的根本区别，“面向应用”是应用型本科课程体系与研究型本科课程体系的根本区别。“依托学科”强调应用型本科教育的课程体系应具有一定的系统性、完整性，达到本科水平，而不能盲目倡导高等教育职业化，一定要给予本科生较宽的理论知识基础、较强的工作能力和一定的可持续发展的潜力，否则培养的学生会出现知识面窄、知识结构不完整、知识基础不牢固、发展后劲不足等问题。“面向应用”强调在给予学生足够的学科知识基础上，要把专业能力作为专业课程设计的起点，将专业应用能力的特征指标转换成课程体系、课程内容。具体包括三个方面：一是围绕专业应用能力设置理论课与实践课，二是围绕专业应用能力选择课程内容，三是围绕专业能力改变教学方法和考核方式。

4. 培养途径："U－G－E"协同育人

地方应用型本科人才培养强调专业应用能力的培养和对社会经济发展的直接适应性，这就要求在人才培养过程中要突破以大学课堂传授知识为主的单一培养方式，采取更加多样的培养途径。“U－G－E”协同育人由于其与社会经济发展紧密联系，行业企业深度介入而成为应用型本科人才培养的重要途径。“U－G－E”协同育人不是简单的产学研合作，而是要确立高校、政府、企业三方全链式协同模式，在传统的“教室－实验室－实习岗位”线状培养模式基础上，围绕职业胜任力提升把应用型人才的价值链分成七个不同的环节，实现从培养方案制定到毕业质量反馈全过程协同育人，政府、企业的参与从某个培养点扩展到整个培养链，从单向参与转变为双向或多向参与。与此同时，我们突出知识、人员、平台“三重交融”在人才培养中的作用，进行“三重交融”的制度化、平台化建设。

5. 教学评价：能力取向

确立能力取向的教学评价理念，实现从单纯的知识评价向以能力评价为主的多元化评价内涵的转变，是应用型本科人才培养的内在要求。应用型本科人才培养强调学科专业基础知识的掌握，更突出专业应用能力的培养，既重视理论与实践的结合，又注重考核学生的知识运用能力、解决实际问题的能力以及实际动手能力，既要重视学生专业能力的评价，也要重视社会适应能力、自我发展能力、人际交往能力的评价，还需要体现 OBE 理念，以产出为导向，看毕业生与社会经济发展需要的吻合度。因此，应用型本科人才培养质量的评价要做到：考核过程化、形式多样化，要按照教育部的统一要求，坚决取消“清考”，严肃考风考纪，从严落实“四个回归”（回归常识、回归本分、回归初心、回归梦想）。

6. 师资队伍：双师素质

人才培养的关键是教师。应用型本科人才的培养需要有一批适应应用型本科教育的“双师型”教师。“双师型”教师是指既具备扎实的基础理论知识和较高的教学水平与科研能力，又具有较强的专业实践能力和丰富实际工作经验的教师。不仅具有宽厚的行业基础理论知识和实践能力，还必须具备将行业职业知识及实践能力融合于教育教学过程的能力。“双师型”教师除具备教师的基本能力和素质外，在能力和素养方面还有特殊要求：“双师型”教师除熟悉并遵守行业职业道德外，还要清楚通过言传身教培养学生良好的职业道德；熟悉本专业的能力要求，注重学生行业职业知识的传授和实践技能、综合应用能力的培养；要懂得行业企业管理规律，具有指导学生参与管理的能力；要善于接受新信息、新知识、新技术、新观念，不断提升自己，主动适应变化的新形势；要树立市场观、质量观、效益观、产业观，自觉按照竞争规律、价值规律办事，具有一定的交往沟通能力。但是实践过程中，“双师型”教师队伍建设遇到一些制度上的阻碍，影响了这一重要举措的落地而流于形式。例如，职称评审、工资待遇等。

第三章　地方应用型本科高校工商管理类专业建设的现状与困境

第一节　地方应用型本科高校存在问题及其工商管理类专业建设现状

一、地方应用型本科高校发展中存在的问题

如前所述，地方应用型本科院校是指隶属于各省、自治区、直辖市，以地方财政供养为主，承担着为地方（行业）培养人才、提供服务，培养应用型高级专门人才的普通本科院校。目前，我国有地方高校1129所，占全国本科高校的90.83%，包括本科办学历史长的地方本科院校、部委或行业转制地方管理的本科院校、新建的本科院校。新建的本科院校是指1999年以来的新设本科学校，共有647所，约占全国普通本科高等学校数量的55.3%，占非211普通本科高校数量的61.3%。地方应用型本科高校发展中存在的主要问题如下：

1. 办学定位趋同，盲目按照惯性思维发展

高等学校的办学定位体现了学校的办学指导思想、治校理念和策略，对学校的办学行为、学生发展、学校未来等具有引领作用。但是，从众多地方本科院校的发展规划可以看出，过多地在教学型、教学研究型、研究教学型、研究型这些名词上做文章，把自己定位于教学研究型或研究教学

型甚至于研究型大学，定位趋同，发展同位；许多新建地方本科院校也致力于向教学研究型或研究型大学目标靠拢，培养学术型拔尖创新人才，而学校自身又无坚实的办学基础和发展条件，发展困难重重，前景不明。部分学校虽然定位明确，但惯性发展，尚处于“自发自为探索阶段”，尽管有强烈的转型愿望，但未找到突破口，困难较多，在实际办学中仍然沿袭传统本科办学思路，亟须指导和支持。

2. 学科专业无特色，与地方产业结构脱节

地方本科院校办学的地方性、区域性特征不明显。根据近三年本科院校招生专业数量的统计分析，半数以上新建本科院校集中在英语、计算机科学与技术、艺术设计、市场营销、会计学、国际经济与贸易、电子信息工程和汉语言文学等8个专业招生，且招生比例明显高于国内本科院校平均水平。地方经济人才培养对社会的适应性差，造成的严重后果就是大量毕业生找不到合适的岗位，就业困难，出路不畅，而且造成了教育投资的严重浪费。一是原部委或行业学校转制地方后，以及行业背景很强的专科学校升本科后，特色不再明显。原有的专业结构与地方产业行业结构匹配度不高，受原有专业师资、办学基本条件等方面的限制，要实现向适应地方经济社会发展需要的应用技术型转向，需要的周期较长，改造困难较大。二是现行本科专业目录的专业设置缺少灵活性，没有体现不同教育类型的特点，削弱了学校办学自主权，专业设置缺乏自主权，也使得学校专业设置与地方产业结构发展脱节。三是有些学校不顾所在城市和农村的经济基础、产业结构对人才的需要，盲目追求高水平、高规格，没有切实研究地方经济发展对人才知识、能力、素质的新需求，盲目追求高教系统内部的攀比与排名。

3. 人才培养“重理论、轻实践”，人才培养体系不完善

在现行评估体系引导下，地方本科院校纷纷将学术型人才培养作为学校的培养目标，各种评估设置了诸多条框，削弱了学校的专业特色。学校的培养方案过于强调理论体系的系统和完整，实训、生产实习等集中大学

时的工程实践类教学环节的比例明显不足，且由于条件所限不能落到实处；大一统的课程设置，不同类别、不同层次高校之间的课程体系差别很小；使用的教材大多是统一的“规划教材”；培养目标和规格的描述大同小异，追求“宽口径、厚基础”而缺少个性，专业没有地方特色，没有行业特色，没有学校特色。重理论轻实践，知行分离，使培养的学生从事理论研究功底不深，动手操作上又技能不足，导致就业时的高不成低不就。

4. 科学研究“重科学、轻技术”，服务地方经济发展能力低

高等学校承担着国家科技创新和发展知识的重要任务，在知识信息化社会，知识资本成为决定一个国家综合国力的核心要素，因此，科研发展水平不仅是高等学校的重要任务，也是衡量一所学校水平的重要标志。然而，长期以来我国“重科学轻技术”的学术文化造成科学与技术发展的不平衡，出现科技发展的“短板效应”，并由此产生“搞科研的不管技术，搞技术的不管科研”的两分离现象，SCI 数量之多与被引次数却并不对等，说明我国原创性的科研成果并没有被人认同和利用，国家整体的科研发展水平远远不及欧美等发达国家。2012 年，新建本科院校科研经费来自企业事业的经费仅占其科研经费总额的 29.87%，校均获得企事业经费的总额不到 300 万元。

5. 师资队伍“重学历、轻能力”，教师专业实践能力低

在师资队伍建设上，地方本科院校普遍存在重学历、重理论水平，而忽视教师将理论转换为技术、将技术转换为现实生产力的专业实践能力。一方面，高校在人才引进上有过多的条框限制，从各高校人才招聘条件可以看到，几乎全部要求博士且出身名校，这本身无可厚非，但结果却是高校的青年教师基本上是出了校门（作为学生）又进校门（成为教师），而没有任何实践经历；另一方面，制度层面又不能有效引导教师进行必须的企业实践，工程实践能力得不到提高。同时，具有丰富实践经验的企业高级工程技术人员、高技术技能人才进入学校受到制度的制约。

6. 办学经费短缺，实践教学硬件条件明显不足

地方政府对本科高校的经费投入按照学生和教工数，采用统一标准，不分学校类型。而应用技术型人才培养要求大量的实训和实验教学环节，硬件投入高，教学成本高。由于地方本科院校普遍基础差、底子薄，经费来源渠道单一，国家财政支持少，地方政府受财力限制，支持地方本科院校的资金总量不足、力度不大，学校自身吸纳社会资金的能力弱，直接影响着学校发展和人才培养质量。

7. 产学研合作教育不深入，企业参与合作育人缺乏必要保障

现行高校管理体制客观上使地方本科院校没有或失去了行业背景。同时，学校科研的整体实力相对薄弱，应用性科研力量不强，为地方政府、区域行业企业提供的科研成果较少，地方本科院校自身服务社会的能力不强、社会效能低，得不到企业的信任和投入。而地方政府缺乏校企合作培养高层次技术技能型人才的国家制度与鼓励政策，地方教育行政部门在高校和行业企业之间的桥梁纽带作用缺失，企业参与高等学校办学的积极性缺乏多方面基础，产学研合作教育没有广泛切实实施，直接影响着职业院校人才培养的质量。

8. 新建本科院校及独立学院问题更加突出

1999 年以来，全国共新设本科学校 647 所，其中：新设公办本科院校 256 所（师范高等专科学校升格 118 所），独立学院 293 所，新设民办本科和中外合作本科院校两类共有 98 所。可以看出，这些院校缺乏本科教育办学的历史积淀，缺少服务地方经济社会发展的专业积累、师资积累、硬件积累以及技术积累，在办学定位、师资队伍、专业设置、教学设施、科研水平等方面都存在自身难以解决的问题，造成的结果：一是专业设置趋同化现象明显。倾向于培养成本低的专业，在英语、计算机科学与技术、艺术设计、国际经济与贸易和汉语言文学等 5 个专业的招生比例高于非 211 高校平均水平。二是就业率低于全国本科院校平均水平。根据麦可思提供

的2012年中国大学生就业数据看，毕业半年后就业满意度不到50%，毕业半年后月收入也低于全国本科平均水平162元，工作与专业相关度仅为64%，超过1/3的毕业生在半年内发生离职行为。三是科研基础薄弱，拥有的科技经费少，产出的科研成果也较少，科研投入结构不合理，来自企、事业的科研经费仅占其科研经费总额的29.87%。四是学校为地方经济社会发展服务的能力十分薄弱，与产业界的联系很少。

综上所述，地方本科院校的发展存在自身难以克服的困难。结合我国目前经济社会发展对人才的需求以及大学生的就业现状，部分地方本科院校的转型发展不仅是院校发展的现实选择，也是教育结构调整中高等教育实现服务国民经济升级发展的关键，因此，地方本科院校的转型成为高等教育结构调整的聚焦点。从世界发达国家的经验看，高等教育的结构调整就是对高等教育的宏观结构进行优化，即通过对高等教育和社会经济发展需求匹配度的调整，有效激活教育对经济的服务功能，充分发挥教育在提升国家竞争力中的重要作用。

二、地方应用型本科高校工商管理类专业建设现状

1. 全国本科高校分布情况

根据教育部2018年6月14日公布的全国高等学校名单，全国共有2914所高等学校，其中：普通高等学校2631所（含独立学院265所），成人高等学校283所。普通高等学校中有本科院校1243所，其中公办本科大学有817所，民办本科学校有417所，中外合作办学学校有7所，内地与港澳台地区合作办学学校有2所。公办本科高校中直属于教育部和其他中央部委的高校102所，地方本科高校715所，占全国本科高校总数的87.52%。如果考虑417所民办本科在内，地方本科高校有1132所，占本科院校总数的91.07%。如果从学生数来看，2017年全国在校本科生中89.09%来自地方本科高校（含民办本科）。（见表3-1）

表 3－1　2017 年普通本科分举办者学生数　　单位：人

	毕业生数	招生数	在校生数	预计毕业生数
普通本科	3841839	4107534	16486320	4031331
中央院校	424702	450857	1799422	448196
其中：教育部院校	321300	339291	1356944	335746
地方院校	3417137	3656677	14686898	3583135
其中：民办	921506	1016329	4016810	958053

资料来源：中国教育统计年鉴（2017）

2. 全国本科高校工商管理类专业开设情况

由于工商管理类专业社会需求量大，开设成本低等因素的影响，几乎所有的本科高校均成立了经济管理学院或商学院或管理学院或工商管理学院等，或多或少地开设了工商管理类的相关专业。例如，2018 年开设旅游管理本科专业的高校有 497 所，占全国本科院校的 39. 99%，开设工商管理本科专业的高校有 579 所，占全国本科院校的 46. 58%，开设会计学本科专业的高校有 669 所，占全国本科院校的 53. 82%，开设财务管理本科专业的高校有 684 所，占全国本科院校的 55. 03%，开设市场营销专业的本科高校有 782 所，占全国本科院校的 62. 91%。以 2017 年为例，如果笼统地计算经济学、管理学两大学科在校生规模就占全国在校生的 23. 97%。（见表 3－2）

表 3－2　2017 年普通本科学科学生数　　单位：人

	毕业生数	招生数	在校生数	预计毕业生数
总计	3841839	4107534	16486320	4031331
其中：女生	2082178	2348669	8859530	2105152
哲学	2108	2723	9666	2302
经济学	230543	237130	961507	238318
法学	139048	143055	570397	141987
教育学	141863	165142	629323	151092
文学	370471	395437	1535997	368049
其中：外语	199428	212611	814442	190891
历史学	18283	19073	74618	18389

续表

	毕业生数	招生数	在校生数	预计毕业生数
理学	257768	287868	1103623	267491
工学	1247808	1402970	5511445	1347359
农学	66641	73352	283963	69842
医学	261636	274537	1243628	268584
管理学	741061	705786	2989829	771768
艺术学	364609	400461	1572324	396150
总计中师范生	389612	375089	1544676	388224

资料来源：中国教育统计年鉴（2017）

3. 全国本科高校工商管理类专业建设水平

近年来，各省市区通过多种方式加强了包括工商管理类专业在内的专业建设，启动诸如品牌专业建设等建设工程，有力地提升了工商管理类专业的建设水平，但所占比例不高、建设水平有限。2015 年，江苏省共评选出 80 个本科高校 A 类品牌专业、72 个 B 类品牌专业和 28 个 C 类品牌专业。A 类品牌专业中属于工商管理类专业的有会计学、财务管理、审计学三个专业共涉及 5 所本科高校，B 类品牌专业中属于工商管理类专业的有工商管理一个专业涉及 2 所本科高校，C 类品牌专业中属于工商管理类专业的有会计学一个专业涉及 1 所本科高校。可见，在高等教育发展水平较高的江苏省进入品牌专业建设的工商管理类专业也只有会计学、财务管理、审计学和工商管理四个专业，共涉及 8 所高校，仅占江苏全省本科高校数的 10.25%。

4. 地方应用型本科高校工商管理类专业建设水平普遍不高

地方本科高校大多处于三线、四线城市，且有相当部分的高校升本时间不长，其优势学科、优势专业大多属于基础学科、行业特色学科，而工商管理类专业一般不属于优势学科。这就导致大多数地方本科高校的工商管理类专业办学时间不长、历史积淀不厚、办学经历不丰富，特别是师资队伍建设困境重重，难以引进高层次人才。第一，学校层面往往不够重视工商管理类专业的师资引进，感兴趣的大多是优势专业、特色专业。第二，工商管理类专业的博士生就业渠道多样，且待遇丰厚，学校所提出的引进待遇难以引起高层次人才的兴趣，加上地方高校大多地处二、三线城市，城市的吸引力不足。第三，由于学科平台条件不佳，科研和团队的吸引力不足，即使引进的高层次人才在科研方面也是单打独斗。同时，国内一些主要科研项目的申请对地方高校也是相当的不利。诸多原因导致地方本科高校工商管理类专业的师资队伍层次不高、成果不多、影响不大。

5. 地方应用型本科高校工商管理类专业特色不鲜明

地方本科高校大多属于应用型高校，且工商管理类专业是与社会发展经济建设密切相关的专业，而各高校工商管理类专业的培养目标从整体上看趋同性严重，甚至有些和教育部颁布的专业介绍中的专业培养目标完全一样，缺乏地域特色和行业特色。人才培养模式单一和僵化，不能体现应用型特点。由于惯性思维，过分强调学科性、系统性、严谨性，而忽视了工商管理类专业的开放性、职业性、实践性，固守着传统的、封闭式的、以学科为中心的培养模式，专业之间形成无形壁垒，学科之间交叉太少，与企业之间合作不够，使得“高校 - 政府 - 企业”的合作浮于形式，远远不能适应新时期以产出为导向的应用型本科教育的要求。课程体系设置不合理，接行业、地方经济地气的特色课程欠缺，缺乏有地方和行业特色的课程模块，迷失了服务于地方经济和行业的方向。

第二节　地方应用型本科高校工商管理类专业建设现状的归因与现实困难

一、地方应用型本科高校工商管理类专业建设现状的归因

1. 人才培养定位不清

尽管各地方应用型本科院校在办学定位的顶层设计都写明要培养立足于区域经济与社会的发展需要、面向行业内在结合和实际需求的应用型人

才。但在实践中，由于客观上本科院校教学质量的评估体系并没有实行分类指导与评价，同时相关部门在教学资源的配置上也倾向于学术型院校。地方本科院校在转型过程中自身也存在相应的问题，导致人才培养定位无法走出“本科应用型人才培养就是传统本科与职业技术学校的实践教育的简单叠加”的认识误区。由于不清晰的人才培养办学定位使得在人才培养的具体实施过程中教学模式停留在传统的课堂知识的灌输，理论学习与实践教学环节完全割裂，能力、素质的提升仅停留在理论上，实践性也流于形式简单的重复性实验及走马观花式实习上。

2. 专业设置及课程体系设计同质化

人才培养定位是导向，由于地方应用型本科院校对自身定位的认识不明晰，折射在专业设置及专业课程体系的建构上，出现了新专业设置与地方经济与社会发展对技能技术型人才需求相分离。一方面由于经济发展进入“新常态”，地方实体经济的转型升级亟须大量技能技术型人才；另一方面地方多数高校无法结合经济实际仍按传统学科目录来设置专业。与此同时，对传统老专业的改造也步伐缓慢，专业课程体系设计千人一面，未能体现人才培养定位，及地方性的特点，也缺乏与学校自身优势学科的交叉渗透，无法体现出学校自身的特色。在课程体系的实施过程中，强调稳定性，缺乏动态调整机制。课程教学大纲与当今科技发展水平相差甚远。未能实现课程内容随经济、科技的发展而调整的动态更新。当今用人单位对高校毕业生的人文素养、科学精神、团队意识、健康心理等综合素质的要求日益提升。但地方院校在综合素质课程体系设计上，同样缺乏创新和开拓性的实质举措。

3. 教学模式仍以传统的知识灌输为主

在传统的人才培养模式中，地方应用型本科院校虽定位是为地方经济发展培养应用型人才，但作为人力资源供给方的高校常自闭于“象牙塔”中，与企事业单位较少进行交流与合作，对用人单位的人力资源需求信息缺乏了解。折射在教学模式上，主要以教师为中心，采用满堂灌输的方式传授书本理论知识，忽视学生的主体作用；在课程教学内容的设计上偏重理论，有的教师甚至按教材“照本宣科”；在考核方式上主要采用偏重知识点记忆的笔试考核，知识与能力形成性考核偏少，实践与应用类考核存在随意性。这种以教师为中心的注入式的传统教学模式，忽视对学生能力的培养，压抑、禁锢了学生在课堂上的创新性和主动性。学生成为知识的被动接受者，也造成了学生缺乏学习的积极性，使应用型人才培养目标成为空中楼阁。究其成因与学校教学改革滞后及实践师资队伍建设乏力有关。

4. 实践教学体系不完善，缺乏保障措施

地方应用型本科院校人才培养定位决定所培养的学生实践能力要强，必须具有较强的知识应用和转化能力，这是本科应用型人才培养与高职的最大区别，也是其自身优势和特色的体现。但当前有些本科院校由于在实践教学体系的设计上仅限于满足评估体系中实践环节比例的要求，缺少系统性，同时实践教学也缺乏相应的保障体系支撑。主要表现有：一是学校对实验室与实训基地建设投入不足。学生缺少实操与实训机会。二是缺少“双师型”师资队伍。师资建设强调高学历高职称，考核指标今后偏重科研成果，忽视青年教师实践能力培养。柔性引进实践经验丰富的行业精英力度欠缺，造成学生实践能力弱化。三是实践教学管理弱化。相当数量的地方院校的实践教学环节没有专门机构负责。纵然设置了专门机构，也由于机构负责人一般同样是青年教师，自身也缺少对相关行业的了解，因此对实践教学体系的建构、实践课程的考核方式、实践教学质量的评价等核心问题，也无能为力。实践教学的教师各自为战，教学具有随意性。由于实践教学质量评价系统不完善，也挫伤了学生进行实践学习的积极性，影响了实践教学成效。

二、地方应用型本科高校工商管理类专业建设的现实困难

1. 专业建设经费投入不足，所需硬件设备匮乏

地方应用型本科院校的政策性办学经费主要依靠地方财政拨款，对于

地方政府的财政收入及政策支持依赖性极大。与部属、省属院校相比，此类学校的经费投入区域差异较大，个别处于地方财政状况良好的学校经费投入相对有保障，一些学校则存在地方财政投入力度不大的问题，导致办学经费严重不足。为解决办学经费和建设经费的问题，不少地方新建本科院校向银行借贷或向社会融资。但融资而来的经费，多投向了“看得见”的基础建设上，以及日常开销上。除此之外，用于教学、科研、师资、学科等方面的经费就不足，具体到专业建设的经费投入就会无法保障，大批量的教学仪器、实验室等硬件建设无法落实，严重影响到专业的内涵建设及人才培养目标的实施。

2. 专业建设缺乏合理规划，专业设置功利化

按照教育部本科教育建设和评估要求，专业建设规划应依据学校的实际情况和办学条件，在条件具备的情况下再按部就班申报、设置及建设预定数量的专业。但是，一些地方新建本科院校在专业设置上，往往会不由自主地走向功利化的发展路子，遵循“先上后建”策略，先把专业申报设置下来，再按照“有苗不愁长”的思路建设和发展。另外，为保证生源和办学经费，有的地方新建本科院校还会遵循“剑走偏锋”思路，积极申报新兴专业，致使优势突出的基础专业逐渐萎缩而条件不完备的新兴艺术专业却大举发展。由此可见，地方新建本科院校的专业设置，缺乏科学合理的规划，呈现出明显的功利化特征。

3. 专业师资力量薄弱，学科课程建设支持乏力

专业建设并不是孤立的，必须有师资队伍、学科课程等环节的辅助和支持。但是，多数地方新建本科院校都存在师资力量储备不足，相关学科及课程建设资源匮乏等问题。师资力量薄弱主要表现在两个方面：一是由于一批升本时间不长的地方本科高校在升本前后引进一批低学历、低职称的青年教师，致使高职称、高学历人才匮乏及年轻教师基数偏大；二是由于基础专业与艺术专业发展的不协调性，造成基础专业教师富余，新兴艺术专业教师严重匮乏的不利局面。而学科课程建设对于专业发展支持乏

力，主要表现为：一是学科课程优势不明显，发展方向不明确，无法给予专业建设导向上的支持；二是学科课程梯队建设薄弱，学科课程带头人匮乏，直接影响专业人才培养目标的实施；三是学科课程建设交流不够，对外联系较少，无法建立有效的产学研发展机制。虽然此类学校在升本后高度重视师资队伍、学科课程建设工作，但是由于资金缺口大、观念更新不及时、政策支持力度不够等因素，一时很难有重大的突破。

4. 专业建设定位不准确，发展优势和特色不明显

地方应用型本科院校多来自地方老牌专科学校，其专科时期的办学和管理理念根深蒂固，很难在短时间内得以改变。所以，就专业定位上说，多数地方新建本科院校习惯性在原有专科专业的基础上，适当提高标准和要求就成为本科专业的定位；特别是一些师范类专科学校在升格为综合性本科院校后，依然习惯于师范专业的建设定位，不能大胆地改变既定的思维模式，结果造成人才培养目标的偏离，甚至导致办学路子越走越窄。另外，由于没有现成的经验模式可以借鉴，此类本科院校的专业建设处于探索阶段，发展方向和思路并不明确。于是，为了尽可能地少走弯路、加快规模式发展，一些地方新建本科院校一味模仿和复制老牌本科院校的成功模式，却无形中迷失自身的资源优势，最终导致其专业建设定位不准，无法体现学校的发展特色和优势，更无法与老牌本科院校进行抗争。

第三节　地方应用型本科高校工商管理学科的理性诉求与发展趋势

一、地方应用型本科院校工商管理类专业建设的理性诉求

1. 人才培养定位应符合自身学校定位，并具有相应特色

高校具有人才培养、科学研究和服务社会等多种功能。地方本科院校本质的规定性在于：它应结合学科和行业分设专业，培养面向社会一线的

应用型高级专门人才。其面向上以行业性为主导，性质上以专业性为主线，类型上以应用型为主体，模式上以实践性为主载，突出强调专门性、针对性、实践性和行业性。这就要求地方本科院校要找准着力点、落脚点，根据学校的历史积淀，科学合理地定位学校的发展目标。并根据地方经济与社会发展需求及学校学科专业发展特点，明确专业人才培养目标。以盐城师范学院为例，为实现为地方经济发展输送应用型人才目标，应明确加强人才的实践能力培养；围绕大数据、汽车、化学化工、新能源等产业，以及盐城、江苏省的人才岗位需求进行人才塑造，以培养具有较强应用能力和创新意识的实用型人才为宗旨，按照“理论够用、强化实践、突出能力、面向行业、注重创新、体现素质”的专业教育理念，密切结合盐城产业发展及江苏省对应用型人才的需求，通过产教融合的人才培养路径，推进人才培养专业综合改革，努力造就高素质“善思考、能做事、有后劲”的应用型专业人才。

2. 构建能力导向的专业课程体系

专业课程体系的设计是提高教学质量、实现人才培养目标的重要手段，在人才培养模式中居于核心地位。在制订和完善专业人才培养方案的过程中，各专业要围绕应用型人才知识、能力、素质协调发展的要求，突出学生的能力培养特别是实践动手能力、职业岗位群能力、专业拓展能力和创新能力的培养，着力构建与地方经济社会发展相适应的、以能力培养为核心的、模块化的课程体系。具体专业培养方案的制定应着眼于行业职业能力要求与学生长远发展的需要，构建“两个平台＋多个模块”的课程体系，拓宽专业口径，加强通识教育。两个平台指公共基础平台与专业基础平台。专业基础平台应通过深入的行业调研按实际履行岗位的需求设计，而不能按传统学科要求来设置。基本要求是拓宽专业口径，夯实学生的基础理论、基本知识和基本技能。“多个模块”指各专业在大三开始按市场需求采取模块化方式设置实用性强和具有地方特色的专业方向课程，学生根据自己的兴趣和职业规划自主选择来构建自己的专业知识与能力体系，做到学有专长，学有所精。与此同时，课程体系的设计还应科学合理优化基础课和专业课、必修课和选修课、理论教学和实践教学之间的比例，提高实践教学比例，并在具体的教学中提高学生实验实践技能和应用能力，才能实现应用型人才培养目标。

3. 实施产教产学相融合的人才培养教学模式

课程体系能否得到有效实施，关键在于教学模式。而地方院校的“立足地方、融入地方、服务地方、回报地方”特性，要求学校必须紧密结合地方实际积极进行教学改革，实施产教融合探索人才培养教学创新体系。产教融合要求地方本科高校做到专业设置与企业需求对接，技能训练与岗位要求对接，培养目标与用人标准对接，课程教学采用校内教师与实务界导师相结合。在培养应用型人才的教学模式上，要注意做到“三个结合”：理论与实践相结合、素质教育（人文、科学等）与专业教育相结合以及课内与课外相结合。在课堂教学中要构建多样化的教学模式，如可采用基于建构主义理论为基础的“问题解决、自主建构”“翻转课堂”“支架式教学”“抛锚式教学”“随机进入教学”等教学模式。总之，基于建构主义理论的教学模式就是以学生为中心，教师作为组织者、指导者、帮助者和促进者，利用情境、协作、会话等学习环境要素，充分发挥学生的主动性、积极性和首创精神，最终达到使学生有效地实现对当前所学知识的意义建构的目的。与此同时，教学模式上更要做到产学合作，即采用校企“合作教育”。各专业课程体系中需要认知、操作的课程，应依托与地方产业合作建立实践基地和实习实践项目，缩短理论教学与生产实践的距离；产业、企业的实践项目可通过校企双方合作转化为专业教学案例或者转化为有特色的实践课程纳入实践教学体系中。只有产教产学相融合，才能使学生学有所思，学而能做，知行合一。

4. 创新实验实践教学，强化学生应用能力

实践教学的目标是要通过实践教学体系的实施，让学生不仅掌握专业相关的基本业务流程、操作方法和组织管理模式，而且要让学生具备及时

掌握和发展专业相关的最新实用技术的能力和相关素质。因此，实践教学应涵盖专业教学实践与综合素质实践。实践教学应贯穿于大学四年教育教学全过程中。一是要在课程体系的设计中突出实践性，应当将行业从业资格证书，特别是强制准入的证书相关考核课程纳入课程体系中，实现课证融合。二是在教学中要将理论课程实践化。例如，德育课的实践可通过专题演讲、社区服务、志愿者活动、社会调研、义务家教、场景模拟和社会热点讨论等丰富活动，树立学生的道德责任意识；计算机应用能力除课内训练外要通过开放实验室、组织竞赛等来强化应用能力；英语听说读写等能力要充分利用现代教学技术手段来强化训练；专业基础课可利用参观、见习、观看专业相关影视录像、案例观摩、业界导师讲座等进行专业认识；专业课可在实验室做模拟训练、实习基地课程实验、模拟实习或课程设计；专业选修课，可在地方及学校的科技节及教师课题中，开展专业前沿技术引导的实践活动；假期、毕业论文和毕业实习可做仿真或顶岗的实践教学。三是压缩理论教学学分，将课外实践课程化。将教学拓展到地方经济与社会发展需求的相关社会实践活动、科技应用活动、自学活动及创新创业等第二课堂活动中，建立这些活动成果的考核评价体系，实施学分认可和转换。四是可设置短学期的实践教学活动月等。总之，影响实践教学成效的主要因素在于实践教学素材的开发、实践教学师资的培养、实践教学考核体系的建立。要实现实践教学目标，学校必须在教学实践经费投入、实践教学场所建立、实践教学技术培训和提高、实践教学管理制度创新等方面予以支持和保障。

综合而言，地方本科高校工商管理类专业建设的理性诉求是：学校要给予工商管理类专业发展较大的空间，专业定位要与学校办学定位相吻合；要构建以能力为导向的课程体系、“U－G－E”合作体系和创新实践体系等三大体系；要在师资队伍建设上实施倾斜性的政策支持，不仅要重视高学历、高职称人才的培养与引进，还需要建设一支精通业务、动手能力的双师型师资队伍。

二、地方应用型本科高校工商管理类专业建设的发展趋势

1. 本科性、地方性、应用型的特点将更加突出

本科性、地方性和应用型是地方本科高校的三个基本属性。本科性强调了与高职院校的区别，需要突出理论性和研究性。地方性强调了与其他老牌本科高校的区别，需要突出服务地方经济社会发展的能力和水平。应用型强调了工商管理类专业的专业定位应当是高级应用型专门人才，需要突出专业实践能力和创新创业意识的培养。换句话讲，地方本科高校就是居于老牌本科高校（985、211 等重点高校）与高职院校之间的一个办学类型。这一类型的高校也称为应用型本科高校，即培养应用型人才的本科高校。因此，必须构建符合应用型人才培养的教学模式。有什么样的教学模式，就会培养出什么样的人才。必须大力推进产学研合作教育及实践教学，突出产学研相结合的办学模式，这是应用型本科高校培养应用型人才的必由之路和根本选择，也是工商管理类专业建设的发展趋势。

2. 职业胜任力为导向的人才培养体系更加明晰

能力导向是地方本科高校人才培养必须坚持的教学理念，也称 OBE（Outcome - based Education）理论。这一理论强调“基于成果的教育明确地意味着关注和组织教育系统中的每件事物，围绕着一个根本目标让所有学生在完成他们的学习经历后都能获得成功。这意味着首先要对教育成果有一个清楚的了解，然后据此组织课程、指导和评估以保证这一学习成果最终能发生”。针对工商管理类专业的特点，应以职业胜任力为能力导向。职业胜任力包括“双层”内涵指标体系。其中，第一层包括“知识”“技能”和“潜质”3 个维度。第二层包括基础知识、专业知识和前沿知识 3 个“知识”指标，基础技能、专项技能、综合技能和创新创业技能 4 个“技能”指标，以及职业价值观、沟通协调、个性特质、心理素质和职业动机 5 个“潜质”指标，前两者属于显性能力，后者属于隐性能力，两种能力在人才培养过程中缺一不可。反向设计、正向实施将成为地方应用型

本科高校人才培养的重要理念。

3. 学科交叉、专业交叉、能力交叉的复合型人才培养更加重要

工商管理学科从学科范式来讲就是一个交叉学科，该学科涉及管理学、经济学、哲学、理学、法学、历史学等多门学科，是典型的交叉学科。工商管理类专业同样除涉及管理学外，还涉及其他学科，学科交叉是客观事实。但长期以来，受“专业对口”“对口就业”思想的影响，在专业交叉、能力交叉方面做得还不够突出。事实上，伴随着科学技术的进步与迅猛发展，多学科交叉融合与渗透、综合化的趋势已经日益增强，并成为一种发展趋势而存在。因此，如何运用学科间相互交叉与渗透的关系，培养出高质量、高素质的“复合型人才”，以满足形势发展的需要，这是摆在高等教育面前的十分突出的问题。“复合型人才”即同时具备两个或者多个学科知识及运用能力的人才，也就是综合型人才和交叉型人才。复合型人才培养的本质是突破各个学科及专业之间的界限，培养学生掌握跨学科多种专业知识和基本技能，培养解决实际问题的能力。因此，复合型人才培养在强调基础理论知识学习的同时，更加强调相关专业、跨专业知识的广泛性和多样性，强调各类知识的综合与交融。

4. 具有国际视野、创新意识的管理人才更加有前途

随着经济全球化和“一带一路”建设的全面实施，人才的全球化显得异常重要，也为地方本科高校工商管理类人才培养提出了新的要求。国际化人才是指具有国际化意识和胸怀以及国际一流的知识结构、视野和能力达到国际化水准，在全球化竞争中善于把握机遇和争取主动的高层次人才。国际化人才应具备宽广的国际化视野和强烈的创新意识、熟悉掌握本专业的国际化知识、熟悉掌握国际惯例、较强的跨文化沟通能力、独立的国际活动能力、较强的运用和处理信息的能力和较高的政治思想素质、健康的心理素质。同时，还必须具有创新创业的意识和能力，要在意识培养、能力提升、环境认知和实践模拟等方面参加对工商管理类专业学生的能力培养。没有国际视野和创新意识的人不太可能在当今社会“跑得远、行得稳、走得高”。

第四章　“U－G－E”协同育人理论

第一节　“U－G－E”协同育人的发展

“U－G－E”是“高校－政府－企业”的英文缩写，“U－G－E”协同育人是基于三螺旋理论，强调高校、政府、企业三方在人才培养中密切合作、相互作用，同时每一方都保持自己的独立身份。三螺旋理论已被许多学者认为开创了合作育人的新的理论研究范式。事实上，在应用型人才的培养过程中，高校、政府、企业都表现出另外两个机构的一些能力，三者也继续保持原有作用与身份，在三边相互作用的网络和混合组织中，形成高校、政府、企业在知识传播与转化、人员赋能与流动、平台构建与优化等三个层面的交叉融合，形成相互渗透、多元互惠、共生共荣的新关系，从而催生出全新的三方深度融合范式。

一、“三螺旋”理论的发展轨迹

1. “三螺旋”理论的提出

“三螺旋”理论是20世纪90年代中期，由亨利·埃茨科威兹（Henry Etzkowitz）与罗伊特·雷德斯多夫（Loet Leydesdorff）共同构建的一种创新理念，并为三螺旋理论的研究、传播、合作等做出了不懈的努力。“三螺旋”理论的提出源于两位学者对高校－政府－企业关系研究的深化。

20世纪80年代起，其时作为美国纽约州立大学教授的亨利·埃茨科威兹发起了创业科学与创业型大学的研究，其标志性成果是1983年的《美国学术界中的企业科学家与创业型大学》。然而，创业型大学的相关研究，走出了大学传统象牙塔的范围，不仅涉及大学内部组织结构的优化与调整，而且必须涉及大学与国家及经济社会发展的问题，涉及了高校、政府和企业的关系问题。为此，20世纪90年代，埃茨科威兹的研究以创业型大学为起点，延伸和深化到科学为基础的区域经济发展和风险资本公司，及源于科学的创业、高校与企业的关系等内容上来，标志性文献是1994年的《大学与企业关系：经济发展的社会学范式》。他在积极探索推动高校发展模式的变革，及高校与企业关系发展的理论创新。与此同时，荷兰阿姆斯特大学的罗伊特·雷德斯多夫基于复杂的动态系统理论也在探索一种技术转移的新模式，标志性成果是1994年的《技术变革的新模式：技术研究的新理论》，提出了三个亚系统相互作用的超循环模型，为三螺旋模型的构建奠定了重要基础。

1995年，为探索社会子系统之间相互作用的新范式，两位教授首次共同发表了《大学－政府－企业的“三螺旋”关系：以知识为基础的经济发展实验》，明确提出了“高校－政府－企业”相互作用的三螺旋组织结构模型。1996年两位教授又合作发表了《高校－政府－企业的三螺旋关系：超越资本主义与社会主义的发展模式》，对三螺旋作为一种创新理论的新范式进行了详细的分析与建构。这两篇文章得到了学术界的许多赞同和支持，标志着“三螺旋”理论的正式问世。1996年，一个讨论“三螺旋”模型的研讨会在荷兰举办，主题为“高校－政府－企业的三螺旋关系”，吸引了来自世界30多个国家的90多位研究人员和政策分析人员的参与，主要探讨高校、政府和企业之间的相互作用，以及对国家和区域经济发展的影响。这一次研讨会后来被称为“第一届三螺旋国际会议”。

2. “三螺旋”理论的发展

一个真正具有生命力、创新力的理论新范式，要能够经得住时间的考验，能够吸引越来越多的研究者持续跟进，能够对现实问题具有强烈的解释力和实践指导作用。“三螺旋”理论从 1995 年提出到现在，经过 20 多年的发展变迁，已逐渐发展成为一种相对成熟的理论形态。

（1）“三螺旋”国际会议持续举办。自 1996 年第一届“三螺旋”国际会议召开，到 2018 年已经成功举办了十五届，基本上开启了每年一届的国际研讨会进程。其中，2015 年 8 月，“三螺旋”国际会议首次在中国举行，由清华大学承办，会议主题是“学术－产业－政府三螺旋模型：服务于正在崛起的发展中国家”。每届会议都会吸引来自全球各地的学术研究人员、政策制定者和实践工作者的积极参与，这些会议探讨的主要内容有：学术界、产业界以及政府在三螺旋模式中的角色问题，知识资本在认知、经济、社会和文化方面的问题，跨边界相互作用问题，创业型大学的发展模式问题等。不仅机制化举办“三螺旋”国际会议，还创办了正式的协会和网站，以推动“三螺旋”理念的研究和实践，促进更多的国际学者分享研究成果，加强研究协作。2009 年“三螺旋”协会在意大利都灵创立，亨利·埃茨科威兹任协会首任主席，罗伊特·雷德斯多夫等两位学者任副主席。

表 4－1 部分“三螺旋”国际会议主题

年份	地点	主题	人数
1996	阿姆斯特丹	官产学关系	80
1998	纽约	官产学关系中研究的未来定位	160
2000	里约热内卢	无尽的转变、社会、经济和科技发展的关系	180
2002	哥本哈根	打破边界，构筑桥梁	200
2005	都灵	从认知、经济、社会和文化方面来看知识资本化	350
2007	新加坡	创业型大学和大学的未来	200
2009	格拉斯哥	创新、竞争和可持续性全球议程中的三重螺旋角色	300
2010	马德里	在知识城市、扩展社区、连接地域中的三重螺旋发展	300
2011	硅谷	硅谷：全球化模型还是独一无二的“怪胎”	200
2015	北京	学术－产业－政府三螺旋模型：服务于正在崛起的发展中国家	180
2016 年	海德堡	自下而上的创新模式、社会创新及地方模式的探索	200
2017	大邱	知识资本化：认识、经济、社会与文化维度	500

（2）“三螺旋”成果不断丰富。自“三螺旋”协会成立以来，创办了由亨利·埃茨科威兹任主编的国际性学术期刊《三螺旋》，目的是推动国际研究者深化关于高校、政府、企业的相互作用的理论分析和实证调查，促进高校发展模式转型、知识资本化、知识与技术转移等。从20世纪90年代中期到现在的20多年时间里，两位创始人已公开发表三螺旋理论的相关研究成果70多篇。在“三螺旋”国际会议和“三螺旋”协会的推动和传播下，已经有50多个国家、30多个学科类别采用了高校-政府-企业三螺旋理论进行相关研究，而经济学、管理学、教育学是其中应用比较多的学科。

在我国已经有学者专门来研究“三螺旋”理论在人才培养过程中的应用问题，提出了以三螺旋驱动应用型工商管理类专业人才职业胜任力提升的教学改革，形成了“一个中心、二个重点、三重交融”的核心改革内容。“一个中心”是以提升职业胜任力为中心，从知识、技能和潜质三个维度构建了12个内涵指标体系，形成显性能力和隐性能力相协调的能力体系。“二个重点”是从多个层面构建深度融合机制和全链式协同育人机制。“三重交融”是形成高校、政府、企业在知识传播与转化、人员赋能与流动、平台构建与优化等三个层面的交叉融合，形成相互渗透、多元互惠、共生共荣的新关系，从而催生出全新的三方深度融合范式。

二、“三螺旋”理论的思想与框架

（一）“三螺旋”理念的基本思想

亨利·埃茨科威兹和罗伊特·雷德斯多夫认为创新不是仅仅被认为是从研究到应用的单向线性过程，而是多主体协同、多要素循环、多环节链接的动态交互作用的非线性过程，参与知识创新的组织边界不断消融，一种弥散于社会的知识生产体系正在形成，创新呈现出更宽广的意蕴，创新越来越建立在组织或机构之间跨边界的知识流动和重构基础上，各种创新主体之间交互作用的强度在增强，使得人才、信息、创新成果等资源能够自由循环，形成非线性的网络系统。亨利·埃茨科威兹和罗伊特·雷德斯多夫提出“高校－政府－企业”交互作用的三螺旋组织结构模式，形象地诠释了三个子系统为促进知识创新与混合组织形式的协同进化过程，认为孵化器、科技园、风险资本公司等促进创新的新组织形式，把学术研究、知识创新、经济社会发展紧密地联系起来，把高校、政府、企业紧密地联系起来。

“三螺旋”模式的要旨是“大学、产业和政府三个机构领域之间相互作用、紧密合作”，构建以知识创新为核心的社会组织系统的基础结构和基本机制，推动优化创新资源的集聚与共享，迈向协同进化的螺旋式发展道路。但是，每个国家或地区都存在着这样或那样的结构性问题和机制缺口。埃茨科威兹用“三螺旋场”的思想，引入“场强”的概念，阐释了大学、政府、企业三个机构领域之间的三螺旋动态相互作用，需要保持一定的界面张力。他认为，如果政府作用太强，就有可能形成国家干预主义的模式，如果三螺旋关联太弱，就会没有足够的力量相互作用，导致自由放任的形式主义。“三螺旋”关系一方面表现为纵向的三螺旋动态、平衡发展过程，另一方面表现为横向的每个机构领域内部的微观循环与三个机构领域之间的宏观循环过程（见图4－1）。每个机构领域内部的微观循环与三个机构领域的宏观循环产生合作政策、合作项目计划、网络和平台。正是通过高校、政府、企业三个机构领域之间纵向的动态发展，以及和微观的通畅循环，才能激活人才、信息等资源的充分流动和集聚，才能够实现三个机构领域之间互惠互利的良性协同创新，才能够推动形成巨大的合力。这正是三螺旋理论吸引人的地方和最大的魅力所在。

（二）“三螺旋”理论的分析框架

雷德斯多夫从三螺旋理论提出要素、关系和功能三个层面，建构了“三螺旋”的分析框架。

1. “三螺旋”的要素

从宏观层面上看，高校、政府、企业是三螺旋的构成要件。然而，三

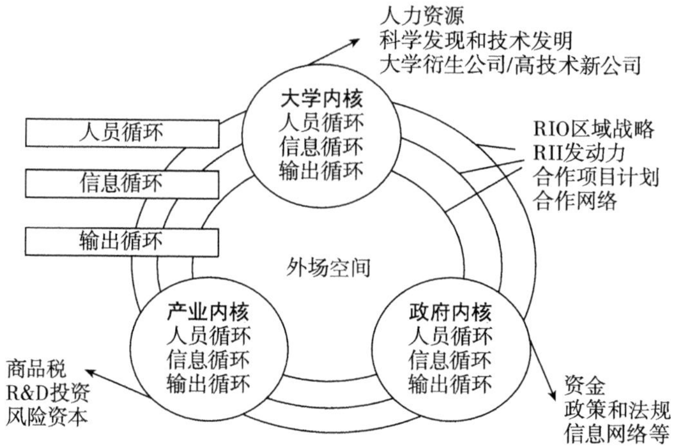

图4－1 横向的“三螺旋”循环

螺旋模型要成为一个动态的平衡系统，离不开创新创业的组织者、创业导师的引领和组织，也离不开大量从事非研发工作的成员的服务和支撑。为此，“三螺旋”理论体系的要素构成，在区分高校、政府和企业的基础上，细化为三个不同的重要区分：个体创新者与机构之间的区分、研发机构与非研发机构的区分、单一机构领域与多个机构领域的区分。

（1）就个体创新者与机构之间的区分来看，三螺旋理论不仅重视高校、政府和企业三个机构领域的相互作用，也突出个体创新者在推动三螺旋动态运行中的突出作用，这些个体创新者可以包括政策制定者、创业导师、创新组织者、创业者、风险投资家等，他们都会对三螺旋的动态平衡产业直接或间接的影响。

（2）就研发机构与非研发机构之间的区分来看，“三螺旋”体系不仅重视个体创新与不同机构领域的研发创新活动，也将非研发创新活动作为创新体系的必要组成部分。研发创新活动是“三螺旋”体系动态平衡发展的重要引擎，而非研发创新活动是推动研发成果走向市场，实现产业化的必要支撑服务。这些活动包括法律咨询服务、信息网络平台服务、营销服务、宣传活动、与用户沟通活动等，这些活动在高校、政府、企业三大机构领域都可以找得到。

（3）就单一机构领域与多机构领域的区分来看，“三螺旋”体系既强调保持每个机构领域相对独立的身份，更强调多个机构领域之间的相互作用，促进跨边界的知识创新与组织创新。每个机构领域在强化核心功能与独立身份的同时，都需要通过延伸和拓展其他机构领域的一些能力，提升机构领域之间相互作用形成的跨边界组织。这些机构也同样在高校、政府、企业三大机构领域找得到，如高校的技术转移中心、科技园、孵化器、企业博士工作站、风险资本公司等。

2. “三螺旋”体系的关系

“三螺旋”体系多元要素的相互作用主要形成五种关系形态：技术转移、合作与冲突协调、合作领导、替代、网络。

（1）技术转移是指技术在不同机构领域之间以及跨边界组织内输入与输出的活动，一般通过技术许可证、产学研结合、创办新企业、企业孵化器等途径实现技术成果、信息与能力的转让、移植、吸收、推广普及。技术转移能力强的大学，能够与其他机构领域建立起紧密的关系，为实质性创新创业教育的开展、人才培养模式的改革奠定坚实的基础。事实上，高校的技术转移不仅包括传统意义上的技术成果转移，也包括具有专门知识的学生的能力提升与运用。

（2）合作与冲突协调是“三螺旋”动态良性运行的关键。高校、政府、企业三大机构在合作过程中难免会产生矛盾和冲突，有的是任务冲突，有的是关系冲突。任务冲突往往是认识上、功能上、建设性的冲突，更多的是在一个机构领域内部产生的意见分歧。例如，大学教学、科研和服务社会的职能冲突，冲突协调可以通过新的职能集成和统领原有职能来实现。关系冲突常常发生在高校、政府和企业三个机构领域的跨边界位置，由于各自的文化差异、利益分歧，阻碍了知识、信息、人员等资源的循环，为协同创新制造了障碍。但是，关系冲突往往是文化性、情感性、破坏性的冲突，解决关系冲突不仅仅要着眼于创新的体制机制的优化配置问题，而且要从文化观念层面、对话交流中，深层次找准关系冲突产生的思想文化根源。

（3）合作领导是推进协同创新的组织者、协调者，在“三螺旋”体系中发挥着独特的黏合剂作用。他们或拥有权力，或拥有权威，或拥有号召力，将不同机构领域的相关人员集中在一起，平衡思想冲突、利益冲突，发挥各自的能力，努力为三个机构领域之间的协同创新创造条件。

（4）替代是在一个机构能力太弱，或者是固守原有功能与能力不为协同创新拓展能力时，另外一个机构或两个机构领域将可能通过能力的拓展来填补空缺，这时就产生了替代效应。例如，大学除了从事教学科研活动外，也需要积极鼓励与支持科研人员开展技术转移和衍生新公司等活动，避免被产业界不断延伸的人力资源培训与研发所替代，才有可能成为“三螺旋”关系中强劲有力的一支力量，否则，大学将可能有被边缘化的危险。

（5）网络是“三螺旋”体系中体制机制建设的目标，就是要形成不同机构领域之间有张力的网络化、结构化配置，而网络化与结构化程度是反映三螺旋创新关系是否良性运行的重要标志。

3. “三螺旋”体系的功能

三螺旋不同要素的区分和五种主要的关系形态，使“三螺旋”体系的功能通过三个空间体现出来，即知识空间、创新空间和趋同空间，以实现知识生产、创新、应用与商业化、产业化的目的。每个空间都是高校、政府、企业三个机构领域之间相互作用的结果，而三螺旋系统的运行依赖三个空间之间非线性、历时性的相互催化。

（1）知识空间是向知识经济社会转型的重要基础，目的在于有效集聚国家或区域内的优势知识创新力量，并减少研发努力的重复建设，促进“临界质量”的生成。知识空间中的临界质量难以严格测定，更多的是用来说明国家或区域的知识创新只有集聚到一定程度才能发挥出力量。所以，这是以知识为基础的经济发展的必要条件，但不一定是充分条件。创建知识空间的机制主要有：国家公共研究资源从研究密集区域扩散到非密集区域；重新配置与聚合现有研究资源；通过创建和推动以科学为基础的大学，吸引重要研究者；创建新的大学，以支持新产业的发展或推动现有产业向更高水平发展；围绕共同研究主题，运用政策的支持，虚拟地整合地理上分散的大学和企业研发团队；为提升国际竞争力，通过现有成员之间合作，整合现有以知识为基础的组织，并创建一个新的组织。

（2）趋同空间是要将区域内具有不同组织前景与观念的各种创新活动者召集到一起的中立场所。这些集聚和组织到趋同空间的创新活动者，应该建立在彼此信任和协同合作的基础上，由共同协商的组织规章来规范各自的行为，围绕问题和矛盾进行调研和讨论，努力形成促进经济与社会发展的创新发展项目和行为计划，或提出对区域发展具有深远意义的创新发展战略。趋同空间的建立是集成众人智慧、统一思想认识的重要阶段，有利于将知识空间积蓄的势能转化为促进经济社会改革创新的动能。创建形成趋同空间的主要机制有：创建或改造一个组织，为头脑风暴、问题分析与计划制订提供一个平台；提供获得项目或战略实施所需要的资源；对冲突或危机情况提供解决策略。

（3）创新空间是实现趋同空间所确定的战略目标的新机构和组织机制，如科技园、风险投资公司、孵化器等，目的在于培育区域创新公司，同时吸引其他地区的人才和创新公司，为国家或区域的发展积蓄创新创业潜力和竞争优势。新的组织机制和机构形式的创建，需要根据不同国家或区域的优势和弱势进行分析和有针对性地设计。因为这些混合组织需要被整合到一个更宽广的区域环境中，而这个环境要能够提供更广泛的相关支撑结构和服务。例如，科技园就是一个很有用的混合组织形态，但在某些区域有科技园却可能很少有创新活动发生，因为只是简单建筑了一些建筑物，然后就期望高技术公司奇迹般地出现，不考虑其知识空间是不是存在、趋同空间是否已经形成。而事实上，科技园的建筑物只是知识创新的表面特征，大学、政府、企业三个创新主体之间的三螺旋协同创新，创造性地生成的组织形式和组织机制，才可能是知识经济创新发展的根本原因。创建形成创新空间的主要机制有：在没有高等教育机构的地区创建一所大学，提高现有集群的技术水平，或作为新集群的来源；为大学技术转移和创业构建一个集成环境；发挥趋同空间的作用，找出三螺旋的机制缺口，建构新组织机制和组织；重新配置专业人员到经济下滑区域，以激发技术促进经济复兴。

正在向知识为基础的经济转型的国家或区域，能够以各种不同的顺序创建三个空间。每一个空间的建构都会为其他空间的发展提供基础，但最后，只有这些空间都被集成到一起时，才能使区域战略计划有效实施。

（三）“三螺旋”的测量和检验研究

对于政府、产业和大学之间的关系紧密程度，很多专家都做了不同程度的计量模型研究。其中尤以雷德斯多夫运用布尔逻辑代数体系下“和”（AND）运算来研究三螺旋算法最为提倡。它是用“大学”和“产业”、“大学”和“政府”、“产业”和“政府”的布尔数值来计量双边的铰链程度，而 UIG 的值则代表三个概念域内的共通度。雷德斯多夫认为大学、产业、政府之间会产生相关的频率分布 f_i，而这种相关频率的分布可生成一种概率分布 P_i，且：

$$P_i = fi / \sum_i f_i$$

仙农对此概率分布的或然熵（Entropy：平均信息量）E_i 进行了定义：

$$E_i = \sum_i P_i \log(P_i)$$

通过增添适当的变元可从一维变换到多维。而通过信息的单位比特进行测度即可实现两组基下的对数运算：

$$E_i = \sum_i \sum_j P_{ij} \log(P_{ij})$$

二维协同信息的转接量相当于不确定性的变量 T_{ij}：

$$T_{ij} = E_i + E_j - E_{ij}$$

三维协同信息的转接量可以表示为：

$$T(xyz) = \sum_i xyzP(xyz)\log\{[P(xy)\ P(xz)P(yz)] / [P(x)\ P(y)P(z)P(xyz)]\}$$

这里，$P(x)$ 表示事件 x 发生的概率，$P(xy)$ 表示 x 发生事件和 y 事件同时发生的概率，这些概率测度均可由数据挖掘的实证事件频率得到。阿布朗森证明了其仙农运算表达：

$$T_{ijk} = E_i + E_j + E_k - E_{ij} - E_{ik} - E_{jk} + E_{ijk}$$

考虑到大学到－政府－产业（UIG）的实际关系数据，即可得到如下等式：

$$T_{UIG} = E_U + E_I + E_G - E_{UI} - E_{IG} - E_{UE} + E_{UIG}$$

由于内涉系统（EU，EI，EG）下可测变量的不确定性是由其界面关系而减少的。我们将三维空间及其组织变迁下的协同信息的转接量（记为 T，抑或记为 $TUIG$）作为动态计量的一个指标，那么三螺旋算法便可以通过等式表示出来。通过网络数据的计量研究，大学、产业和政府的关系即可由这一算法而得出。该方法为我们建构时间序列、国家与地区相比较、绘制官产学关系图谱等提供了机会。

当前对三重螺旋关系的检验研究主要是采用线性回归方程，即通过分析自变量间的分离效应、交互效应、同期效应等来检验三重螺旋关系。该方法一定程度上为三重螺旋模型检验做出了很大贡献，但限于研究对象的范围狭小和三螺旋模型的非线性关系，使得分析结果具有相对的不准确性。在实践中，Shapiro 采用回归模型对韩国进行了 R&D 资金三重螺旋的检验，Belkhodja 和 R jean Landry 对加拿大进行了三重螺旋中大学合作问题的研究。

三、建立围绕应用型人才培养的“三螺旋”

从上述分析可见，随着知识经济时代的到来，高校不再仅仅被要求提供教育和研究，而逐步成为区域经济发展和创造工作机会的主要负责人。国家的强盛取决于教育、科技等诸多方面的实力和创新，而教育科技的主体高校、政府、企业被经济发展需求的纽带联系在一起，形成了力量交叉影响、抱团上升的“三螺旋”。（见图 4－2）

应用性是应用型人才培养的典型目标，而这一培养目标的达成离不开政府、企业的参与。在三螺旋框架下，教育资源的有效整合使得教育要素

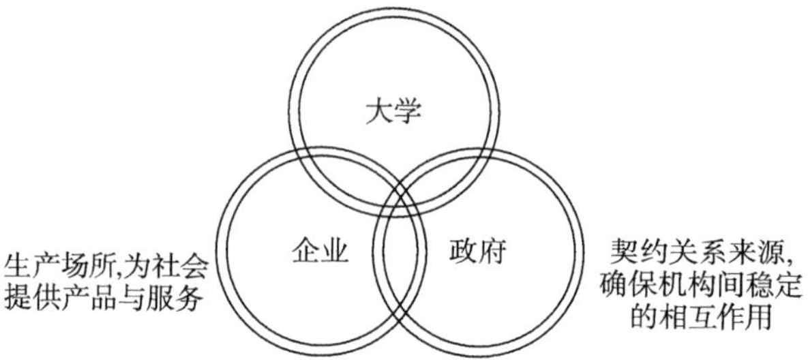

图4－2　创新可持续发展的“三螺旋”

在大学、政府和企业之间流动循环，宏观循环上形成教育政策、合作项目或机构，微观循环上形成三类机构领域各自的产出。合作联系面越大，协同契合度越高，人才培养的产出效益和质量就越好。围绕应用型人才培养的三螺旋流动要素如图4－3所示。

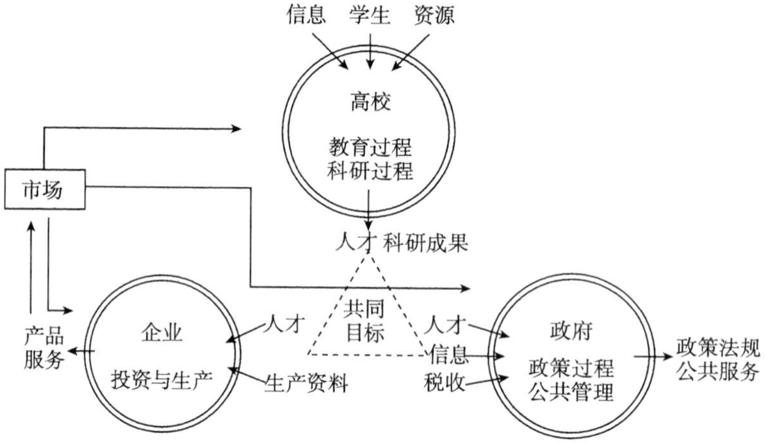

图4－3　围绕应用型人才培养的三螺旋流动要素

当下我国具备形成三方协同培养应用型人才的构成要素，但是尚未形成系统和机制化的安排，或三个机构领域的协同黏合度不高，一方面制约了要素质量以及要素效果的发挥，存在一些功能缺失和断层，也使得各个要素的产出难以契合。应用型人才的培养亟须汇聚三个机构领域的资源以提升教育质量，并理顺资源的流动关系以形成可持续系统，建立高校、政府和企业应用型人才培养的协同机制。

形成三个机构领域协同的基础是存在一致的目标。培养具有企业家精神和创新创业能力的应用型人才是地方高校的主要产出项目，也是高校教学的成果，这类人才也符合政府和企业的需求。通过宏观循环的结构可以看到，人才培养是三螺旋中三个机构领域长期合作的共同目标。

确定了合作目标是“培养具有企业家精神和创新创业能力的应用型人才”，就可以围绕这一目标设计合作机制，调动各方资源，汇聚梳理，改进现有人才培养机制，在高校、政府、企业各自发挥原有结构性功能的基础上，建立宏观循环下人才培养的微观循环。在微观循环中，每个机构也可以有另外两个机构的一些功能，以形成紧密合作。高校首先发挥原有的教学功能，培养能力塑造人格。高校可以在人才培养中引入企业生存的市场环境，使得教育不脱离实际，高校也可以在具体环节中发挥同政府一样的规则制定者和协调者角色，使得各方不脱离人才培养的目标。同理，企业可以在原有职能基础上发挥高校和政府的职能，传递业界信息，传授企业经验和技术，起到教育作用，还可以发挥规则设立的功能，在某些环节设立市场评判标准。政府也可以发挥教育引导，提供产品服务的功能，在共同的目标下，高校、政府、企业各自履行本职，发挥长处，提供资源，交叉合作，协同培养。

四、“三螺旋”理论在应用型人才培养中存在的现实问题

回顾我国产学研协同培养人才的发展道路，我们取得了重要成就，价值和意义不能低估，但在三螺旋时代的协同培养的实践中仍然存在一些不可忽视的问题。

1. 产学研关于创新理念的共识尚未完全形成

三螺旋各方主体仍时常站在自己的角度用传统的思维去看待产学研的结合，缺少用新时代的眼光从国家和民族利益的高度去审视和建立三螺旋主体“三者协同、结构合理、充满活力”的国家创新体系，致使产学研的

三螺旋向上运动的动力不足，从而制约着产学研结合产生更大的创造力。

2. 各方价值取向相异、联手不足，使得三螺旋体系中的各个角色在产学研合作中的定位不清晰，三者的互动难以有效和深入开展

企业方面，其生产创新和技术研发的核心是获取大经济效益，强调的是价值规律；而高校和科研机构，其固有的科技成果评价核心是用“获得科研经费金额、发表论文数量、参与者学术地位、所获奖励级别和数量”来确定的。这种仅体现科技成果“技术价值”而忽略“市场价值”的评价体系，导致科研与市场脱节，终造成企业与高校合作的动力不足，深度不强；而有的地方政府更多地关注“产学研合作开展的形式和能上报的数据”，对具体的配套政策和扶持措施则出台不多、落实不够。

3. 产学研合作的通道中体制机制障碍仍然存在

一方面是行政管理各自为政，突出体现在：条块分割、政出多门、科研经费使用效率低，造成人力和资金等方面的资源浪费；另一方面是政府的引导与协调作用不够。没有专门的促进政策，信息和中介服务体系不完善，政府在产学研结合的资源配置上缺乏明确导向，特别是在对多项技术集成创新和产业技术创新链的资源配置上，“贴牌”现象较多。

4. 产学研结合中的人才培养突破不够

近年来，我国科研人员数量增长较快，但适应科学前沿和产业高端创新要求的高素质人才，尤其是拔尖人才，缺口依然很大。创新型科技人才，仅靠高校依照原有的模式关起门来培养肯定是不行的，必须走产学研合作的道路，必须要突破现有的培养模式，高校与产业紧密合作，站在科技发展的制高点，引入社会各方优质资源，建立完善的创新人才培养模式，又快又多地为国家培养输送急需紧缺人才。

第二节 “U－G－E”协同育人的机理

一、基于“三螺旋”理论的协同育人模式的优势分析

如前所述，三螺旋理论强调了高校、政府和企业三个机构领域各自和相互之间围绕同一个目标而开展的纵向和横向的协同发展，其具体表现形式多为组织（企业）内部形成的知识（思想、专业技能、技术）分享机制。这种组织策略扩展至组织边界以外的宏观层面时，就形成了以“U－G－E”合作为主要运作形式的协同育人模式。

1. 可以促进高校办学活动的良性运行和效率提升

“U－G－E”协同育人隐含着三个机构领域的目标一致性和组织开放性。高校要充分汇聚现有资源，加强人才培养的顶层规划，做好整个人才培养过程的组织管理工作。特别要以协同育人为合作纽带，通过探索建立适应于不同需求、形式多样的协同模式，促进高校、政府、企业三者之间的深度融合。以人才、学科、科研三位一体创新能力提升为核心任务，增强要素的有效集成，增强投入与产出的效益。将三螺旋理论运用于高等教育领域，其要义无疑在于打破高校封闭办学的组织惰性与不良倾向，鼓励高校加强同组织边界之外的政府部门、科研院所、行业企业、中介组织等其他社会组织之间的对话、交流与合作。一方面，通过这种对话与交流了解社会对高校所培养的人才的期待与需求，并以此调适高校自身的教学、科研与社会服务活动；另一方面，通过各方之间的密切合作更顺畅地实现高校与其外部资源、能量与信息的交换，进而促进高校办学活动的良性运行与绩效提升，以实现高校人才培养质量及其适应性的整体性提高。

2. 可以提高政府、企业参与人才培养的热情

政府、企业是各类人才的需求侧，除了各自发挥内部功能直接或间接地参与到人才培养过程外，还可以通过三个机构领域的交叉合作产生新的

影响。实际上，应用型工商管理类专业人才的培养必须坚持“开门办学”，本身即意味着高校在办学过程中应当适时同外部环境之间进行常态化的对话、交流与互动，而协同育人不过是这种对话、交流与互动的特定形式罢了。国外的大学，尤其是美国的大学，在面向市场与社会开放办学的理念支持下，在同外部合作和社会服务中吸纳教育资源、关注社会需求、强化竞争意识、保持办学活力，几乎成为当下全球大学效仿的榜样。就此而论，以协同育人理念为引领，将协同育人策略应用于高校人才培养领域，可谓是开创高等院校和外部合作伙伴之间的协同育人模式。这种协同育人的模式更有利于贴近、把握和响应外部的人才需求，更有利于发挥各协同方的独特优势来促进高校人才培养质量的提升，更能够增强政府、企业参与人才培养的热情。

二、高校协同育人模式的主要内涵

随着经济社会发展步伐的加快，现代社会对人才的需求越来越从过去的单一技能型人才转向为对复合型高素质乃至创新型人才的需求，这对以应用型人才培养为主要目标的地方高校提出了直接的挑战。但从高校的内部组织结构、人才培养模式、教师知识结构等基础能力以及其作为制度化组织所特有的组织稳定性与对变革压力的“顽固性”来看，要想让高校从其长期形成的“专业型人才”培养模式转变为“应用型人才”培养模式，显然难以于短期内“一蹴而就”。在这种情形下，通过“U－G－E”之间的对接、协同和相互渗透，使三个机构领域的独特知识（如思想、专业技能、技术等）能发生跨组织边界的分享，无疑有助于应用型人才的培养。因此，根据协同育人的特点与内涵，高校协同育人本质上是由各协同主体（高校、政府、企业）共同参与高校人才培养活动的开放式人才培养模式。这样一种培养模式的主要特点与内涵体现在以下几方面：

1. 培养模式的顶层设计

近年来各地方高校都普遍完善了大学章程，逐步构建起多元共治的大学治理模式，不同大学的章程虽然在大学“外部人”参与大学治理的体制与机制有所不同。例如，有的是以学校董事会形式，有的是以校务委员会形式，还有的是以学校战略咨询委员会形式，但共同特点都是多元治理。“外部人”直接参与大学办学目标、发展规划、基本政策与制度等制定，大学教育、科研、人才培养模式等方面的决策，以及大学与外部关系的构建等，这就为高校协同育人培育模式的顶层设计提供了制度基础与保障。而协同育人机制的建立则进一步推动高校、政府、企业等主体从人才需求方的视角，深度参与大学人才培养模式的设计，使大学人才培养模式更加契合市场需求，满足用人单位的实际要求，实现以需求为导向的人才产出。

2. 交叉合作机制的规范化

相对于擅长理论知识教育的高等学校、科研院所能给学生提供更充分、更系统的专业训练，而政府只能提供一些教育政策或教育法规，企业也能为学生提供更贴近于生产实践和市场竞争的实训机会。在对教育具有重要熏陶影响的组织文化方面，相较于高校略显保守的“学院气质”的组织氛围更加浓厚，而企业组织在市场压力下催生的“效率意识、务实精神”亦更为突出。在顶层设计基础上，协同育人培养模式真正付诸实施，必须构建常态化机制，要按照三螺旋理论的要求，形成高校、政府和企业参与的全链式人才培养模式，即在人才培养方案的制定环节，落实多方参与、协商一致的培养方案设计机制；在人才培养的实施过程中，通过各方工程技术人员、大学教师等相互流动，落实各方分工负责、彼此相互配合的多方协同、共同参与人才培养的机制；在人才培养的全过程中，还应当建立政府和企业参与的利益补偿机制和动态激励机制。

3. 协同创新活动与协同育人一体化

以高校、科研院所以及企业等协同创新主体共同承担研究项目，提升高校教师的研究能力，获得市场导向研发思路启发与面向实践的研究能力提升，从而有助于提高教师的教学水平（以研究促教学），并引入类似

“双师型”教师发展方向。而高校学生特别是本科高年级学生直接加入学术研究活动与企业的技术研发流程，则有助于提高学生解决实际问题的能力，从而提高人才培养质量。有鉴于此，本着协同创新的思维，地方高校在培养应用型工商管理类专业人才中要大力开展同科研院所、行业企业之间的联合培养，以充分发挥协同创新其他主体在人才培养方面的比较优势，既培养学生相对厚实的理论素养并接受一定的科研训练，更可以密切接触生产实践一线，以期将其锻造成厚基础、宽口径、强能力的应用型人才。

4. 共同构建协同育人平台

在协同育人的大平台下，推动高校、政府、企业以及国际间的深度融合和要素资源的有效集成。围绕大型仪器设备资源共享、科技项目攻关以及应用型人才培养等方面，发挥高校在项目、技术、人才、设备、信息等方面的优势，利用企业市场资源、产品研发等方面的优势，通过政府的政策供给优势，共建实验实训室、技术研发中心、研究院、学生创业基地等，形成多种类型的协同育人平台，为协同育人培养模式的实施奠定基础。

三、着眼于质量与效能的协同育人培养模式

如前所论，基于“三螺旋”理念的协同育人模式，既是高校人才培养模式改革的可行路径之一，亦是提升高等教育质量的可行策略之一。在实践中，若要借助协同育人的路径达到全面提升高校人才培养质量目标的话，显然必须通过相应的运行机制创新打通直接或间接影响人才培养质量之“关节”处的“经络”，使高校外部的资源、能量与信息能顺利进入高校内部，并促进其内部结构关系、运行状态与转换能力的改进和提升。如此，结合我国高校办学和运行的实际，除通过高等教育机构与政府管理部门之间的对话与博弈实现政府高等教育行政职能模式由“包揽控制型”向“监督保障型”的转变，使高校真正摆脱对政府部门的依附关系并尽快实现独立自主办学之外，还适当注意汇集各协同主体的共同努力，着力展开以下机制创新的建设性行动，以实现协同育人基础上高等教育质量提升的

目标。

1. 高校人才培养质量评价、监测与控制机制综合化

科学、全面地认识高校人才培养质量的确切内涵，据以开展常态化、制度化的高校人才培养质量评价、监测和控制，是提升高校人才培养质量的基础性工作和重要制度保障。但出于高校人才培养质量问题本身的复杂性，尽管目前以培养对象本身（即受教育者）质量为核心的高校人才培养质量观已基本达成共识，但如何评价受教育者的质量仍是一个相当抽象、主观性的问题，这一质量维度难以直接付诸评价、监测等具体操作。从我国高等教育质量评价和监控的实际而言，高校自身似乎缺乏自我评价、主动监测的动力与热情（组织惰性使然），政府主管部门组织的相关评鉴工作往往又因其行政化的操作模式而饱受非议，某些研究机构所推出的诸如大学排名等包含高校教育质量评价在内的研究成果则通常缺乏公信力，且不利于地方高校的发展和应用型人才的培养。这种状况使我国的高校人才培养质量评价与监控工作陷入某种进退两难的尴尬境地。有鉴于此，学习国外高等教育质量评估与监控的先进理念与成功做法，探索评价主体、评价对象、评价标准多元化的高校人才培养质量评估新模式则不失为一种可资尝试的新路径。在这方面，三螺旋理论又给我们提供了某些有益的启示。例如，能否在政府主管部门的支持下，积极吸纳企事业单位等高等教育服务的“消费者（单位）”参加，通过知名、权威的第三方中介组织（如开展高等教育质量评价研究的研究机构）牵头，高校主动积极配合，探索出一种评价主体包含高等教育服务提供方、高等教育服务消费方、独立第三方，评价对象包括人才培养质量的多个维度（这一核心教育质量又当包含受教育者的知识、技能、学习与交往能力、情感与价值观、动手能力与创造性等多维指标），评价标准包含受教育者成长质量标准与综合素质标准等多元标准，评价手段包括受教育者抽样测试、学校教育教学工作实地考察等多种手段的综合化高校人才培养质量评估模式。若实践证明，这种多方参与的综合化评估模式具有一定的科学性与可操作性，则不妨在后续更大范围的试验中不断完

善之，最后再将其推广之，形成一种更科学合理的高校人才培养质量评估模式，并据此开展相应的高等教育质量监测与控制工作。

2. 跨越高校组织边界的优质教育资源共享机制

高等教育是一项社会公益事业，但其举办却需要相当的资源投入。我国是典型的“穷国办大教育”，庞大的高等教育系统完全依赖于国家的财政投入是不切实际的。在这种现实条件下，高校（尤其是数量众多的地方高校）无疑会面临着教育资源不足的发展瓶颈，寻求同外部伙伴单位深度合作、实现组织内外部资源共享自然就成为各高校的一种务实、稳妥的选择。而协同育人则为这种优质教育资源的跨组织边界共享提供了新的组织模式和实现路径。例如，围绕特定的经济社会需求，高校可以放手同其他高等学校、科研院所、行业企业、地方政府甚至国际社会开展“以我为主、互惠互利”的深度合作。这种深度合作，不仅可有效解决高校自身可能存在的办学资源不足问题，使自身承担的人才培养、科学研究或社会服务项目能顺利完成，而且可以让高校在同“各有其长”的合作伙伴“共事”的过程中近距离地学习对方在项目组织、团队协作、科技攻关、管理制度、知识创新、信息利用等方面的长处。更重要的是，通过这种项目牵引，有助于高校同外部合作伙伴之间形成长期稳定的合作关系，进而便捷地共享对方的优质人力资源、科技创新平台、知识产权成果和组织管理经验。当这些共享到的有形资源（如优质师资、设备设施等）或无形资源（如知识、信息等）被投入到高校的教育教学活动中，自然能助益于学校人才培养质量的提升。需要指出的是，从字面上讲，资源共享机制的目的似乎是为实现优质教育资源的共享，但实际上更重要的却在于这些共享资源如何被充分地利用。共享着眼于解决高校在办学过程中所面临的优质教育资源不足问题，它不过是手段，而对资源的充分利用才是真正的目的和归宿。因此，深度的资源共享是指合作伙伴单位的优质资源能切实为高校的教育教学、科学研究和社会服务所用，能充分发挥所共享到的优质资源的实际效用，尤其是对人才培养的实际效用。资源共享机制应当以此为出发点来规划、设计和落实。鉴于此，高校在对外合作、资源共享的过程中，应自觉杜绝那种形式主义的“充门面”式的乃至弄虚作假的“表面文章”，切实将自身能共享到的优质资源全面运用于学校的教育教学、科学研究和社会服务中，充分发挥这些优质资源在人才培养和科学研究中的实际效用，而非将其“虚列”进某些宣传材料或申报材料中“粉饰门庭”，以达到某些狭隘的“特定目的”。

3. 多元化的高校筹资机制和财务监管机制

在协同育人的实践中，三个机构领域之间的资源共享固然能在一定程度上缓解高校所面临的办学资源不足困境，但高校的办学活动归根结底仍然是要依靠自身所筹措到的资源来支撑。因此，在协同育人的过程中，高校如何基于协同的思维实现筹资机制和财务监管（其目的是使高校相对有限的办学资源实现资源利用效率的最大化）机制的创新，也是一个间接影响高校人才培养活动与质量的问题。有鉴于此，以深入开展协同育人为契机，高校应大胆地探索多元化的筹资机制。目前，高校的办学资金主要依靠政府财政拨款、学生学费和其他自营收入，少数高水平研究型大学则有相对较多的科研经费收入。但若同西方大学横向比较的话，国内大学资金筹措的“多元化”特征仍不够突出，对政府财政拨款和学生学费的依赖程度仍相对较大。美国大学科研经费收入、商业服务收入、私人捐助、基金收益这几块收入来源所占比例要明显高于国内大学，其收入来源的多元化特征更为明显。而这几项收入又同高校自身的科研实力、社会服务能力、教育质量与学校声誉之间存在着密切的内在关联。因此，美国大学对我们的启示是：不妨以协同育人为抓手，全面提升学校教育质量、科研实力和社会服务能力，提升学校声誉和社会影响力，在此基础上通过争取更多的科研与社会服务项目（项目就意味着经费）、社会捐助和学校商业服务收入来拓展学校经费收入来源，真正建立起多元化的筹资机制，降低学校办学经费对政府财政拨款和学生学费的依赖，以增强学校应对政府财政拨款不足和学生学费高企的“缓冲”与应变能力。在建立多元化筹资机制的同时，还必须确立多元化的高校财务审计监督机制，以确保有限的办学经费得以高效利用，发挥最大效能。在这个问题上，当有必要切实改变现行高校财务审计过分依赖于财务部门内部审计和学校常规审计的低效局面，充分引入外部第三方审计主体，实行类似美国大学的那种内外部审计相结合的大学财务审计体制，努力加强高校财务管理及财务审计的社会透明度，遏制财务管理中的经费滥用和贪腐现象，全面提高高校教育经费的实际使用效能，进而从资源配置层面助益于高校教育质量的提升。

4. 高校的教学、科研与社会服务融合机制

从本义来讲，协同育人策略主要着眼的是促进高校的人才培养质量。但必须强调的是，无论是协同创新策略对高校科学研究的促进，还是科学研究对学校整体教育质量的支撑，都是有条件的。尤其是高水平的科学研究要切实助益于学校整体教育质量（尤其是人才培养质量）的提升，恐怕必须仰赖于教学、科研与社会服务有机融合的机制创新。目前，我国地方性高校大多是以应用型人才培养为主要目标，但也存在着“重科研、轻教学”的现象。最好的师资、实验室，最大比例的经费，甚至“最优惠”的内部政策，都悉数优先向“科研”倾斜，向特色学科和优势学科倾斜，知名教授几乎不会给本科生上课。试想，在这种制度导向和组织氛围下，即便构建了“U－G－E”协同育人机制，但也不一定会有助于学校人才培养质量的提高。显然，要想通过协同创新提升高校的科研水平，进而以高水平的科学研究支撑学校的整体人才培养质量，就必须努力在办学实践中将“U－G－E”协同育人、“教学、科研合一”的理念落到实处，并形成相应的制度保障。

在教学、科研与社会服务融合的机制问题上，高校首先必须深刻认识到人才培养是高校的根本任务，人才培养质量是高等教育质量的核心内容，高校的科学研究和社会服务职能必须同人才培养紧密联系起来，而不是脱离开来；高校在资源配置和制度导向上必须坚持以人才培养为重心、兼顾科学研究和社会服务。其次，应当努力实现上述理念的制度化，从规章制度上明确教师“教书育人”的核心责任和从事研究、开展服务的本职

工作，从教师工作任务配置、教师工作业绩考核、教育教学经费分配、教职工工资收入分配、学校组织文化建设等环节将“U－G－E”协同育人、“教学、科研合一”“以学生为中心”的办学理念予以制度固化，并以此引导教职员工的行为和价值观。

5. 开放化的高校管理团队优化配置机制

教育的本质是人与人之间的对话、交流与学习。在高校里，不仅“教书”能“育人”，而且管理、服务都具有“育人”功能。时下人们对某些高校的调侃——“一流的学生，二流的教师，三流的管理，四流的校领导”似乎在提请教育者们注意这样一个问题：高校的管理团队与学校教育质量之间的关系。显然，这绝不是一个伪命题！曾任英国诺丁汉大学校监的杨福家教授在论及大学时曾强调：“一流的大学，靠的是一流的教授、一流的学生和一流的管理人员”。“一流的管理人能用一流的人才，二流的管理人只能用三流的人才。大学成功与否，就看人的优劣”！显见，杨教授的话包含两层意思：一流的大学绝不能只有一流的教授和一流的学生，还必须有一流的管理人员；先有一流的管理人员后有一流的教授，培养一流教授靠的是一流的管理人员。既然如此，要切实提升高校人才培养质量，除借助协同创新路径共享合作伙伴单位的优质师资等核心资源外，是否同样需要借此路径优化高校的管理团队呢？事实上，每每当我们艳羡国外一流大学的强大师资队伍时，我们还应当深刻认识到：国外知名大学还有杰出的校长和一流的管理人员。因此，在以协同育人的思维考察高校教育质量的提升问题时，自当有必要基于同样的理论来完善高校管理团队的配置。简言之，这种高校管理团队优化配置机制，就是希望突破高等教育系统的组织边界，在全社会的范围内，本着“专业主义”的基本路向，通过公开遴选、择优取用的竞争方式来为高校的管理岗位挑选、配置最适切的人选，让真正的教育家来掌舵高校的发展，来让名副其实的各类专业管理人才进入到高校来打造一流的学校内部管理，进而为全校师生提供最优良的服务，最终实现学校的教育与学术生产力最大限度发挥的终极目标。

协同育人的思维与策略，其精髓不仅在于优质资源的跨组织共享，更在于一种开放的思维、包容的胸襟和创新的理念。这对于当下高校领导与管理层的更新与优化而言，无疑是一种难得的思想资源。

四、“三螺旋”合作中多元主体的最适角色

在“三螺旋”合作模式中，每一个螺旋线上的机构都是一个独立的实体，具有各自的行为规范和价值标准，过多地渗透和干预都不能达成三螺旋的彼此信任和平等的交互作用。所以，在推动三螺旋在创新过程中的交互作用时，更为重要的是要平衡各个螺旋线上机构的角色和作用，即保持一定的张力和均衡。

1. 多元合作中政府的最适角色

在三螺旋模式中，政府已经从与产业或大学的双重关系中的公共合作伙伴转变为三螺旋的参与者之一。政府应该致力于“服务型政府”的定位：给予大学更多的自治权，允许大学按照自我价值自行调整组织结构，按学科知识重新组合机构，平衡学术权力和行政权力的关系；通过合理的法律与政策来促进科研成果与企业衔接的顺利进行，促进大学和产业合作；推动制度创新、政策规范、科技规划、研发投入、种子基金等政策创设创业文化环境；对高等教育发展做出宏观发展规划，确定高等教育多样化发展的政策导向，提供优质的服务和信息；此外，还应实现政企分开，积极吸引外资并创造企业发展的良性环境。

2. 多元合作中产业的最适角色

产业应增强在三螺旋合作模式中的作用，其趋势是增强与大学的交流与合作，形成以大学为主的科研单位和产业之间构成优势互补的运行机制。创新产学合作的形式，主要表现在：与民间等单位联合开展合作研究；通过创业中心、科技园和研究中心等机构，促进大学与产业界的合作研究；大学为产业研究人员提供高层次的进修和培训机会；通过开设讲座或常设机构开展交流活动；企业尤其是风险投资企业，可以通过信息网络

技术支持、风险资金支持、关键技术支持等方式保障大学创业能力的提升；产业应该成为人才接纳和储备基地，通过产学研结合，一方面与高校共同培养人才，并为人才成长提供实践和创新的平台，另一方面产业是承接大批高校毕业生的重要场所，让人才在产业中继续发挥知识经济的重要作用。

3. 多元合作中大学的最适角色

知识经济时代，随着大学步入经济和社会发展的中心，创业型大学在国家和区域经济发展中发挥着越来越突出的创新辐射作用，日益成为知识社会关键的中枢机构。因此，创业型大学应该在教育价值判断下持续地创造新知识、共享新知识并转移新知识，实现知识资本化，为经济发展提供具有竞争力的知识体系，为区域（或社区）提供丰富的精神生活和物质生活的教育和培训。应以实施各类计划为平台，组建跨学科面向解决产业实践问题和社会实践问题的研究团队和复杂合作网络，与区域创新网络中的政府机构、金融机构、中介服务组织及其他研究机构开展深入合作。同时，产学研合作是高等学校高素质人才培养和学科建设的重要途径。产学研一体化，可以促进学校更加紧密地面向社会需求，有利于培养一支高水平、高素质的科技骨干和师资队伍；以社会需求激发学科发展和人才成长的活力，大力促进高层次人才成长，为学校科技创新与高技术产业化提供不竭动力。

第五章　地方应用型本科高校工商管理类专业“U－G－E”协同育人的实证研究

第一节　国外高校工商管理学科的“U－G－E”协同育人

尽管在不同教育理念的指导下，出于各国经济基础和文化背景差异的考虑，各国高等商科教育学科专业建设各具特色，但无一例外都是应用型商科人才培养过程中始终有“U－G－E”的紧密合作，始终有“U－G－E”三方在知识、人员、平台三个方面的交叉融合。基于三螺旋的“U－G－E”协同育人推进了各国应用型高校工商管理类专业的建设和发展。

一、国外高校应用型商科人才培养的发展趋势

1. 高等商科教育的专业设置走向两极分化

随着产业结构的升级和劳动力市场的变化，各国高等商科教育学科专业不断进行调整和充实。宽口径的“商学（或称商业）”或“管理学”几乎是国外高等商科院校必设的专业，成为高等商科教育学科专业建设的主干专业。在此基础上，出现了许多与区域经济特点和时代发展需要紧密联系的新兴专业，其特色鲜明、口径较窄。例如，根据澳大利亚产业中旅游业较为发达的特点，新南威尔士大学商学专业细分出商学、市场营销、旅

游与接待管理三个专业；针对澳大利亚森林资源丰富的现实，墨尔本大学经济与商业学院开设了森林学与商学专业。此外，伴随信息技术的迅猛发展，国外不少高等商科院校开设了与 IT 相关的商学专业。例如，美国林肯大学、中佛罗里达大学工商管理学院、堪萨斯大学工商管理学院均设有管理信息系统专业；澳大利亚墨尔本大学经济与商业学院设有工程学（IT）与商学专业，新南威尔士大学经济与商业学院设有商学与信息系统管理专业；加拿大麦吉尔大学管理学院也设有信息系统专业。总之，广博型和专精型专业并存将是国外高等商科教育学科专业发展的共同趋势。

2. 高等商科教育的人才培养规格走向综合化

尽管高等商科教育各层次的人才培养目标差别较大，但力求培养具有综合素质的人才则是各层次发展的共同趋势。这从课程内容的广泛性和学位的发展趋势上可见一斑。就课程内容的广泛性而言，不管是基础课，还是专业课、专业基础课，课程种类比以往大大增加。例如，日本小樽商科大学“一般教育等基础课科目”的课程内容，2005 年时比 1995 年就更为广泛，多了“智力基础”等科目；2004—2006 年美国堪萨斯大学基础课中的“沟通”与“人文”两方面内容可选择的课程门数比 2000—2002 年增多了 5 门。从学位的发展趋势看，国外高等商科教育不断出现各种主辅修学位、双主修学位、双学位等项目，使学生能够获得跨学科或多学科的知识。澳大利亚三年制的商学学士学位项目就是典型的跨学科教育，不管是主辅修，还是双主修，学生至少要涉及两个学科领域的知识，只是跨学科所需修习的课程门数多寡之别而已，主辅修需跨学科修习 4 门课程，双主修则需跨学科修习 7 门课程。其他国家商学学位发展也有类似倾向，如日本一桥大学于 2002 年实施“跨学科计划”，旨在为学生提供双主修的商学学士学位教育等等。由此可见，培养复合型人才将是国外高等商科教育人才培养规格发展的共同趋势。

3. 高等商科教育的课程结构和学分基本稳定

选修课种类和比重不断增加，国外高等商科教育的课程结构基本保持不变。课程按类型划分，由基础课、专业基础课和专业课三大块组成；从组织形式上看，还是分为必修课和选修课两种形式，其中选修课包括限定性选修课和非限定性选修课。但是，选修课的种类却不断增加。例如，美国堪萨斯大学工商管理学院2004—2006年的课程设置比2000—2002年时增加了不少的选修课种类。在基础课中，“沟通”方面的知识可供选择的课程已从原来的13门变为19门，“人文”方面的知识从12门增为17门，“自然科学”方面的知识从11门增加到17门等。在专业课中，经济学类选修课也从11门增加到17门。除了选修课种类日益增多外，选修课的比重有逐步提高的趋势。例如，美国堪萨斯州立大学市场营销专业1992—1994年选修课的比重为24%，到2004—2006年提高到49%；日本一桥大学2001年选修课的比重也从1995年的44.4%增加到93.8%等等。至于学分，从20世纪80年代至今，本科专业基本还是保持在120～130学分。但具体院校的学分要求有轻微变动。例如，美国中佛罗里达大学1986—1987学年度的学分要求为136学分，到2004—2005学年度只要求修满120学分即可；美国林肯大学2004—2005学年度比起1994—1995学年度则要求学生多修3～5学分。

4. 高等商科教育的课程内容日趋国际化和市场化

尽管国外高等商科教育的课程类型和学分几乎未变，但课程内容却随着经济发展和科技进步有了较大变化，市场化和国际化程度不断提高。首先，课程内容的市场化体现为理论性课程减少，实用性课程增加。日本小樽商科大学、一桥大学商学部20世纪90年代中期的“专业教育科目”基本上以理论为主，皆开设“论”“学”“史”等类课程，而2005时年出现了与市场需要紧密联系的课程，如“社会与财政”“渠道管理”等。美国中佛罗里达大学的专业基础课中，2004—2005学年度以“财政会计”“管理会计”代替1986—1987学年度的“会计学原理”等。澳大利亚邦德大学商学院2005年在“共同核心课程”中，以“战略管理或企业家精神”代替原来的“管理学”等。由此可见，不管是基础课、专业基础课，还是专业课，都朝着实用性方向发展。其次，课程内容的国际化表现为课程设置中“涉外课程”不断增加，这从日本一桥大学的课程变化可见一斑。与20世纪90年代中期相比，21世纪初，一桥大学商学部本科专业课程增加了“特别讲座”，如日本文化与国际关系Ⅰ、Ⅱ，理解跨文化人类关系Ⅰ、Ⅱ等。其中，不少是围绕着“如何更好地进行国际间的商贸往来”而开设的。此外，以“国际”两字开头的课程也日益增多，如日本小樽商科大学2001—2004年比起1995年在专业课程中就多出了“国际贸易”“地区市场系统”等课程。

二、发达国家工商管理类人才培养模式

在发达国家的应用型本科人才培养模式中有一些好的做法值得我们借鉴，特别是这些国家的教育部门与生产部门、学校与企业之间的互相协作、共同探索的经验。根据相关资料，依托企业资源开发的商科人才培养类型主要有以下4种。

1. 美国的合作教育

美国是当今高等教育最为发达的国家，不仅拥有许多世界一流的大学，而且有大量各具特色的高等院校。美国的文理学院、社区学院、专业学院特色鲜明，对培养各种各样的应用型人才起着重要作用。美国应用型本科人才培养的发展是建立在大学教育理念更新基础之上的。威斯康星大学于1904年就确立了大学对公共服务的义务和责任，使公共服务成为大学教学和科研之外公认的第三大职能，进而促进了美国大学与经济社会发展之间的密切联系。虽然培养应用型人才的专业和职业教育起源于欧洲，尤其是德国，但19世纪后期时美国的应用型本科人才培养已经占据重要地位。20世纪60—70年代，美国经济从鼎盛发展转为缓慢发展甚至停滞时期，这一时期美国高等教育规模迅速扩大，四年制本科毕业生的数量急剧增加，石油危机又引起了经济危机为毕业生就业带来了突出困难，很多毕业生找不到合适工作，失业人口增加。美国教育总署署长西德尼·P. 马兰

将20世纪60年代实验的“合作教育”推广开来，使学校的课程与社会需要结合起来、与职业发展结合起来、与行业企业结合起来，加强了大学教育的就业相关性和技术应用性。

“合作教育”是在培养合格劳动者的目标下，开展学校与工商企业、服务部门等校外机构之间的合作，把学生的理论学习、实际操作或训练有机地结合了起来。办学以学校一方为主，学校根据所设专业需要与有关企业取得联系，双方签订合作合同。企业一方提供劳动岗位、给予一定的劳动报酬，派管理人员辅导学生适应劳动岗位、安全操作，帮助学校教师确定学生应该掌握的技能，一起评定学生成绩、劳动态度、工作数量和质量等；校方派教师到企业去指导、监督学生劳动，沟通学校与企业合作双方的要求。强调学生在接受教育的同时接受实用专业知识和技能的教育，强调政府、高校、企业三方之间的合作，最早提出了产学研合作教育。美国从英国、德国的应用型人才培养模式中摸索出适合其自身发展需要的三种不同类型的培养模式，这三种培养模式的共同之处在于重视与行业企业的合作，重视学生的实践能力，实践能力是学生获得学位的必要条件之一。同时，实践活动时间的安排非常灵活，既可以安排在学期当中，也可以安排在假期里。其培养模式具有以下特点：

（1）培养模式多样化。美国的应用型人才培养模式大致可以分为三类：整体培养模式、高年级分流培养模式和合作培养模式。整体培养模式的学制通常为4年，少数专业可达5年，一般是全日教育。专业方向、课程和实习，计划在新生录取时就已经确定。课程包括通识课程、专业课程（必修和选修）、专业实习课程、合作教育课程等，培养计划由学校负责管理。高年级分流培养模式是新生入学时不确定专业，在学生修完一定的基础课程后，在二年级或三年级申请专业学士学位，学校根据学生选修的课程特点来确定学生的专业和学士学位。合作培养模式是由高校和一个或者多个机构合作共同培养学生的模式。

（2）课程设置以实用为特征。美国是以实用主义哲学思想统治的国家，杜威的教育思想对美国影响深远，其专业和课程设置也以实用为特征，特别强调实验课程和专业能力的培养。基础理论课程较少，所占学分也较少，专业课程和实验课程开设较多，所占学分也较多。既合理地设置基础理论的课程，也强调了实践应用型课程的设置。

（3）教学方法灵活多样。美国应用型本科的教育教学以学生为中心，在教学中注重对学生各种能力的培养，而不是对学生进行大量知识的灌输。教学方法采取了传统讲课、实验、实习、设计之外，还大量运用了案例、讨论、互动交流等丰富的形式。在培养学生实践能力方面采取了现场教学、案例教学、项目教学、团队教学等。这些教学方法的灵活运用很好地把所学的理论知识与实践结合起来，培养了学生独立思考、分析和解决问题的能力。

（4）产学研合作教育。美国是世界上最早提出产学研合作教育的国家，辛辛那提大学在 1906 年就制定了通过产学研合作教育来培养应用型本科人才的教育计划。产学研合作教育是学校与行业企业的分工合作教育，学校以理论教育为主，企业主要负责专业能力培养和实践教学。这种教育方式能使学生理解企业单位的情况和要求，有利于学生实践能力的提高，为以后的就业打好基础。有了这种合作，应用型本科人才的培养就有了依托和强大的后盾，应用型人才的质量才有坚实的保障。事实上，美国许多著名大学的本科人才培养也同样走产学研合作教育的发展道路，如哈佛大学“校企合作”模式、斯坦福大学“产学研培养”模式、辛辛那提大学“工学交替”模式、百森商学院“创业实践”模式等，在他们看来本科生是在校大学生的主体，也是未来创业的主体。因此，不论是研究型高校、教学型高校还是社区学院，都十分注重应用型人才的培养，重视培养学生的社会实践能力、适应社会的能力和创新创业能力。

（5）政府与企业支持力度大。美国政府对应用型人才培养在政策上和经济上给予很大的支持，通过立法的方式支持应用型本科教育。美国《高等教育法》（1976 年）第 8 款中独立设立了合作教育基金。至此，联邦政府对合作教育的资助有了独立的法律条款。政府还设立了专项基金对应用型人才的合作教育给予资金支持。另外，还有低息贷款、减免税收、创办科技园等，为应用型人才的培养提供强大的后盾。美国的企业也是应用型本科人才培养的重要参与方，采取多种形式参与研究应用型人才培养目标和课程设置，并为学生提供实习实践的机会。一些大公司通常将利润的10%左右捐赠给大学，资助大学开展合作教育。在美国，高校、政府、企业对应用型本科人才培养有共识、有措施、有效果。

（6）通用技能与专业技能培养并重。应用型本科人才的培养不仅要掌握本专业的理论知识和实践知识，还应具有更加广泛的内部和外部综合沟通和协调能力，这些能力对以后高效率完成工作是必不可少的。几乎所有的本科应用型人才培养，在强调专业知识和实践知识的同时都强调通用技能的培养，包括沟通能力、演讲能力、合作能力、学习能力等。

2. 英国的“工读交替制”

18 世纪英国工业革命以后，经济与科技快速发展，工商业界急需大量应用型技术人才、经营管理人才，原有大学培养的人才远远不能满足社会发展需求。19 世纪 20 年代，英国掀起了兴办近代新大学的运动，在一些工业城市创办了重实业、重传播现代科技的理工类学院。这些学院建立后逐渐成为地方工业研究中心，如利兹学院的纺织研究中心、利物浦学院的航运研究中心、谢菲尔德学院的钢铁研究中心、伦敦学院的电机工程中心等。这些学院的出现代表着英国高等教育的新趋向，揭开了英国应用型人才培养的序幕，之后涌现出一大批以培养应用型本科人才为主要任务的技术学院或技术大学，也探索出了“工读交替制”培养模式。“工读交替”就是人们常说的“三明治”教学计划。这种人才培养方法分三个阶段：学生中学毕业后，先在企业工作实践 1 年，接着在学校里学习完 2 年或 3 年的课程，然后到企业工作实践 1 年，即所谓的“1＋2＋1”或“1＋3＋1”教育计划。此外，英国还实行第一、二、四学年在学校学习 3 年理论，第三学年到企业进行为期 1 年的实践培养方式。

（1）办学指导思想与传统大学有明显区别。技术大学的指导思想是侧重应用科学方面的发展，强调理论联系实际，重视学生能力的培养与劳动就业的关系，实习和实验课程占总课时的1/3以上。同时，根据社会发展需要设置专业，教材中也经常会补充新兴科学技术应用的内容，体现了市场经济的最新思想和发展趋势，适应学生就业的需要。学校强调人文社会科学并重，注重管理能力、表达能力和公关能力的培养。

（2）与产业界联系紧密。20世纪60—70年代，英国为了促进经济发展，将产业界与高校联系起来，一方面是加强了大学与产业界的合作，另一方面是根据产业界的需求设置专业、开设课程和培养人才。高校更加关注社会需要，研究社会发展对人才的新要求。大企业一般在学校设有实验室、研究所，使培养的应用型本科人才与企业的要求保持一致。为此，英国还组建了全国性的教学公司，教学公司由英国政府的科学与工程委员会、贸易与工业局、经济与社会委员会以及北爱尔兰经济发展局联合资助设立，为高等教育与产业界之间建立起比较稳固的协作平台，同时也为培养高质量的应用型人才开辟了新的途径。另外，英国政府还鼓励各地区成立专业俱乐部，为大学教师与产业界人士交流信息和相互合作提供场所。

（3）根据社会需要招生。大学招生要根据产业界的需要和劳动市场的人才预测来确定招生人数，有的是每年招生，有的是隔年招生甚至是隔两年招生一次，学生来源多样化，职高、普高和其他社会成员均可报名。教学采取“工读交替”，多学制、多层次。学生可以根据自身时间和条件选择学习期限，具有较大的灵活性和便利性。但学校对学生的要求非常严格，强调打好基础和实际技能的训练，为学生就业创造条件，所设置的专业也是与当地企业直接挂钩，具有鲜明的地方特色。

（4）专业和课程设置灵活多样。应用型高校所设专业往往是传统大学所没有的，是根据各个地区工业、商业和服务业的实际需要而设置的。由于专业设置有着非常明确的针对性，因此，高校都与产业界合作设置新兴学科和交叉学科，合作开设课程。每个学校在课程设置上都有自己的特色，都提供一系列的专业课程，很多课程都能为学生提供一年带薪的工作实习，加强了课程的实践与职业倾向。课程内容也是需要结合科技发展及时修订和补充，各专业之间相互承认学分，鼓励学生跨学科、跨专业进行学习，从而获得双证书或双学位。

（5）普遍重视实践教学。应用型高校与传统大学不同，不是为了培养学术型人才，而是为了培养能够促进产业发展的各类急需的应用型人才。英国的应用型本科一般采取“工读交替”的培养模式，学生的学习时间通常为4年，学习时间分为两个部分，即在校学习时间和与专业相关的实习时间。实习时间一般为一年，可以是一年时间1次完成或2次完成，每次时间为半年。学校有专门的就业中心，对学生的求职给予指导，并帮助学生联系外出带薪实习的机会，学生实习结束时还要与大学保持联系，上交报告，总结经验。英国政府对学生的实践学习也给予政策和经济上的支持。例如，政府采取多种多样的经济手段对合作教育予以鼓励，加强机构建设，鼓励产业界与高等学校加强联系。英国政府规定接待产学合作教育学生顶岗工作的企业可以免交教育税，大学在举办短期课程、管理培训、开展咨询服务、技术转让、科研合同、成果开发、出售专利及开展社会服务方面所得的收入，凡是用于教学和研究以及学校自身发展的均不需要向政府纳税。

（6）注重“双师型”师资队伍建设。应用型大学兼职教师占有大部分，专职教师只有少部分。兼职教师聘任大多是面向具有实际经验的工程技术人员和管理人员，这些专业人士往往都具有丰富的生产管理经验，能够亲自动手操作和解决具体问题。同时，高校还与企业共同设立“联合教授”席位，鼓励教师到企业任职。在英国，75%以上的大学工程系的教师和90%以上的市郡立工业大学的工程系教师至少在企业工作1年以上，50%以上的大学工学院教授和研究人员的薪金是从企业领取。

3. 德国的“双元制”

德国是高度发达的工业国家，经济实力居欧洲首位，其高等教育在世界高等教育中享有很高声誉，具有举足轻重的地位。第二次世界大战前，德国重视高等学校的学术研究，培养上层社会的少数尖子。20世纪60年代之后，随着德国工业化进程的加快，产业不断升级对技术创新和生产者素质提出了更高的要求，传统大学所培养的人才类型不能满足国家经济发展和技术革新的需要，社会迫切需要大量的具有较强实践能力，并能够将科学技术理论转变为现实产品的应用型人才。因自然资源的欠缺，德国发展高度依赖知识、创新和技术进步。因此，工程、技术应用型人才对于德国经济发展和社会繁荣显得尤其重要。为适应这种变化，德国出现了一种新型大学即德国应用科学大学，致力培养高等应用型人才，在高等教育领域充分显示了其旺盛的生命力。目前，应用科学大学已经占据了德国高等教育的半壁江山，成为德国高等教育体系的一个重要组成部分。据统计，德国当今社会中几乎全部的社会工作者和社会教育工作者、2/3 的工程师及近半数的企业经济师和信息技术人才都是由应用科学大学培养。其最负盛名的培养模式就是“双元制”。“双元制”的一元为企业，另一元为职业学校。其主要内容是：培养一名合格的实用人才必须通过企业和学校两大系统的密切合作来进行。学员要先向有资格招收学徒的企业、工厂报考，录取后与企业签订合同，当企业、工厂的学徒工，同时又在学校进行学习。当前主要发展为三种模式：一是叠加式模式，即理论教学与实践培训相继进行；二是一体式模式，即理论教学和实践培训平行进行；三是交叉型模式，即理论教学与实践培训交叉进行。

（1）培养目标突出应用。德国应用性大学与综合性大学在培养目标方面有很大的差异性，综合性大学培养在科研部门从事研究工作的开发型工程师，而应用型大学主要为企业培养既具备理论知识又有较强实践能力的应用型人才。应用科学大学在成立之初就定位为“与综合大学具有同等价值，但是属于另一种类型的高等教育”，其任务就是为企业或社会培养高素质应用型人才。它不是让学生学习系统的理论知识从事学术研究，而是让学生学习一定的基础理论知识，又学习专门的应用技术，并进行实际训练，学生毕业后一般成为大中型企业的技术骨干或小型企业的管理者和技术骨干。

（2）依据地方特点设置专业。德国应用科学大学专业设置覆盖面涉及各行各业，侧重于社会需要的工程技术专业，以及管理、经济、法律等应用性专业，也有一些应用型大学开设了诸如应用数学、化学工程、物理工程等复合性专业。这些专业设置，以市场需求为导向，具有明显的应用性、地方特色和实践性。许多应用科学大学，根据当地经济发展需要设置和调整专业，为地方培养应用型人才，适应地方经济发展需要。每个应用科学大学的强项专业是该大学所在地的支柱产业。例如，鲁尔工业区的应用型大学普遍开设了采矿专业；威廉港的应用型大学大都开设了与航海业和造船业相关的专业；布伦瑞克的应用型大学设置了车辆专业，为当地培养汽车行业的工程师。

（3）课程设置面宽。德国应用科学大学的课程设置面宽，有基础课程、专业课程和专长课程，基础课和专长课程占整个课程的30%左右。除了必修课外，还有选修课，选修课的内容主要是对学生在某些课程的知识进行补充和深化，进一步拓宽学生的专业面，强化专业技能。理论课程一般是6个学期，实践课程2个学期。不同专业也会开设相同的理论课程，如数学、物理课程等，而专业课程的开设则根据不同专业各有侧重，在专业课基础上还会开设专长课程，以便进行专业深化和拓展。应用科学大学还根据就业体系的需求变化及企业发展趋势，不断调整课程设置，如在工科类专业中，除了技术专业课外，还设置了一系列非技术类课程，如经济学、法学、项目管理、安全技术管理等，其目的是让每一个训练有素的工程师除了掌握必要的技术专业外，还懂得经营管理、市场销售等相关知识。

（4）突出实践教学。德国应用科学大学非常重视理论与企业实践的结合，实践教学所占比重较大，包括实验教学、实习学期、项目教学、毕业设计和学术旅行，常用的教学形式则是实验教学。教师要直接参与实验开发、实验指导和实验考核，保证了实验内容与理论教学内容的紧密配合。实习学期的目的就是要通过实习学期加深学生对工作岗位的了解，培养学生运用科学知识和方法解决实际问题的能力。应用科学大学都设立了实习生办公室，专门负责各个专业的学习教学，学生实习期间实行“双导师”制，一个是有经验的工程师，一个是系里的指导教师，学生必须参与企业某一个项目或课题，完成实习相关要求，经考核合格后取得相应实践学分。

（5）专兼结合的教师队伍。德国应用科学大学教师不但要有较高的理论水平，还必须具有丰富的理论联系实际的实践经验。应用科学大学的教师有教授、讲师、实验工程师。教授一般都拥有博士学位，同时还要有5年以上企业工作经历；一般要求有两年以上担任部门经理或以上职位经历方可应聘应用科学大学的教授职位。讲师主要来自企业，往往是出于个人爱好而不是为了报酬来大学授课，待遇通常比教授要低，但企业讲师把企业的需求带到大学，把企业遇到的最新困难带到了大学，把企业的新技术、新方法、新模式、新理念带到了大学，极大地丰富了大学的课堂教学和实践教学内容。应用科学大学里有25%的课程是这些企业讲师来完成的。同样，实验工程师不仅有相关专业背景，而且也要有相关专业的实践经验，且一般都有相应的专业技术资格证书。在德国，应用科学大学的教授聘任条件也充分体现了应用型人才的培养要求，除了与普通大学相同的要求外，还增加了一条：在科学知识的应用或开发方面具有至少5年的职业实践经验，其中至少3年在高校以外的领域工作，并做出了特殊成绩。可见，应用科学大学的教授应该具有更强的实践能力。

（6）注重对实践能力的评价。对学生学业成绩的评价有考试、鉴定、毕业设计等方式，其特点是在理论基础课和专业基础课之后安排一次中间考试，考试有口试、笔试、大作业等形式。学生可以不听课、不完成作业，但考试必须过关、实验必须完成。实习学期的考核主要靠企业指导教师或带班师傅的鉴定和企业出具的证明来进行，学生只有在全部完成教学计划中规定的课程学分（包括实验教学学分）之后才能进入毕业设计。毕业论文或设计可以在企业做，也可以在校实验室做。

4. 日本的“产学合作”

在亚洲，日本拥有一流的科技创新能力和制造能力，相应的它的高等教育也是世界一流。日本高等教育体系也非常强调应用型人才的培养，其

“产学合作”培养模式也是最为成功的应用型人才培养模式。这种“产学合作”主要是指产业界向大学投资、人事上交流以及科研上委托等三种合作方式。学校接受产业界投资后，便要按照产业界要求为企业培养人才；一些企业还对在校学生提供奖学金，以便使这些学生毕业后到该企业去工作；有些大学教师兼任企业研究开发部门的顾问或兼任公司咨询委员会委员等职务，而企业中的一些技术人员、专家则兼任大学的讲师；企业委托大学搞科研项目，双方就有关研究范围、期限、经费、专利、版权所有和保密责任等事项签订合同，研究成果由企业付给报酬，并应用到实际生产中去。

三、国外应用型本科人才培养模式的启示

通过对主要发达国家应用型本科人才培养模式的研究可以发现，每个科技创新能力强、制造业水平高、经济社会发展快的国家，无一例外都有发达的应用型本科教育，都把行业企业的优质教育资源引入了应用型本科高校。

1. 以培养学生的应用能力为本

上述几个国家对应用型本科人才的培养都明显区别于学术研究型、技能职业型的培养，强调学生要有较好的专业理论基础，还必须要有较强的实践能力、知识应用能力，为地方经济和区域经济发展输送具有专业能力的应用型人才。这种规格的人才既要达到本科层次的基本要求，也要达到应用型本科教育的特殊要求，具有较强的实践能力、适应能力和解决实际问题的能力。

2. 专业和课程设置以社会需求为导向

应用型本科高校的专业设置应该以社会需求为导向，以提高学生能力为根本，加大实践教学投入，创设更多学生能力发展的平台，建成层次清晰、衔接紧密的能培养学生实践能力和创新意识的完整教学体系，逐步形成以基本实践能力培养为基础、专业实践能力提高为主线、综合实践能力

提升为目标，贯穿大学4年的递进式实践教学体系。专业和课程设置以市场为导向，根据市场需求设置、调整专业和教学内容，坚持为地方经济社会发展服务，培养地方经济社会发展急需的人才。

3. 培养方式趋向多样化

应用型本科人才培养打破了单一的课堂讲授方式，采取案例教学、项目教学、现场教学、团队教学等多种教学方式，也包括工学交替、产学合作等培养方式，在系统学习理论知识的同时，灵活安排实习时间，加强实践教学，突出学生职业能力的培养和养成。在当前，尤其要注重教学方式的信息化，借助于互联网，通过线上“金课”、线下“金课”、混合式“金课”的建设，推动高校、政府、企业三方之间在知识、人员和平台的三螺旋交叉融合，助推应用型本科人才的培养。

4. 注重“双师型”队伍建设

应用型本科人才的培养离不开既具有丰富理论知识又具备扎实处理和解决实际问题能力的师资队伍，从上述几个发达国家应用型本科人才的培养经验中可以更明确地得到这方面的启示，这也是当下我国应用型人才培养中所遇到的一个突出问题。解决这一问题的方式方法不止一种，但最为关键的是政府要出台相应政策，从编制、职称、经费等多个方面对应用型本科高校提出要求或规定，同时对企业也给予相应经费、税收、贷款方面的优惠待遇，鼓励企业为培养“双师型”师资发挥关键作用。

5. 强化高校、政府、企业之间的合作

应用型人才的培养离不开政府的政策支持，离不开企业的广泛参与。从上述几个发达国家发展应用型本科高校的实践中可以发现，政府政策支持是前提，高校教学是主体，企业参与是保障，人才的“应用性”是根本，协同育人是核心，知识、人员和平台的三方交融是关键。这是经发达国家实践证明了的经验所在，包括工商管理类专业在内，必须广泛地采取“U－G－E”协同育人，才能办出应用型高校的人才特色，才能满足地方经济社会发展所需要的经济管理专业人才。

第二节 国内高校工商管理学科的“U－G－E”协同育人案例分析

为便于比较研究，我们分别选取了我国部属中山大学、地方省属江苏大学和盐城师范学院、湖南工商大学四个不同层次、不同类型本科高校的工商管理类专业，分析工商管理类专业的高校、政府和企业合作建设情况。

一、以中山大学为例：基于工商管理大平台的旅游管理一流人才培养机制和实践

中山大学是教育部世界一流大学建设高校，其管理学院工商管理一级学科名列教育部一流学科建设名单，并在教育部第四轮学科评估中获得A＋。管理学院成立于1985年，依托中山大学深厚的文化传统和学术底蕴，经过30多年的学术沉淀和不懈努力，成为最早通过三大国际认证（AMBA、EQUIS和AACSB）具有国际影响力的中国本土顶级商学院之一，并于2017年获得教育部第一批工商管理专业认证。管理学院于1988年创建旅游管理专业，是国内最早开设本专业的院校之一，也是国内四所获得A＋工商管理学科平台上唯一拥有旅游管理专业的学院。依托工商管理一流学科的平台优势，经过30多年不懈的努力，通过高质量的国际合作，旅游管理专业取得了重要突破和突出成绩，连年位居全国第一，更是在“2017软科世界一流学科排名”中位列全球第17位。

平台上有旅游管理专业的院校不在少数。因此，如何借力工商管理平台发展旅游管理专业，是一个具有普遍性的问题。而作为国内四所获得A＋工商管理学科平台上唯一拥有旅游管理专业的学院，本项目自2007年启动和建设，依托一级学科平台，融合中外优质教育教学资源，秉持国际视野和本土实践相结合的双元培养理念，构建了一流人才的协同培育机制

和体系，可谓“十年磨一剑”！成果是对基于一流工商管理学科优势建设一流旅游管理学科的标志性成果具有重要的理论指导和实践推广价值。

（一）解决的主要问题

1. 培养机制问题

（1）突破了传统上以系科为单位“小而全”的资源配置方式，解决了人才培养“部门所有制”所导致的专业教育过窄问题，突破了学科建设、科学研究、国际交流和人才培养之间相互割裂的局限。

（2）通过国际国内权威专业认证，建立了系统的教育质量保障机制。

（3）解决了一流师资投入本科教学和本土师资的国际化短板，突破了师资“为我所有”的理念，构建了“为我所用”的引智机制。

2. 教学路径问题

（1）解决了合作模式及教学元素国际化的路径问题。

（2）解决了科研融入教学进而反哺教学的路径问题。

（3）解决了与高端人才培养需求相匹配的实践教学路径问题。

（二）主要思路和做法

基于商学院平台，在深化专业改革的背景下，如何充分借力，发挥平台资源配置优势，形成共享机制？历经十年的实践，逐步形成了明确的思路和做法：

1. 从人才培养机制入手

（1）平台资源配置和共享机制。立德教育、博雅、商科和专业教育及国际交流构成五大平台，其中德育为首。创办于1993年的管理学院“百歌颂中华”活动，成为全校影响力最大、参与度最高的大型思想文化教育活动之一，获得全国高校文化建设优秀成果特等奖。本科国际交换项目55个；国际交换协议名额达213名，外派和接收学生分别超过600名。

（2）一流质量保障机制。率先通过AMAB、EQUIS、AACSB三大国际认证；2017年通过教育部工商管理专业认证。

（3）一流师资投入机制。建立教授优先为本科生授课的保障机制；特聘教授来访常态化。

2. 办学模式和教学元素实质意义上的国际化

（1）中美、中英合作旅游管理专业双学位项目。2007 年启动中美合作双学位项目，截至 2015 年共 7 届 6184 名学生。2014 年，启动与英国萨里大学酒店与旅游管理学院双学位项目。

（2）引进海外著名学者教学、讲座及合作研究，师资国际化。①杰出特聘教授。2012 年聘请美国 OSU 终身教授屈海林和香港理工大学 RobLaw 为杰出特聘教授。②特聘客座教授。2011 年和 2012 年，分别聘请美国威斯康星大学终身教授、Annals of Tourism Research 创刊人 Jafar Jafari、International Journal of Contemporary Hospitality Management 主编 Fevzi Okumus、顶级期刊 Tourism Management 主编 Chris Ran 为客座教授。③特聘讲座（授课）教授。自 2009 年起，多次邀请国际著名学者来访讲学。例如，美国宾夕法尼亚州立大学教授 Karthikeyan Namasivayam 讲授《旅游管理研究方法论》课程；香港理工大学宋海岩教授、张邱汉琴教授等讲座；Rob Law 教授为全院研究生讲授《研究设计》等。著名学者的常态化来访，营造了浓厚的国际氛围，使学生有机会与大师面对面，接触到更多的新观点、新视野和课堂新体验，受益匪浅。

3. 申办国际会议，合办国际期刊，搭建国际交流平台的

（1）申办高规格国际学术会议。成功申办 2018 年第 16 届亚太酒店餐饮及教育学术峰会（ApacCHRIE）承办权。该会议是历史久、规模大、规格高的国际学术会议，为学生创造了前沿学术交流的平台，提高了学生的国际交流能力。

（2）率先合办国际顶级学术期刊，提升教师研究国际化水平。学术期刊是研究成果交流的重要平台。2012 年 4 月 5 日，管理学院与 IJCHM 签署合作协议，成为其海外编辑部。IJCHM 是旅游与服务业管理领域的国际权威期刊之一，SSCI/3.196/Q1/2016，排名第三。由国际权威学术期刊出版

机构 Emerald 出版发行。上述系列国际层面上的合作，有助于教师追踪学术前沿，融研究于教学，反哺教学。

4. 建立海外实习基地，改革实践教学的传统模式，开创性提出研究型实习模式

（1）双学位学生可通过 OPT 计划合法在美国相关专业领域进行为期一年的带薪工作。

（2）迪斯尼海外实习基地。2012 年与美国中佛罗里达大学（UCF）签订国际交换项目。公开选拔优秀学生赴 UCF 酒店管理学院进行 6 个月的学习和迪斯尼 30～38 小时/周的带薪实习，包括 9 学分的专业课程和 3 学分的专业实习。

（3）与岭南集团、南沙大酒店、七天四季酒店等企业共建实习基地，创建研究型实习模式及开展“准管理培训生”项目。搭建与一流人才培养相匹配的高端实习基地和实习项目。

（三）主要成果

1. 双元培养理念下的国际化合作模式，人才培养成果丰硕

（1）双学位本科项目，共享优质教育资源。项目学生在美国学习期间表现优异，97%以上学生获得校长或院长奖学金；20%获得海外交流生成就奖学金，四届学生共享奖学金数额近 200 万人民币。据不完全统计，65%的毕业生继续深造攻读硕士，攻读硕士的学校有康奈尔大学、宾夕法尼亚州立大学、约翰·霍普金斯大学、杜克大学、普渡大学、乔治·华盛顿大学、多伦多大学、香港理工大学等国际名校继续攻读学位；35%选择就业，就业单位为国内外著名企业，如凯悦集团、万豪集团、铂涛集团、岭南集团、广州四季酒店、KZ Kitchen Cabinet & Stone、越秀集团酒店板块、DHL、HVS 等管培生、品牌总监、营销等高级项目经理，中国南方航空公司海外团队销售经理、Marcus（美国酒店管理上市公司）Hotels & Resorts 收益管理、PWC 普华永道审计、美国德勤审计、Progress, Inc. 商业智能分析师、Expedia, Inc. 高级网络数据分析师、加拿大 Konica Minolta Business Solution 财务分析师、数据分析师等。2014 年 7 月，管理学院与英国萨里大学合作培养项目启动。2012 级钟佳宜于 2016 年以一等荣誉学位毕业。“本土化＋国际化”的双元培养理念和教育，使学生具有国际视野，综合素质高，竞争力强。

（2）“走出去，请进来”的交换模式，实现双向国际化。本科层面合作伙伴包括 21 个境外院校，遍及欧、美、亚、非等地区。双向交换，优化了单一输出通道。

（3）多样化的海内外实习基地，使教学和实习依次递进、有机衔接 OPT 计划，为学生提供海外实习机会，提高创新意识和执业能力。UCF－迪斯尼海外实习项目，受到学生高度评价，并蝉联国家留学基金委“优秀本科生国际交流项目”。校企共建实习基地，改革实践教学的传统模式，实施“准管理培训生”项目。

2. 引进海外知名学者，共享优质教育资源

聘请在旅游管理领域的国际著名学者为管理学院海外杰出特聘教授或客座教授；邀请十多位国内外知名学者为学生授课或开设前沿学术讲座。

3. 合办国际学术期刊，聚集学术前沿，以科研促教学

与 IJCHM 合作，2014 年已出版第一期特刊，由刘静艳、谢礼珊和赵新元作为特邀主编；第二期特刊，由谢礼珊、韩小芸及傅慧作为特邀主编。与 IJCHM 合作办刊，对于促进科研成果的国际交流，加强我国旅游及现代服务管理学科的国际学术影响力具有深远意义。

4. 成功申办第 16 届 ApacCHRIE（亚太旅游酒店教育国际学术峰会）

2016 年 5 月，管理学院在泰国曼谷申请并成功获得 2018 年第 16 届 ApacCHRIE 国际会议承办权。刘静艳教授作为 ApacCHRIE 理事会成员和中国代表出席了理事会议。ICHRIE 创建于 1946 年，是旅游酒店教育界的全球峰会，ApacCHRIE 是隶属 ICHRIE 的亚太区分会。2018 年 1 月 20 日，

ApacCHRIE 理事会议在管理学院成功举办。

（四）建设成果价值及应用、推广、创新

1. 建设成果价值及应用、推广

该成果解决了商学院平台上专业教育系科资源分割和旅游管理人才培养中具有共性的突出问题。项目构建的以“三大支撑”“两大保障”和“五大平台”为核心依托的具有“四大特色”的一流人才培养机制，既是多年的实践，更是理论的思考，对于二级学科在人才培养中如何充分借力并发挥一级学科的平台优势，对接国际优质资源，发展内涵式教育，提出了创新性解决方案，对于高等教育人才培养机制改革模式创新、推进优质教育资源共享、加强教学质量保障等方面，具有重要的理论指导意义和实践推广价值。培养机制在不同院校进行过交流，获高度认同；在管理学院的不同专业，如会计、工商管理等也在应用。负责人应邀多次参加境内外交流，国内外院校如英国萨里大学、美国普渡大学、中佛罗里达大学、北二外、厦大等来访交流。2018 年 3 月 10 日，第二十届全国高等旅游学院院长、系主任及重点学科带头人联席会暨 2018 教育部旅游管理类专业教学指导委员会第一次会议上，刘静艳教授应邀做主题为《工商管理学科体系中旅游管理专业发展战略与实践》的大会演讲。文化和旅游部等领导、教育部旅游管理教指委全体委员及全国重点旅游院校院长、系主任、学科带头人等 400 余人出席会议，演讲获得了高度评价。《人民网》于 2018 年 4 月 9 日发布了以“中山大学管理学院刘静艳教授在中国旅游高等教育发展论坛发表演讲”为题的报道。

（1）双元培养理念与人才培养机制可推广，显著提升人才培养成效。65% 的毕业生在国际名校继续深造，35% 的学生在国内外知名企业就业，体现了很强的国际竞争力。学生获得国家级奖项 16 项，省级奖项 15 项。人才培养成效显著。

（2）中外合作模式可推广，显著提升科学研究成效。截至 2018 年，管理学院旅游酒店管理系教师在国内外权威专业期刊发表论文 190 多篇，

其中一流国际期刊上发表58篇；主持科研项目经费总额超过1500万元，其中国家自然科学基金项目12项，经费达560多万元。国际著名学者常态化来访，与教师合作研究发表高水平论文33篇，科研成效显著，更重要的是形成了寓教于研的氛围，加之系列学术讲座及全程导师制，都有效地激发和培养了学生的研究和创新能力，本科生参与科研并与教师合作发表论文，成果显著，积极有效地拓展了中国本土的国际学术影响力。

（3）内化中外合作成果模式可推广，显著提升办学声誉。成效项目崇尚内涵式教育，通过“走出去，请进来”等系合作项目，积累了大量国际高水平优质教育资源，并持续内化成果形成常态机制。内涵式教育模式已形成显著影响力，显著提升了办学声誉。

2. 成果的创新

（1）培养理念创新。秉持双元培养理念，将国际视野与本土实践有机融入培养过程，对解决人才培养中的机制问题和教学短板具有至关重要的作用。

（2）培养机制创新。项目依托工商管理A＋学科，构建了平台资源配置和共享机制、一流师资投入机制和质量保障机制，形成了基于三大支撑、两大保障和五大平台的人才培养机制。

（3）中外合作模式创新。双学位及双向国际交流模式，师资和教育资源等可全方位互补和共享，并实现时空优化，可谓深度合作。①师资国际化水平提升路径创新，率先与国际顶级杂志IJCHM合作，承办APacCHRIE峰会均属创新之举。通过国际招聘引进国际师资4人，教师出境访学超过40人次，有效提升了本土师资的国际化水平；通过引入海外杰出特聘等，有效营造国际氛围，提升师资的国际化视野和合作研究能力。②实践教学模式创新。OPT计划和UCF－迪斯尼项目以及校企共建的本土实习基地及其问题导向式的研究型实习模式，均打破了传统上被称为“廉价劳动力”式的实习模式，显著提高了实习的含金量，在解决实践短板等方面具有突出的创新性。

二、以江苏大学工商管理专业建设为例：地方高校工商管理专业“一核两翼四融合”人才培养模式构建与实践

目前，我国地方高校工商管理专业毕业生绝大多数到中小企业就业或自己创业。中小企业或创业迫切需要管理人才，但现实中工商管理专业毕业生相当程度存在着理论与实际脱节、综合素质偏弱的状况。在2018年全国两会上，习近平总书记表示中国经济正处于攻关期，强调要加强对中小企业支持。因此，培养适应中小企业等社会经济需要的高质量应用型管理人才（一个核心），也就成了地方高校工商管理专业为支持中小企业，乃至整个国民经济发展的一项紧迫任务。围绕这项任务，本教学团队探索了以职业管理教育和创业管理教育为基本路径（两翼），进行了线上和线下课程、职业管理类和创业管理类教材、实验平台与实训基地、“走出去”和“招进来”四个方面的融合（四融合）。（见图5－1）

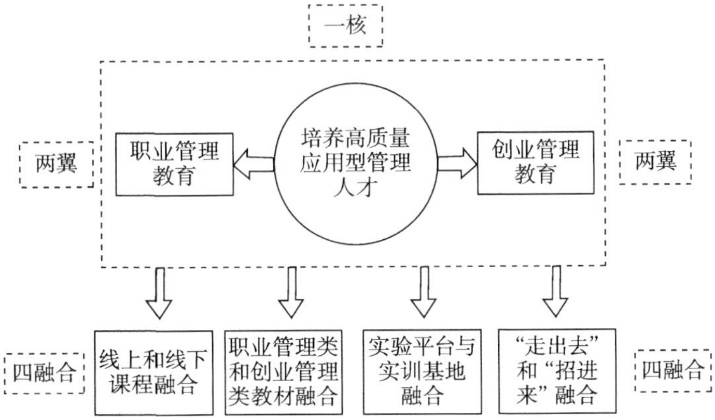

图5－1　本专业人才培养理念与实现路径

（一）确立了以高质量应用型管理人才培养为核心的基本理念

1. 培养目标

一个核心是指本专业以高质量应用型管理人才培养为核心。根据《全国普通高等学校本科工商管理类专业育人指南》相关要求，结合本专业实

际，本专业人才培养的具体目标是：培养具有较高综合素质、创新意识和国际化视野，具有较强的组织管理、人际沟通、团队合作能力和一定的创业能力，适应社会经济发展需要的高质量应用型管理人才。

2. 评价方法

构建了多层次、多领域、多环节、多主体参与的立体评价体系，从培养方案、课堂教学、创新创业实践、创业教育等方面，对人才培养目标进行科学、全面评价。本专业人才培养目标评价体系如图 5－2 所示。

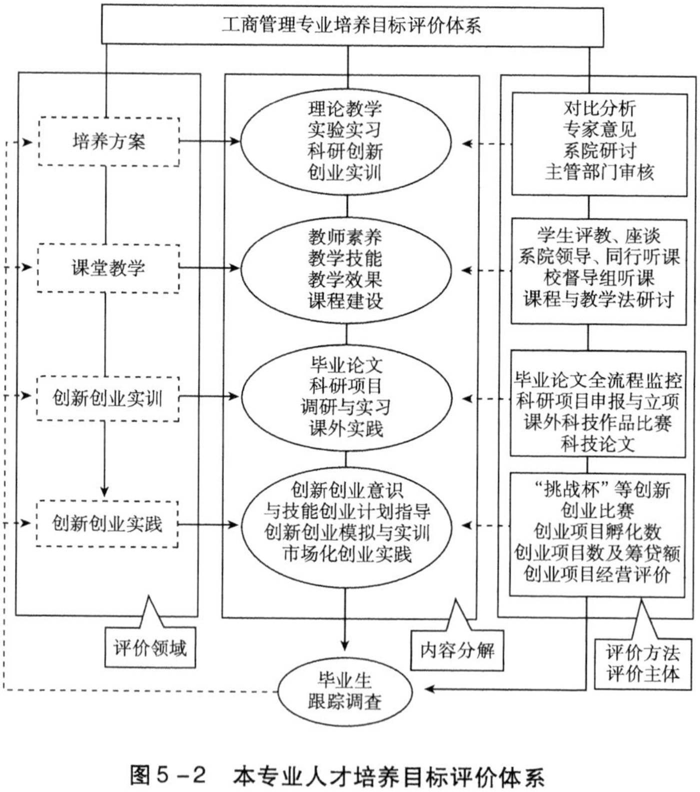

图5－2　本专业人才培养目标评价体系

3. 评价流程

以学生为中心，对包括课程教学、实验教学、竞赛、毕业论文等各个教学环节进行全过程质量控制和质量评估，为全面提高人才培养质量提供了组织保障。本专业人才培养目标评价流程如图 5－3 所示。

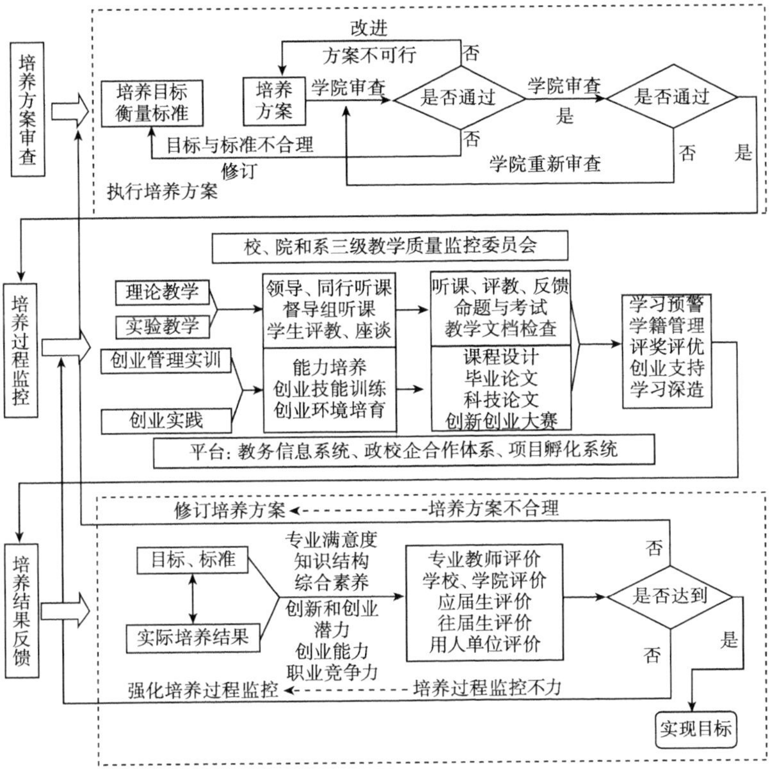

图 5－3　本专业培养目标评价流程

（二）开展了以职业管理教育和创业管理教育为两翼的主导路径

1. 基于前沿与品牌导向，推进中小企业职业管理教育

（1）现实前沿与理论前沿双轮驱动。团队研究注重理论前沿与现实热点，并将二者有机结合后融入本科教学内容中。一方面，紧扣中小企业社会网络、宏观管理等理论前沿问题，主持了 10 余项国家级项目和 20 多项省部级项目，《中小企业创业研究——基于产业集群视角》获得了江苏省哲学社会科学优秀成果一等奖，以及其他 10 余项省部级奖；另一方面，承担工信部中小企业司、江苏省中小企业局等政府委托的课题，以及中小企业咨询诊断项目等。中小企业发展研究的现实前沿与理论前沿相结合，

保证了本专业建设的先进性和方向性，为打造职业管理教育特色提供了有力支撑。

（2）政策研究与专业品牌建设同步并举。教学团队将理论研究成果应用于中小企业政策设计等实践中，进而运用实践成果指导专业建设。成果要点《推进产业集群中中小企业创业基地建设》刊登在2014年国务院促进中小企业发展领导小组办公室的工作要报上，报送国家领导人，并向全国推广应用。政策设计成果《江苏省中小企业创业辅导研究》《新常态下江苏小微企业融资的阻碍因素及化解机制研究》分别由江苏省中小企业局、江苏省经济和信息化委员会向全省推广应用。《光明日报》头版报道了本专业教师团队一行到企业调研，编写本土化创业案例。这些工作都显著提升了本专业的社会知名度。

2. 基于科研反哺教学，推进创业管理教育

（1）学术研究与专业教学研究深度融合。团队从20世纪90年代起就系统研究中小企业及其创业管理。跨入21世纪，团队在前期学术研究工作基础上，关注并进行中小企业创业教学工作，形成一批教学成果，其中拥有3项国字头课程，出版了《创业基础》（“十二五”国家规划教材）、《管理学——创业视角》（“十三五”江苏省高等学校重点教材）等教材，开展了2项国家级教学研究项目，“基于135塔式创业人才培养模式的虚拟仿真综合实验教学平台建设”“‘人力资源管理’智能云课程建设项目”等4个项目获批教育部第二批产学合作协同育人项目立项，“基于四融合的高校双创人才培养链条研究与实践”获批江苏省高等教育教改研究立项课题（重中之重）。

（2）科研项目与高质量应用型管理人才培养有机结合。团队以各类研究项目和研究成果为支撑，以指导学生参加各类竞赛、对各类大学生进行创业教育等为手段，努力创建高层次厚实的创业管理型与职业管理型人才培养机制。多次指导学生参加“挑战杯”中国大学生创业大赛，在2014年到2016年的两届“挑战杯”创业大赛中，合计获金奖4项。此外，本

专业学生参加“学创杯”2017全国大学生创业综合模拟大赛总决赛、第二届全国“互联网＋”快递大学生创新创业大赛等竞赛，获得一等奖、银奖等多项奖励。多位老师先后荣获江苏省大学生创业计划竞赛优秀指导老师、江苏省创业辅导大师和中国火炬江苏创业导师。

（三）构建了课程、教材、实践和国际化的四融合培养体系

1. 基于学生需求导向，实现了线上和线下课程的融合

（1）精品在线课程资源建设。围绕中小企业高质量应用型管理人才培养特点，长期开展精品课程平台“协同式”建设，从省级精品课程到国家级精品课程，打造了“3＋7”精品课程资源体系。

①国家级精品课程资源。近年来建成了国家精品课程、国家精品视频公开课、国家精品资源共享课、教育部精品在线课程共3门。《创业管理》课程2010年获批为国家精品课程，2016年又被确立为国家级精品资源共享课，课程《创业计划》也获批2016年教育部精品在线开放课程，《会计学》（全英文）入选教育部“第二期来华留学英文授课品牌课程”。

②省级精品课程资源。近年来打造了《创业管理》和《决策模拟》共2门省级精品在线课程，以及《管理学原理》（江苏省全英文授课精品课程）、《信息管理与信息系统》《ERP原理与实施》等5门省级精品课程。这些课程为本专业学生掌握专业知识和技能提供了优质的教学资源。

③网络课程资源开发。教学团队通过自建教学网站或借助中国数字大学城，建立了《管理学原理》《运筹学》《创业管理》等课程的师生互动教学网站，并开发了有关课程的手机网页版，形成了具有较强交互性的网络教学资源，实现了远程教学资源共享。

（2）线上线下混合教学。

①课前线上自主学习、信息获取。利用团队所打造的各类在线开放课程，学生通过线上观看视频、查阅课程学习资料与知识，完成测试。教师通过网络平台收集学生困惑信息，通过线上指导与答疑。

②课中线下效果检测、实施教学。学生通过在线讨论合作，培养其探

究管理问题能力，教师对学生讨论与课堂实施进行巡回指导，针对学生共性问题统一讲解。

③课后线上拓展提升、个性辅导。学生根据教师提出的问题对专业知识和技能进一步思考、巩固拓展与提升，本课程教师掌握学生在线学习的访问内容及频率、学习路径和偏好。

2. 基于资源需求导向，实现了职业管理类和创业管理类教材的融合

（1）教材资源建设。本专业通过创业管理类教材融入职业管理专业知识，职业管理类教材以创业管理教育为视角或主题，将职业管理类和创业管理类教材的选择和编写结合起来，主动参加国家有关部门规划教材编写，形成以自编教材为主的完整教材体系。

①主要教材。编写出版了《创业基础》《管理学——创业视角》等 4 本 规划、重点建设教材，以及《运筹学》《Basic Management theories of SMEs and related cases of China》等 10 多本自编教材。其中，《创业基础》2014 年被评为“十二五”普通高等教育本科国家级规划教材，《管理学——创业视角》（修订）、《创业计划》（新编）、《管理信息系统研发及其应用》（修订）获批江苏省高等学校重点教材立项。

②案例类教辅教材。组织编写出版了《创业案例集》等配套教材，出版了《网海淘金——成功网商创业案例》等网络创业案例教辅教材。

（2）教材资源融合使用。第一，创业管理知识和职业管理知识融合。职业管理类和创业管理类教材的知识集成度较大，融合了经济学、管理学、营销学、生产运营、会计学等知识，通过贯穿教学与实践案例，逐步递进，最终实现职业管理能力和创业管理能力的全面提升。第二，原创性案例综合使用。团队从江苏具体的创业环境出发，结合企业初创阶段不同管理水平与文化背景，通过深入、全面对企业进行调查研究，在多年积累的基础上，编写出版了数十个原创性的创业案例，将这些案例选编到教材之中，从而实现创业管理类和职业管理类知识技能的相互嵌入，从彼此的视角认知两类知识技能的使用情景。

3. 基于市场需求导向，促成了实验平台与实训基地的融合

（1）开展实验项目训练。本专业将“管理与创业综合实验中心”作为实施创业管理能力培养的重要平台。管理与创业综合实验中心是全国为数不多的以创业管理教育为重要内涵的省实验教学与实践教育中心，打造了虚拟商业社会环境实验项目，为学生提供虚拟仿真实验场景。此外，省级在线开放虚拟仿真实验教学项目“创业管理在线虚拟仿真综合实验”获批立项，正在建设中。（见图5－4）

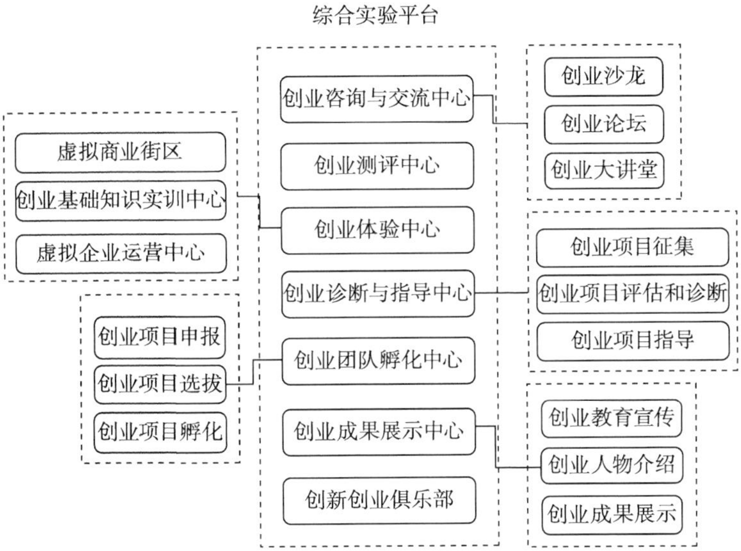

图5－4　管理与创业综合实验中心架构

（2）师生协同开展各类竞赛。在通过实验实训体验的基础上，各届学生在专业老师的指导下，积极参加各类全国性竞赛，取得了非常突出的成绩。2014 年以来，在“挑战杯”中国大学生创业大赛中共先后获得 4 项金奖。此外，由本专业学生或组成的团队分别荣获“学创杯”2017 全国大学生创业综合模拟大赛总决赛一等奖、2017 年全国高等院校项目管理大赛团队二等奖；本专业学生的毕业论文，分别荣获江苏省普通高校本专科优秀毕业设计（论文）一等奖 2 项、二等奖 1 项；等等。

（3）校内校外创新创业基地协同促进学生实战。首先，依托江苏大学

实践育人创新创业基地，通过校内创业孵化基地，实施学校创业团队项目创业计划。例如，2012 级学生团队的“国韵坊”项目就是依托江苏大学大学生创业孵化基地，在本专业老师指导下，从事镇江传统民间手工艺品校园推广、江苏大学校园纪念品设计销售等工作。

其次，主动将校内大学生创业孵化基地与镇江市创业精英联合会实践基地等校外创业实践基地对接，形成由校内创业训练到创业孵化再到校外市场转化的“层级化”实践体系。历届毕业生也秉承创新创业精神，涌现出了一批创业先锋。

4. 基于国际化需求导向，促进了“走出去”和“招进来”的融合

面对学生的国际化需求，形成了国内外学生交流合作和国际化办学机制。一是积极推进本科生赴海外研修，提升学生的国际化视野。截至 2017 年底，本专业 2013—2017 级本科生共 315 人，具有海外交流学习经历的学生有 30 人，占比 9.52%；其中具有 3～12 个月海外学习经历的学生有 15 人，比例达到 4.76%。二是招收全日制本科留学生，推进国际化办学。自 2009 年起，工商管理专业开始招收留学生，目前，本专业有来自欧洲、非洲、亚洲的全日制本科留学生 56 名，已经毕业本科生 10 余人。经过几年的实践，取得了丰富的国际化办学经验。三是通过开设部分相同的课程、部分中外学生同堂听课、课内外联合活动等方式，一定程度上实现了本专业中外学生专业知识、管理素质和文化的融合。

三、以盐城师范学院为例：三螺旋驱动应用型商科人才职业胜任力提升的探索与实践

自 2006 年起，盐城师范学院开展了以三螺旋驱动应用型商科人才职业胜任力提升的教学改革，形成了“一个中心、两个重点、三重交融”的核心改革内容。“一个中心”是以提升职业胜任力为中心，从知识、技能和潜质三个维度构建了 12 个内涵指标体系，形成显性能力和隐性能力相协调

的能力体系；“两个重点”是从多个层面构建深度融合机制和全链式协同育人机制；“三重交融”是形成高校、政府、企业在知识传播与转化、人员赋能与流动、平台构建与优化等三个层面的交叉融合，形成相互渗透、多元互惠、共生共荣的新关系，从而催生出全新的三方深度融合范式。

在改革实践中有效解决了“四个问题”，实现了“三大创新”。即通过构建多向深度融合机制和全链式协同育人机制等措施，有效解决了知识、人员和平台的交叉融合问题，三方深度融合的连接机制问题，工学结合问题和人才培养的无缝衔接问题，创设了职业胜任力“双层”内涵体系，确立了三方全链式协同育人模式，构建了深度融合的交流机制，实现了三方在知识、人员和平台的交叉融合，有效提升了商科人才的职业胜任力。

经过多年实践，成果的推广应用效果明显。已经从一个学院的试点逐步推广到多个学院，形成了一批教学研究成果，建成了一批支撑专业发展的合作平台，培养了一批“双师型”教师，积累了一批三方合作的实验实训教材，应用型人才特色更加鲜明，人才培养质量明显提升。《江苏教育报》、凤凰网、光明网、中国青年网等主流媒体先后报道介绍了改革的成果，有关专家和行业企业也给予了很高评价。

（一）改革的主要内容

1. 坚持以三螺旋理论为理论基础，构建了“一个中心、两个重点、三重交融”的改革方案

（1）“一个中心”：以提升职业胜任力为中心。三螺旋理论强调知识、人员、平台三重交融是以提升大学生职业胜任力为中心而展开的，这也是高校、政府、企业三方共同追求的社会价值。学院根据应用型商科人才的要求，构建了职业胜任力“双层”内涵指标体系，将此贯穿于人才培养的全过程。其中，“知识”“技能”属于显性能力，“潜质”属于隐性能力。显性能力是指用书面、系统化语言和规范的行为动作加以完整表达出来的能力。隐性能力是指个体在获取显性能力后通过亲身体验形成的难以具化的能力，相比显性能力更能反映个体的综合素质和发展空间。显性能力和

隐性能力在人才培养过程中缺一不可。(见表5－1)

表5－1　职业胜任力“双层”内涵指标体系

第一层	第二层
知识	基础知识
	专业知识
	前沿知识
技能	基础技能
	专项技能
	综合技能
	创新创业技能
潜质	职业价值观
	沟通协调
	个性特质
	心理素质
	职业动机

(2)“两个重点”：以构建多向深度融合机制和全链式协同育人机制为重点。按照三螺旋理论的基本要求，成立了高校、政府、企业三方合作的“专业建设与发展指导委员会”，负责三方在知识、人员和平台三条螺旋线的制度设计和方案制定，设计了“知识的传播与转化”“人员的赋能与流动”等流程，如企业参与高校的实验课程教学、实验教材的编写就是知识从企业向高校传播，高校教师的新技术、新理论也需要向企业转化，以促进企业生产效率的提高。整个人才培养过程按照价值链的要求划分为七个重要环节，包括“协同制定培养方案”“协同开发课程体系”“协同建设师资队伍”“协同改革教学模式”“协同建设实践资源”“协同组织课题研究”和“协同评估培养质量”，把三方的资源优势、创新优势转化成提升职业胜任力的优势。

(3)“三重交融”：知识的传播与转化、人员的赋能与流动和平台的创建与优化。第一重螺旋是知识的传播与转化。一是将生产经营一线出现的“四新”知识引入课堂和教材；二是来自行业企业的实际需要，既可以成为学生技能训练和毕业论文选题的首要来源，也可以进行必要的科研立项；三是吸纳行业企业专家共同参与构建基于岗位群和行业标准的课程体系、特色教材。第二重螺旋是人员的赋能与流动。一是企业员工既可以是高校“双师型”教师队伍的一种直接补充，也可以参加高校的课题研究；二是高校可以在企业设立“专家工作站”或到企业一线学习锻炼，提高教师自身能力和水平；三是高校学生在企业内进行岗位实习、课题研究等。第三重螺旋是平台的创建与优化。一是依托政府的引导与支持，有效构建科研和教学平台；二是成立三方深度融合的专家指导委员会，参与人才培养全过程；三是高校教师既可以参与政府重大决策的调研和制定，政府也可以到高校问计于专家。（见图 5－5）

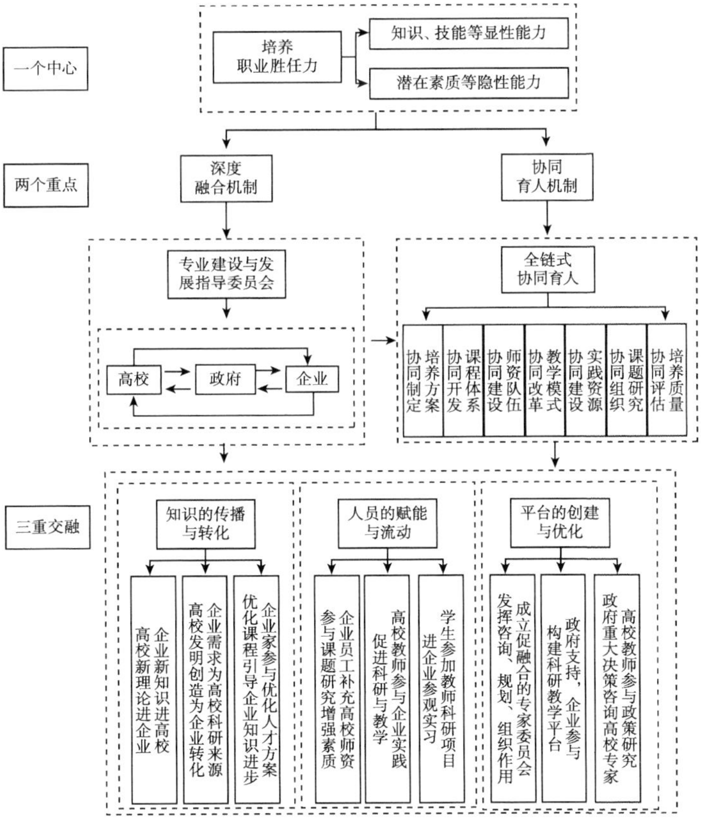

图 5－5　总体框架

2. 围绕知识、人员、平台三条螺旋线的内涵要求，着力解决三方深度融合的连接机制

（1）三方共同发起成立了“专业建设与发展指导委员会”。该委员会是三方合作的最高组织领导机构，负责三方之间在知识、人员、平台三条螺旋线的组织与协调，可以根据专业建设需要设立若干协同工作组。商学院则是设立了“财会与金融专业群协同工作组”“工商管理专业群协同工作组”和“应用经济专业群协同工作组”三个工作组，每个工作组由三方的5～7名专家组成，主要研究人才培养方案改革等六大内容。同时，通过互设机构固化三方关系，由单向交流变为双方“参流”，如盐城市商务局、盐城市经信委分别在商学院建立了盐城市商务发展研究中心、盐城市商务人才培养基地和盐城市中小企业主管理研修基地。在三方关系中，政府给予商学院政策、环境和资金支持，商学院在政府协助下在江苏悦达集团、江苏江动集团和中国银行盐城分行成立了“专家工作站”，驻点参与企业经营管理，提供决策咨询，及时掌握人才信息。

（2）形成了全链式人才培养新机制。围绕职业胜任力的提升，把人才价值的形成过程划分成七个不同的增值环节，包括协同制定培养方案、协同开发课程体系、协同建设师资队伍、协同改革教学模式、协同建设实践资源、协同组织课题研究和协同评估培养质量等七个方面的协同，形成了全链式培养新机制。商学院借助这一机制，分别于2008年、2010年和2012年三方合作编写出版了实训教材3部，合作编写了5个专业147门课程的实验实训指导书。

（3）校企共建了专业实验室（基地）。盐城师范学院商学院与盐城市港务局、大丰港港口集团三方共同出资290万元建成了省内一流的“江苏沿海物流实验基地”，中国工商银行盐城分行出资40万元共建了“模拟银行实验室”，中国银行盐城分行出资55万元共建了“金融与资本运行实验室”。特别是在实验室软件建设方面，江苏悦达集团、江苏江淮集团、中国人民银行盐城支行、江苏银行盐城分行、中国银行盐城分行、江苏经纬

会计师事务所等企业给予了大力支持，实现了知识、人员、平台三条螺旋线的正常运转。另外，盐城师范学院商学院还建立了一大批实习基地，满足了人才培养的基本要求。

（4）搭建了以三方合作为核心的协同科研平台。近年来，与盐城市商务局合作成立了盐城市商务研究中心，与盐城市金融办、市人民银行合作成立了盐城市金融研究院，与盐城市发改委合作成立了江苏沿海（盐城）可持续发展研究院。借助这些平台实现了政府、企业、学校之间的互通交流，知识流、信息流、资金流、技术流不断涌入人才培养全过程，形成了一批研究成果，“我省纺织服装业应对国际贸易壁垒的对策思考”等 8 项成果还得到了省市主要领导的批示。科研平台有力地促进了知识的传播与转化、人员的赋能与流动、平台的构建与优化，推动了人才培养模式的改革与创新。

3. 坚持理论创新和实践探索相结合，着力提升商科应用型人才职业胜任力

（1）实现了三大创新。确立以三螺旋理论为理论基础，针对商科应用型人才培养要求，创设了职业胜任力“双层”内涵指标体系，构建了知识、人员、平台三重交融机制，确立了高校、政府、企业三方全链式协同模式，实现了三大创新。在传统的“教室—实验室—实习岗位”线状培养模式基础上，围绕职业胜任力提升实施了基于三方全链式网状协同培养模式，三方合作由某个点提升到整个培养链，从单向参与转变为双向参与。在探索实践中，先后公开发表了 23 篇教学研究论文，有两篇论文还获得了江苏省社科联优秀论文奖。

（2）解决了四个问题。在探索实践中着力解决人才培养的四个问题，即职业胜任力的提升问题、深度融合的连接机制问题、工学结合问题、理论与实际的无缝衔接问题。一方面，通过“专业建设与发展指导委员会”实现了人才信息、技术知识、政策规范与资金支持的三方循环。另一方面，通过三方互设机构固化了三方互动关系。在实践中，也逐步形成了适

应不同专业特点的三方合作范式，如商学院的工学结合范式、信息工程学院的嵌入式范式、新能源学院的微工厂范式，都对职业胜任力的提升进行了积极的探索与实践。

（3）取得了五大改革成果。经过多年探索与实践，一是三螺旋驱动成为学科专业发展的推动力，高校、政府、企业深深融入学院建设与发展，科研服务能力的提升推动了专业建设水平的提高。先后完成了85项政府、企业委托的课题研究，到账经费613.32万元，其中8项成果受到省市主要领导指示。二是应用型人才培养特色鲜明，已经做到“4个30%”，即不少于30%的实践教学课时、不少于30%的实验教材或讲义是与企业共同开发、不少于30%的实验教学由企业专家来教授、每年不少于30%的专业教师到企业或企业专家工作站工作1个月以上。三是双师资队伍建设初见成效，采取“项目化、模块化”的方法来提高教师的实践能力，“双师型”教师比例达48%；四是以实践应用为导向的实验室建设已基本实现，按照实验训练“设计体系化、资源共享化、资料真实化、环境场景化、管理规范化”的五化要求建设“企业级”的实验室。五是人才培养质量明显提升。近年来，学生参加省及省级以上专业竞赛先后获得国家级奖20项，省部级奖17项，毕业生最终就业率始终保持在98%以上，受到了行业企业的广泛好评。2011届毕业生徐涛自创电商跨境贸易公司，三年时间不到就实现年营业额1800万元。2014届毕业生刘子才已经是两家企业的董事长，每年营业额在3000万元左右。2012届毕业生黄诚创办“禾一木语”懒人床边家具品牌，成立常州宅士家居有限公司，自己兼任电商部主管，2016年已经实现销售额4000多万元，申请专利30多项，其中实用专利15项。

（二）成果主要解决的教学问题及解决教学问题的方法

1. 主要解决的教学问题

早在改革之初就认真梳理了应用型人才培养存在的普遍问题，提出要着力解决好“四个问题”，即知识、人员和平台的交叉融合问题，三方深度融合的连接机制问题，工学结合问题和人才培养的无缝衔接问题。

2. 解决教学问题的方法

（1）明晰目标，深刻理解职业胜任力的内涵要求。近年来从应用型人才的培养目标出发，紧紧围绕职业胜任力和知识、人员、平台三重交融的要求。

一是创造性设计了职业胜任力“双层”内涵指标体系，从知识、技能、潜质三个维度架构了人才的显性能力与隐性能力结构，并把“双层”内涵指标要求贯穿于整个人才培养过程。

二是实现了三重交融的制度化，构建了知识的传播与转化、人员的赋能与流动、平台的构建与优化三重交融路径。例如，制定了高校教师到企业挂职锻炼制度、企业专家到高校兼职制度、政府有关职能部门与高校定期召开业务交流制度、政府有关部门委托高校开展重大政策的第三方评估制度，等等。

（2）抓住关键，构建三方协同育人机制。把三方协同育人机制作为教学改革的关键环节。

一是三方共同发起成立了“专业建设与发展指导委员会”，作为三方合作的统领机构，下设“财务与金融专业群协同工作组”“工商管理专业群协同工作组”和“应用经济专业群协同工作组”三个工作组，每个工作组由三方的5～7名专家组成，主要研究人才培养方案、课程体系、教学模式、实践教学、教材建设、师资队伍建设等六大内容。

二是通过互设机构固化三方关系，由单向交流变为双方“参流”。例如，政府有关职能部门分别在商学院建立了盐城市商务发展研究中心、盐城市商务人才培养基地和盐城市中小企业主管理研修基地，政府给予资金、政策上的大力支持。

三是在骨干企业成立“专家工作站”，在政府协助下，商学院在江苏悦达集团、江苏江动集团和江苏银行盐城分行成立了“专家工作站”，驻点参与企业经营管理，提供决策咨询，及时掌握人才信息。

（3）突出重点，全链式改革人才培养模式。教学改革的核心是提高人才培养质量。

一是精准解析人才培养的价值链。把应用型人才的价值链划分成七个不同的增值环节，包括协同制定培养方案、协同开发课程体系、协同建设师资队伍、协同改革教学模式、协同建设实践资源、协同组织课题研究和协同评估培养质量等，针对不同环节着力开展知识、人员和平台的交叉融合，形成了全链式培养新模式。例如，三方合作分别于 2008 年、2010 年和 2012 年编写出版了实训教材 3 部，合作编写了 5 个专业 147 门课程的实验实训指导书。

二是全力推进以提升职业胜任力为核心的嵌入式人才培养。盐城师范学院商学院先后与北京慧科集团、江苏锡微软件技术有限公司、江苏南大苏富特科技股份有限公司等知名企业合作开展了嵌入式人才培养，与阿里巴巴集团合作开展了跨境电商人才的培养，引进了企业课程和企业实训环节，完全实现工学结合。

三是实施微学分和校企置换学分制度。近年来对于实践性强的课程实施微学分和校企置换学分的办法，即把某门实验课的学分化整为零，鼓励学生到企业完成不同实践项目来获取规定学分。例如，会计学专业的审计实训学分，允许学生参加会计师事务所的项目审计，由事务所进行学分认定，回校后可以置换学校学分。

（三）成果的主要创新点

1. 创设了职业胜任力“双层”内涵指标体系

针对应用型商科人才的培养要求，创设了职业胜任力“双层”内涵指标体系。其中，第一层包括“知识”“技能”和“潜质”3 个维度。第二层包括基础知识、专业知识和前沿知识 3 个“知识”指标，基础技能、专项技能、综合技能和创新创业技能 4 个“技能”指标，以及职业价值观、沟通协调、个性特质、心理素质和职业动机 5 个“潜质”指标，前两者属于显性能力，后者属于隐性能力，两种能力在人才培养过程中缺一不可。

2. 构建了知识、人员、平台三重交融机制

按照知识、人员、平台三重交融的要求，开展了三重交融的制度化、平台化建设，取得了实质性成效。三方共同发起成立了“专业建设与发展指导委员会”，先后出台了高校教师到企业挂职锻炼制度、企业专家到高校兼职制度、政府有关职能部门与高校定期召开业务交流制度、政府委托高校开展重大政策的第三方评估制度和校企微学分置换制度等，实现了三重交融的制度化。同时，通过合作建设盐城市商务发展研究中心、盐城市金融研究院、盐城市商务人才培养基地、盐城市中小企业主管理研修基地和“专家工作站”等载体实现三重交融的平台化。经过近几年的建设，在实验教材建设、“双师型”队伍建设和决策咨询报告等方面取得了显著成绩，其中有9份决策咨询报告得到了省市主要领导的批示。

3. 确立了高校、政府、企业三方全链式协同模式

在传统的“教室—实验室—实习岗位”线状培养模式基础上，围绕职业胜任力提升把应用型人才的价值链分成七个不同的环节，实现了从培养方案制定到毕业质量反馈全过程协同育人，政府、企业的参与从某个培养点扩展到整个培养链，从单向参与转变为双向或多向参与。与此同时，突出知识、人员、平台三重交融在人才培养中的作用，催生出了诸如商学院工学结合、信息工程学院嵌入式、新能源学院微工厂微学分等深度融合的范式。

（四）成果的推广应用效果

1. 成果运用推广情况

（1）改革试点从一个学院逐步扩展多个学院。盐城师范学院商学院在商学院改革试点的基础上，于2010年9月信息工程学院开展了基于三重螺旋的嵌入式人才培养改革，成功获批了软件工程嵌入式人才培养基地。2012年9月，物理与电子工程学院开展了基于三螺旋理论的微工厂、微学分的改革工作，成功获批了国家级大学生校外实践基地。盐城师范学院商

学院其他二级学院的相关专业也正在不断加入这一改革中来，形成了以“三重螺旋”为主要特征的全新政产学融合培养应用型人才的新格局。

（2）形成了一批教学研究成果。近年来，盐城师范学院商学院围绕本改革项目先后在主要学术期刊上发表了“全链式协同提升经管人才职业胜任力的改革与实践”“卓越计划背景下经管类课程的教学改革研究”“教学型高校经济管理类专业建设存在的问题与对策”“地方高师院校经济管理类专业实践教育研究——以盐城师范学院为例”“基于职业能力培养的会计专业微课程设计研究”“大众化背景下大学生就业能力提升路径研究”等23篇教学研究论文，其中“大学生就业难悖论与高等教育结构性改革”等两篇论文获得江苏省社科联优秀论文奖。

（3）建成了一批支撑专业发展的合作平台。利用三方合作机制先后建成了盐城师范学院—江苏伯乐达集团国家级大学生校外实践基地、江苏省电子电气工程实践教育中心，与江苏省沿海地区发展办公室合作成立“沿海发展智库”，与盐城市商务局合作成立盐城市商务人才培养基地、盐城市商务发展研究中心，与盐城市经信委合作成立盐城市中小企业主管理研修基地，与盐城市人民银行等金融机构合作成立盐城市金融研究院，与盐城市科技局合作成立盐城市光电工程研究中心、盐城市智能光电与功率电子工程技术研究中心。

（4）应用型人才培养特色更加鲜明。构建了全链式协同机制，加大实践性课程、实践性教学环节建设力度，积极建设微工厂，实施微学分，引进企业优质资源，共同开发课程、编写实验教材，合作出版了12部教材或实验教材，合作编写了12个专业147门课程的实验大纲和实验指导书。已经做到“4个30%”，即不少于30%的实践教学课时、不少于30%的实验教材或讲义是与企业共同开发、不少于30%的实验教学由企业专家来教授、每年不少于30%的专业教师到企业或企业“专家工作站”工作1个月以上。

（5）双师资队伍建设初见成效。借助三方协同机制，着力培养“理论基础扎实、应用能力强”的“双师型”队伍，“双师型”教师比例达

48%。采取“项目化、模块化”的方法来提高教师的实践能力。“项目化”是指鼓励承担企业横向课题项目的研究，组成团队开展企业服务，在服务中提高自身实践能力。“模块化”是指集中整块时间，带着任务到企业实践锻炼或到“专家工作站”服务。

（6）以实践应用为导向的实验室建设已经实现。借助三方协同机制，按照实验训练“设计体系化、资源共享化、资料真实化、环境场景化、管理规范化”的五化要求建设“企业级”的实验室，企业专家参与到实验室建设中来参与设计、实验指导书编写、实验指导等。盐城师范学院商学院与中国银行盐城分行共建了“金融与资本运行实验室”，与中国工商银行盐城分行共建了“模拟商业银行”。目前，经济管理训练中心等12个实验中心已经建设成为江苏省示范性实验中心。

（7）工学结合问题得到有效解决。充分利用三方协同机制有效解决工学结合问题。盐城师范学院商学院一大批专业与知名企业开展了合作，如旅游管理专业与喜达屋酒店集团、国际经济与贸易专业与阿里巴巴集团、市场营销专业与盐城大数据产业园都能实现100%集中实习。另外，盐城师范学院商学院还与北京慧科集团合作开展跨境电商和嵌入式电子商务专业人才培养，嵌入企业课程、引进社会课程、开发互联网课程，实践教学环节全部在企业完成，完全实现工学结合。

（8）人才培养质量明显提升。近年来，学生参加省及省级以上专业竞赛先后获得国家级奖30项、省部级奖27项，包括连续四届“挑战杯”中国大学生创业计划竞赛全国金奖、第二届中国“互联网＋”大学生创新创业大赛铜奖暨江苏赛区一等奖、全国大学生电子设计竞赛一等奖、第九届全国大学生信息技术应用水平大赛二等奖、全国大学生财务决策大赛特等奖。毕业生最终就业率始终保持在98%以上，培养的应用型人才符合社会需求。2011届毕业生徐涛自创电商跨境贸易公司，三年时间不到就实现年营业额1800万元。2014届毕业生刘子才已经是两家企业的董事长，每年营业额在3000万元左右。2012届毕业生黄诚创办“禾一木语”懒人床边家具品牌，成立常州宅士家居有限公司，自己兼任电商部主管，2016年已经实现销售4000多万元，申请专利30多项，其中实用专利15项。

2. 成果的社会声誉与评价

（1）媒体报道热烈。《江苏教育报》以“三链融合让毕业生成为‘香饽饽’——盐城师范学院商学院改革人才培养模式记略”为题做了专题报道，介绍了三方合作的体制机制和运行效果，公开发表了“U－G－E全链式协同提升经管人才职业胜任力的改革与实践”等教学改革论文23篇。凤凰网、光明网、中国网、搜狐网、中国青年网等主流媒体报道了盐城师范学院商学院以提升职业胜任力为导向构建政府－高校－企业三方合作的综合改革，介绍了三螺旋全链式协同提升经济管理人才职业胜任力的改革与探索。

（2）院校交流活跃。商学院的改革与探索引起了同类高校的关注，上海商学院、常熟理工学院、安徽科技学院、江苏理工学院、内江师范学院等20多所高校前来考察交流，商学院的三方全链式协同育人备受关注，特别是政府引导、行业企业参与的平台支撑、课题研究、工学结合、连接机制等得到了同类兄弟高校的好评和肯定，先后邀请了学校教务处汤克明处长、商学院蔡柏良院长、新能源与电子工程学院庄国策院长就三方合作机制、应用型人才培养等做专题报告。

（3）专家评价较高。全国示范性实验中心联席会议秘书长北京大学郝永胜教授在听取商学院基于三螺旋理论的教学改革后指出，这是应用型本科高校教学改革的方向，也是检验应用性教学成果的重要方面；上海金融会计学院院长唐海燕教授认为，作为师范背景的高校能够在政府－高校－企业合作协同培养人才方面走出一条可以借鉴的机制化新路值得肯定和推广；上海国家会计学院党委书记博士生导师李扣庆教授、南京大学商学院原党委书记博士生导师张二震教授等专家先后来院指导工作，指出联合政府、企业协同培养经济管理应用型人才是正确的选择，盐城师范学院商学院所做的改革与探索值得肯定和推广。

（4）行业企业反馈较好。近年来商学院的毕业生得到了企业好评。旅游管理专业22%的学生能够在实习单位就业，不少学生已经走上了单位中层及以上岗位；物流管理专业已经有16位学生走上了百世物流集团管理层；国际经济与贸易专业与阿里巴巴集团合作跨境电商专业人才，该专业2016级学生中60%在阿里巴巴集团就业；瑞华会计师事务所江苏分所、江苏经纬会计师事务所经常指定需要商学院会计学专业学生参与其审计项目组，会计学专业学生成为知名会计师事务所首选。江苏经纬会计师事务所董事长陈武明说：“盐城师范学院会计学专业的学生专业基本功扎实，上手快，且能吃苦耐劳。我们就需要这样的专业人才。”

四、以湖南工商大学工商管理类专业建设为例：地方工商管理类本科院校重点专业建设的思考与实践

（一）对地方本科院校专业建设的理论思考

1. 地方本科院校办学定位对专业建设的影响

办学定位直接决定了地方本科院校的长远发展，及其专业建设的方向与目标。地区经济、科技、社会发展的实际需求决定了地方本科院校的办学定位，学校的办学定位决定了人才培养的基本指导思想与目标，而人才培养目标又直接决定了专业建设的定位与基本设置。地方高校要以“主动适应”为出发点，面向和服务地方经济主战场，以服务本地区经济结构战略性调整、本地区人才需求为原则，以发展高新技术类专业和应用型专业为重点，全面进行专业结构调整，形成与本地区经济、科技和社会发展相适应的专业结构和人才培养结构，努力塑造与本地区经济发展相适应的各类应用型人才，形成自身专业发展的相对区位优势。

2. 地方本科院校专业建设的原则与特点

地方本科院校专业建设的特点为：第一，它以地区经济发展作为依托，专业设置有很大的适应性与针对性，这为专业建设的创新提供了极好的外部环境；第二，专业建设的资源整合成本相对较低；第三，专业建设

的发展重点突出，依靠地方经济，服务地方经济，重点专业建设与发展有了较好的社会环境。鉴于地方本科院校专业建设的特点，它的建设与发展应有相应的原则来要求。一般而言，专业建设有以下几个原则：第一，科学规划、准确定位；第二，主动适应、服务地方需求；第三，服务学科建设、规模与效益并重；第四，注重内涵、营造特色。地方本科院校在这几个原则指导下，针对地方经济的发展特点、发展重点及将来的发展规划，进行有针对性的调查与科学论证，明确学校的办学定位，在财政投入不够情况下，走短平快的发展路子，确立好学院学科与专业建设的发展规划，创设一批适应地方经济发展的专业，在专业建设上做出自己的贡献。

（二）重点专业建设的实践分析

湖南工商大学，原名湖南商学院，是1994年经原国家教委批准，是一所由原湖南商业高等专科学校和湖南商业干部管理学院合并组成由湖南省政府主管的地方性工商管理类本科院校。学校的办学目标是建成在全国同类院校中有一定影响力的高水平教学型商科院校。学校的人才培养目标是培养基础扎实、知识面宽、综合素质高、具有创新意识和创业能力的高级应用型人才。学校以经济学、管理学为主，文、理、工、法多学科相互支撑，协调发展，共有26个本科专业。1999年顺利通过教育部的本科教学合格评价，2000年市场营销专业被评为省级重点建设专业，2001年工商管理、旅游管理也相继被确定为省级重点建设专业。湖南工商大学先后有3个专业被列为省级重点建设专业，其重点专业建设的发展道路较为成功。

1. 依据办学定位与培养目标，进行广泛调查，确立重点专业建设的龙头

高等教育的大众化趋势必将导致高校人才培养规格的多层次定位，作为一所新办的地方本科院校，在专业人才的培养目标上，只有区别于重点大学和综合性大学，确立自己的专业定位，并以此为基础优化教学计划和培养方案，才能在日趋激烈的教育市场竞争中，获得自己的立足之地和发

展空间。为此，依据办学定位与培养目标，进行了广泛调查，对学校的办学定位与目标进行了认真讨论与论证，结合建校不久处于本科发展的起步阶段，专业设置不尽合理，且竞争力不强等特点，针对学校专业设置情况进行具体分析，学校决定以工商管理类专业为龙头，以市场营销这一具有相对优势的专业为突破点，以企业管理学科为依托，确立市场营销专业为湖南工商大学重点建设专业，并积极向省申报。

2. 以SWOT分析为基础，深入调查，明确重点专业建设的具体目标与要求

专业建设的首要问题，是对专业人才培养目标、人才规格进行科学定位，并据此设计专业教学计划。为做好市场营销专业的重点专业建设工作，开展了一系列专业人才培养模式改革的社会调查，并围绕专业建设和改革开展了一系列课题研究，如“市场营销专业素质与能力结构和培养模式研究”“市场营销专业相关课程案例教学法研究”“市场营销专业创新教育研究”“基于信息支持系统的高校教师教学水平评估研究”等。

在专业调查和课题研究基础上，针对传统计划体制下学校人才培养目标定位于国有经济单位、湖南境内、商业部门的实际状况，提出了“突破三个限制”（突破国有经济单位的所有制限制，面向社会；突破地方院校人才就业的地域限制，面向全国；突破商业部门的行业限制，面向所有企事业单位）、“实现四个转变”（由应试教育向素质教育的转变；由重理论、轻实践的单一教育向理论与实践全面结合的立体教育转变；由被动吸收的灌输式教学向主动学习的参与式教学转变；由知识与能力并重的教育向知识、能力与素质全面发展的教育转变）的人才培养思路，并以“应用型”营销管理专门人才为培养目标，注重营销专业学生在学习知识并运用知识分析问题和解决问题能力的培养，以此为基础全方位鼓励并促进学生在营销调研、策划与管理上的创新，以区别于传统的知识吸纳型人才培养目标和简单的知识应用型人才培养目标，并最早在湖南省普通高校中实行毕业生就业的“双向选择”。

3. 整合资源，构建重点专业建设的专业支撑体系

学校在评估合格以后，进一步加大学科与专业建设力度，以市场营销省级重点专业为龙头，打破常规，对各专业进行了科学布局，整合校内资源，构建重点专业建设的支撑体系。首先，按学科分布，调整校内的专业及系部设置。成立工商管理系，把原属贸易经济系的市场营销专业调整到工商管理系，同时积极申报了旅游管理、人力资源管理和物流管理专业，以企业管理重点学科为依托的管理专业集群初步形成，有利于发挥市场营销专业的辐射作用，从组织形式上保证了专业建设的规模支撑。其次，进行学术人才的整合。动用行政力量，把相关学术人才纳入学校重点专业建设小组中来，成立工商管理、旅游管理重点专业建设小组，构建了重点专业建设的学术人才队伍支撑。工商管理、旅游管理相继被确定为省级重点建设专业。最后，从战略高度出发，打破教学业务与教学管理部门的既得利益，把最佳资源配置到重点专业建设的关键项目上，从财力上给予大力支持，保证专业建设进入了规范的科学的管理渠道。目前学校设有会计学、国际经济与贸易等多个院级重点专业，初步建立了省级与院级两级重点专业建设体系。

4. 夯实基础，全方位提升专业建设水平

（1）坚持“道”与“术”并举的人才培养原则，优化专业教学计划和课程体系。根据市场对营销专业人才需求的变化，分别于 1998 年、1999 年、2001 年、2003 年先后 4 次修订了市场营销专业教学计划。在学分设置上，增加了人文素质课和选修课的比重，在课堂教学由 160 学分减少到 140 学分的前提下，实践与实验学分由 3 学分增加到 26 学分，另增设了 3 个创新学分，鼓励学生参与创业计划大赛、“三下乡”活动、大学生科技文化节等实践性活动。在课程体系设计方面，根据市场对营销专业本科人才的需求变化，在原来“推销理论与技巧”“商务谈判”“广告学”“公共关系学”“商务礼仪”等营销实务、操作技巧性课程基础上，增开了“市场营销管理”“市场营销策划”“服务营销”等专业方向和“酒业营销”

“保险营销”“传媒业营销”等行业营销选修课程，另外开设了“创新学”课程。

（2）以提高本科教学质量为核心，广泛推行参与式教学，优化专业教学手段和方法。为此，学校按照专业特点和教学大纲要求，根据专业课程特点，结合工商管理和市场营销实务，打破教材篇、章、节、目的顺序，将主要内容尽可能浓缩提炼，归纳成若干问题，以专题形式予以讲授。在教学过程中，广泛采用多媒体教学手段，实施案例讨论教学、现场模拟推销与洽谈、参观工商企业、聘请成功的经理人和业务主管开展专题讲座、选派学生直接参与教师科研课题特别是企业横向课题的调研和策划、组织学生“三下乡”开展专题调研，教学过程由单向灌输型转变为双向沟通型，教师的教学重心由知识传授转变为提高学生学习能力，学生由被动地接受转向积极主动地参与和探索。

（3）以培养学生应用能力为核心，优化专业教学质量考核评价体系。为了促进学生平时的学习，为应用型高级专门人才奠定坚实基础，调整了传统的学生考核评价体系，在课程考核中将原来平时成绩由20%调整为40%，而期末考试成绩由80%调整为60%，平时成绩由课堂讨论发言成绩、课堂作业、课外作业完成情况、期中测验成绩以及出勤成绩五项构成，分别占平时成绩的20%、10%、10%、40%和20%。通过上述改革，有效克服了学生过分重视期末考试而忽略平时学习的问题，促进了学生对学习过程的参与和教学质量的提高。

（4）以提高教师的核心教学能力为出发点，优化专业师资队伍结构。培养应用型管理专门人才，建立一支具有奉献精神，具有较高理论水平与丰富实践经验、学习进取精神的教师队伍是根本。为此，采取了以下措施狠抓教师队伍的建设：第一，坚持教研室集体备课及经常性的教研活动，共同探讨改革课堂教学、提高课堂教学质量的方法，为教师提高教学质量提供平台。第二，加大学术交流力度，扩大教师的知识视野，努力了解和熟悉市场营销学科的前沿知识与学术动态。第三，加大对专业教师实践性教学能力的培养和锻炼。采取从三一重工等著名企业引进富有实战经验的高层次人才充实专业教师队伍，聘请成功企业经理担任客座教授、选派专业教师深入企业挂职锻炼1～2年等措施，增强教师的实践性教学能力。第四，设立经济管理研究所等十余个研究所和管理咨询策划中心，鼓励专业教师开展学术研究和横向咨询服务。通过上述努力，先后培养了8位省级青年骨干教师，改善了专业师资队伍的年龄结构、学历结构、知识结构和能力结构，为培养“应用型”和“应用型创新”管理专门人才提供了有力保障。

5. 建立健全专业建设机制，为专业建设提供动力支持

学校在整合资源的基础上，建立和健全相关机制，为重点专业建设与发展提供保证。第一，建立重点专业建设的责任制度，明确专业建设团队的任务与目标；第二，建立重点专业建设的人才梯队制度；第三，确立相关激励机制；第四，成立专业建设的梯级建设与评估机制，建立省、院两级 专业建设制度，引导全校专业建设朝规范化方向发展。

6. 以点带面，专业集群创新的发展态势已初步形成

为进一步提高学校专业建设的水平与层次，学校认真总结市场营销省级重点专业建设的实践经验，带动校内相关专业的发展。2001年申报了工商管理、旅游管理两个省级重点建设专业并通过立项，到2005年已顺利通过省教育厅的验收，为学校的企业管理省级重点学科的建设打下了良好基础；同时，把重点专业建设的经验进行了推广，会计学、金融、国际贸易等一大批院级重点建设专业相继立项，学校专业集群创新的局面初步形成。

（三）地方本科院校重点专业建设的启示

1. 以SWOT分析为基础，科学规划，准确定位，合理选择突破点

进行专业建设不是盲目跟从，应以SWOT为基础，从院校的办学定位与发展规划出发，对自己院校的学科与专业进行科学合理的分析与评价，

找到自身学科与专业建设发展的合适定位，这样才能合理地选择与找到建设的突破点。进行 SWOT 分析应从两个层面着手，首先是对院校的专业建设情况进行 SWOT 分析，其次是从外部的整个专业发展情况来对自身专业进行 SWOT 分析，最后结合二者的分析进行科学决策与规划，找到选择真正的突破点。

2. 以行政力量推进资源整合

地方性本科院校尤其是新建本科院校，底子薄、基础差，学术人才资源缺乏，要进行重点专业建设，资源整合是关键，但也必须以行政力量推进才能让资源得到真正整合。

3. 夯实基础，提炼总结

学科与专业建设是真正的硬功夫，需要大量细致的基础工作来铺垫。专业培养方案的制订如何体现专业培养人才的要求与目标，课程的改革与建设如何体现特色，科研如何更好地体现在教学当中，人才培养的质量在社会就业与竞争中的表现等这些是专业建设的基础工作，也是专业建设的要求与目标。

4. 围绕重点学科进行重点专业建设，以点带面，走专业集群创新的路子

重点专业建设始终应以学科建设为准绳，确立专业建设的方向与目标，最终为提升院校学科建设水平打下坚实基础。同时在学科建设的指导下，以重点专业为龙头，带动其他专业的建设与发展，走专业集群创新的路子。这对地方本科院校而言，是一条简单、富有成效的经验。

五、多案例追踪的启发：三螺旋理论对工商管理类人才培养路径的启发

1. 三螺旋的系统进化过程

当三股力量相互重叠、渗透之后，就能在保持自身独特功能的同时发

挥其他机构的功能，每个螺旋体的功能和结构都将在合作中得以进化和增强，代表这些机构范围的螺旋持续合作将形成如同 DNA 一般的三位螺旋体共生关系，其相互依赖、共同发展，实现跨越边界的合作创新。应用型工商管理类专业人才发展目标是应用型高级专业人才，高校、政府、企业都有其独立的运行空间，彼此又相互重叠、交叉影响，协调发挥作用，最终形成结成一体又螺旋上升的三螺旋新关系。将学生上升到高校专业建设的主体，并使教师、学生、企业三主体发挥主体作用和协同作用，最终培养适应新时代经济社会发展需要的应用型高级专业人才。

2. 三螺旋上升的功能协同机制

三螺旋理论的核心是功能协同机制及“自反性”。功能协同机制是指三个主体能够实现主体间的功能调适，推进新的协同，得益于三螺旋理论并不刻意强调谁是协同合作的主体，三股螺旋线中，任意一股都可以代替另一股成为主驱动力，但不论以哪一股力量为主导，都将最终形成动态的三螺旋结构，即“自反性”。雷德斯多夫和埃茨科威兹认为，三螺旋中所包含的所有主体都具有自反性，它们循环不断地根据机会和制度上的约束条件调整自己的位置，使组织间的功能得以相互渗透，从而在人才培养过程中能够根据实际需求实现主导地位和辅助地位的转换，最终达到功能上的协同。三螺旋模型的精髓体现在三个主体的多变互惠关系，任何一个主体都不再是高高在上地“参与”到其他两个主体的活动中，而是与其他主体融为一体协同发展。

3. 三螺旋的协同实施路径

三螺旋理论对于人才协同培养的指导，在于通过三协同路径，达成了三位一体的模式。应用三螺旋理论，通过组织机构协同，实施人才培养全过程协同，充分发挥高校、政府、企业三主体的功能协同与“自反性”，对工商管理类专业人才培养路径的构建，具有很强的指导性和可操作性。①三螺旋主体间目标的协同。三主体通过在三螺旋架构下各具利益诉求，实现不同主体目标的协同。特别是三螺旋理论有关“每个主体都能表现出其他主体的某些功能同时保留独特身份”的理论设计为实现三螺旋主体目标的协同提供了重要的思路。②三螺旋主体组织结构的协同。“三螺旋”新模式是一种集成化的育人场域，三个主体都具有开放性的特征，有利于建立起彼此间的快速信息通道，促使整体持续间接地吸收人才培养所需要的各类资源、信息，超越单独主体自身的作用。这种由育人主体组织结构协同产生的协同效应能够解决协同育人混合组织中存在的诸多现实问题。③三螺旋主体实施过程的协同。三主体之间存在的资源依赖性是实现三者创新过程协调的合法性依据，而“资源—需求—保障”的非线性协调机制则是实现三螺旋协同的有效途径，因此，三个主体需要根据人才培养的实际积极开展互动与交流。

4. 三螺旋协同育人在不同层次、不同类型本科高校的应用不尽相同

三螺旋协同育人在中山大学旅游管理专业的建设中更多地表现为高层次和国际化的特征，培养的是一流旅游管理人才，参与协同的企业具有海外背景，表现为中外合作、双元培养等创新成果。江苏大学作为地方重点大学在工商管理类专业建设中充分发挥其中小企业管理的影响和地位，通过“U－G－E”合作构建了“一核两翼四融合”人才培养模式。盐城师范学院作为师范类本科高校，坚持以三螺旋理论为基础，构建了“一个中心、两个重点、三重交融”的改革方案，围绕知识、人员、平台三条螺旋线的内涵要求，着力解决三方深度融合的连接机制，针对商科应用型人才的培养要求，创设了职业胜任力“双层”内涵指标体系，构建了知识、人员、平台三重交融机制，确立了高校、政府、企业三方全链式协同模式，实现了三大创新，在实践中着力解决人才培养的四个问题，即职业胜任力的提升问题、深度融合的连接机制问题、工学结合问题、理论与实际的无缝衔接问题。湖南工商大学作为财经类本科高校，工商管理类专业的学科环境肯定优于其他类型的高校，以 SWOT 分析为基础，科学规划、准确定位，以行政力量推进资源整合，夯实基础，充分发挥政府、高校、企业三方协同育人的积极性，探索出了符合自身特色的协同育人机制。

第六章　影响协同育人的主要因素与协同途径

第一节　影响协同育人的外部因素

一、目标不一致

对于人才培养，不同利益相关者会有不同的目标和要求。高校的基本职能是人才培养，科学研究，社会服务，文化传承，就其办学而言最基本的目标就是按照政府批准的招生计划招生，根据既定培养方案进行培养，然后把学生推向社会经济建设和发展当中去，办学自决权不大。如此循环往复。特别是大多数地方高校都属于应用型高校，围绕市场、依托行业、联合企业应当是其办学的基本方针。而政府则是通过“马工程”课程及教材规定、专业设置（大多数还是需要教育主管部门审批）、招生计划审批、办学经费拨付标准、人员工资标准、职称评定标准、办学评估、专业认证等行政手段，直接影响高校办学，其目标是规范高校办学，但也从某种程度上束缚了高校办学。企业是市场经济的主体，生产和经营是其主要业务，盈利和永续经营是其最基本的目标，为行业培养人才并没有成为企业的基本目标。因此，高校诉求的是一定范围内的办学自决权，政府诉求的是规范高校办学，企业诉求的是自身的盈利和发展，三个机构领域的知识、人员和平台的交叉作用的目标不一致。

二、利益分配机制缺失

利益分配机制问题是目前影响高校、政府、企业三方协同的关键性问题，也是调动有关人员参与协同育人积极性的关键性问题。由于三方机构的目标不一致，利益分配机制也很难建立。其中最为核心的问题是行业、企业参与到人才培养中来的利益诉求点在哪里？利益保障机制又在哪里？由于参与协同育人的主体不同，目标又不一致，各机构领域里成员间存在不同的利益诉求，同时组织间也缺乏相应机制而导致利益分配不均，出现利益纠纷。在市场经济的知识经济时代，三方协同育人既是教育活动，也是经济活动，是一种互利共赢、平等的合作，合作必须建立在双方地位平等、利益均衡的基础上。若协同育人只突出、强调一方的主体地位与利益，合作势必不能长效持久。大多数地方高校都是重视与政府、与企业合作的，从组织上也构建了一些协同合作的形式。但是由于缺乏利益分配机制而导致协同合作形式化、表象化，协同合作的深度和宽度都不能达到人才培养的目标和要求。更多地停留在邀请企业专家来校参加座谈会或作业务报告或接受学生实习（各高校还有不少“放羊”式的实习）等基本形式，然后支付一定的咨询费或讲座费，而深度参与教学改革、课程建设、教材建设、实验室建设、毕业论文（设计）、创新创业教育、教学质量评价等很少，深度参与人才培养很不够。因此，对于行业企业而言，缺少参与人才培养的利益兴奋点是导致参与度不够的直接和主要原因。

三、协同机制不健全

按照应用型人才的培养要求，可以将人才培养过程视为一个完整的价值链，这个价值链可以划分成七个不同的增值环节，包括制定培养方案、开发课程体系、建设师资队伍、改革教学模式、建设实践资源、组织课题研究和评估培养质量等，针对不同环节着力开展不同机构领域的知识、人员和平台的交叉融合，形成了全链式应用型人才培养的新模式。例如，在制定培养方案时一方面要根据党和政府的教育方针和产业引导政策，特别是体现党对人才培养的政治素养方面的要求，另一方面要针对行业、企业对专业人才的知识要求、能力要求来确定专业定位和毕业要求。又如，毕业要求与开设课程之间存在一个对应矩阵关系，即如何构建课程体系与设定的毕业要求之间的关联矩阵等都存在高校、政府、企业不同领域之间的交叉作用。但事实上，不同机构领域之间的协同机制是不健全的。高校虽说是培养人才的主体，但尚未形成行业企业主动参与人才培养的机制，政府只是通过颁布教育政策法规、专业标准、办学评估等行政手段来干预或引导高校，但事实上不可能顾及各种类型的办学，针对性和导向性往往会出现偏差，也会影响到培养目标的达成。再如，以科研成果为导向的职称评审要求导致应用型高校的教师不关心教学、不关心实践能力的提升，造成与培养目标之间的不一致。因此，在三方机构领域目标不一致、利益分配机制缺失的情况下，很难形成一个三方机构领域围绕人才培养而形成的协同机制。

四、政策时有失灵或不对位

政府是规则的制定者，也是高校、政府、企业三个机构领域协同育人的关键性因素。如果说协同育人出现目标不一致、利益分配机制缺失、协同机制不健全是重要的外部因素，那么政策时有失灵或不对位则是关键性的外部因素。例如，2014 年 6 月 24 日，国务院印发《关于加快发展现代职业教育的决定》，提出引导一批普通本科高校向应用技术型高校转型，重点举办本科职业教育。随后，教育部、国家发改委、财政部、人社部等 6 部委颁发《现代职业教育体系建设规划（2014－2020 年）》，提出在办好现有专科层次高等职业（专科）学校的基础上，发展应用技术型高校，培养本科层次职业人才。转向应用技术型的地方本科高校，仍然是普通本科高校，还是与高职院校一样归入到职业教育系统？这背后透露出的，是因为职业教育“含金量”不够高，本科院校对转型后生源会否受影响的担忧。这就需要国家层面解决两个问题：首先，完善“顶层设计”；其次，落实具体的转型指导意见。此外，应用型大学应该在适当时候增加专业硕士、应用型博士等高层次应用型人才的培养，与其他老本科院校区别开来。加强产学合作，政府必须发挥主导作用。在起步阶段，只有政府给予大力支持，才能打通“企业需求”与“院校需求”，要建立应用型大学的统一标准，规范政策导向、完善评估体系、建立考核指标，给地方本科高校正规化建设、提升质量的机会。政府制定的职称评定办法、办学评估标准、专业评估标准等并没有体现应用型人才的培养特点和要求，俗话说“指挥棒”不对。对于参与协同的企业而言，一定要有具体的政策来支持，如允许企业计提一定比例的培训费，且在税前支出。企业参与协同育人所发生的支出只要符合相应的财务制度，均可以抵减所得税，等等。

第二节　影响协同育人的内部因素

一、认识不到位

目前，不少院校对于应用型人才培养的认识依然存在偏差，对于高校、政府、企业协同育人还停留在概念、理念、口号层面。有些高校普遍的误解是，应用型人才培养就是自身降格为职业教育，一些学校认为“向应用型转变”就是“降格”“转为高职高专”“抛弃科研”。这种对应用型培养和职业教育人才培养的理解不到位，直接导致应用型培养的知识体系、知识基础、实践教学被削弱，使得学生的职业后劲与发展潜力不足。有些高校把高校、政府、企业的协同育人当成是一个宣传招牌，只求形式不求实质。有些高校还没有充分认识到政府、企业参与人才培养的意义和重要性，归根到底是对应用型人才培养的规律和内在要求的认识不到位。中国高等教育学会院校研究分会应用型院校研究中心主任顾永安提出了“四个为主的方略”：以培养应用型本科人才为主，不排斥培养少量的专科生、研究生，以开展应用型的科学研究为主，不排斥基础研究。他说，研究型和应用型高校可以并存，研究型高校中可以有应用型，而应用型院校不排斥学术研究型，由此形成高等学校多元形态并存以及融合交叉的格局。

二、定位不准确

办学定位不仅从宏观上明确了学校的办学目标、办学指导思想和治校理念，而且还从微观上对学校的办学规模、办学层次、办学形式和办学类型等作出了方向性选择，是一所高校发展的方向标，必然统领学校工作的全局，引导学校改革与发展的正确方向。应用型本科院校的办学定位，不仅反映了自己在整个社会系统和高等教育体系中的位置，清楚知晓服务区域的优势和切入点，而且体现了社会对人才的多样化需求，培育了具有自身竞争优势的市场。应用型本科院校上有重点大学和综合性大学，下有高等职业技术院校，处于高等教育体系中承上启下的位置，办学定位应注意上下比较，突出自己的优势和特色，如在办学类型上定位于教学型高校，在办学层次上定位于以本科为主导，在人才培养上定位于为区域经济社会发展培养应用型人才。只有坚持这样的办学定位，应用型本科院校才能真正走出一条符合自己实际的发展道路，才能彰显自己的鲜明特色。事实上，我国90%的高校都是应用型高校，而应用型高校发展的核心就是要“找到自己的定位”。目前，大多数地方高校的办学都定位为培养应用型人才，但过于笼统。既没有体现学校自身的办学特色和所处区域的产业发展特色，也没有很好地与毕业要求、课程体系、实践环节、创新创业等相对应，似乎是“空中楼阁”。

三、师资跟不上

人的问题始终是协同育人的关键性问题，再好的协同机制也是需要由人去执行和完成的。一方面，对于高校而言，师资队伍状况直接影响着应用型人才培养。当前，地方本科高校特别是工商管理类专业普遍存在师资数量不足、层次不高的问题，工商管理类专业的生师比往往严重超过教育部规定的评估要求。更为严重的是，由于师资数量不足还直接影响到了高校的教学质量，教师穷于应付上课，很难再有充足的时间用于课程建设、教学研究等教学质量工程的建设，也难以再有充足的时间走向行业、走进企业去调查研究或岗位实践以丰富自身的实践经验。另一方面，师资队伍的重理论研究轻实践操作的能力结构也与应用型人才培养的要求不匹配。高校过于强调博士化工程，引进一批又一批偏重于理论研究的高层次人才，这些人才存在的普遍问题是没有行业、企业的实践经历，处理实际问题的能力不强、经验不足，对于行业、企业的现实需要掌握得不及时、不充分，其结果就是培养出来的学生知识结构、能力结构与现实需求之间错位，不能满足应用型人才的培养规格和内在要求。此外，我们的一些政策导向也不利于教师向应用型人才培养的要求转变。最为典型的是教师职称的评审标准和要求，学校自身出台的激励政策都是向学术性研究型引导，学术研究型的指挥棒与应用型人才培养，与高校、政府、企业三个机构领域的协同要求是不吻合的。

四、机制不配套

高校尽管已普遍认识到，高校、政府、企业协同育人是提高人才培养质量、提升大学生实践能力与创新能力的重要有效路径，但由于长期受计划经济模式和旧教育体制的影响，作为协同育人主体的高等学校，普遍存在着对三方合作的市场化认识不足，没有把三方合作放到市场经济中来认识和实践，在协同育人过程中更多考虑的是如何解决学生的实习实践岗位、改善办学条件、实现学术抱负，这势必会导致企业的积极性不高、动力不足。因此，在协同育人的实践中普遍存在"协同失灵"现象，即合作机制不配套。即便是有些高校成立了诸如"U－G－E 协同专业建设与发展指导委员会"、成立若干合作平台，如研究中心、研究基地等，但基本属于高校主导，政府、企业非主动参与，三个机构领域之间或内部间的信息、技术、知识的交流则是以单向为主，双向或多向交流不足。协同合作仍以传统的"教室－实验室－实习岗位"线状培养模式为主，而围绕职业胜任力提升，把应用型人才的价值链分成七个不同的环节，实现从培养方案制定到培养质量评估全过程协同育人，政府、企业的参与从某个培养点扩展到整个培养链，从单向参与转变为双向或多向参与等，则做得不够、不到位、不充分。

五、教学方法不匹配

技术形态的变化必然会带来教育形态的变化，特别是随着互联网的普及和人工智能的快速发展，与大数据技术相关的领域发生着深刻的变化，已经影响到各行各业，对高校教学改革也提出了新的要求。当前新经济呼唤着新教育，企业的创新能力大大增强，高校怎么跟上？信息技术特别是互联网革命影响深远，教学怎么跟上？唯有高校主动适应形势的变化才能求得更快更好的发展。但是大多数地方高校由于观念、经费等制约因素，仍以传统教学方法为主，仍以传统的课堂教学模式为主，围绕职业胜任力培养的虚拟仿真教学、在线开放课程建设和以云班课、雨班课为载体的过程性考核没有能够得到广泛的运用，未能体现应用型人才培养的内涵和规格要求。

第三节　协同育人的协同途径

高素质应用型人才的基本内涵和培养目标决定了我们的人才培养模式是非单向的，互动的、多元化的培养模式。高素质是人才的基石，既是综合素质也是潜在的能力，是一切应用型能力开发的基础和源泉。综合素质包括对社会领域、科学领域的基本认识和研究潜能，使之能够拥有终身学习和求知的能力与动力，也包括人的社会交往、伦理道德认知水平，对所在科学领域的专业思维开发、逻辑表达能力，以及对未知事物的分析、推理、判断、改进等基本素质。因此，综合素质培养与提升是高校教育的基本职能之一。

现代高等教育中应用型人才必须具备职业胜任力，而职业胜任力应当有“双层”内涵指标体系。其中，第一层包括“知识”“技能”和“潜质”3 个维度。第二层包括基础知识、专业知识和前沿知识 3 个“知识”指标，基础技能、专项技能、综合技能和创新创业技能 4 个“技能”指标，以及职业价值观、沟通协调、个性特质、心理素质和职业动机 5 个“潜质”指标，前两者属于显性能力，后者属于隐性能力，两种能力在人才培养过程中缺一不可。

高素质、应用型的双重要求决定了高校人才的培养不是校园封闭式而多元化培养模式的实践。而实现这一目标的多元化方法和手段绝不是盲目的、随意的，而应该是精准的、有效的。从地方高校发展的定位、目标以及社会角度来看，地方高校的高素质、应用型人才培养要充分利用自身的资源优势和贴近行业企业的优势，构建切合应用型人才培养的高校、政府、企业协同育人机制，充分发挥三个机构领域内部和相互之间的交叉融合培养高素质的应用型人才。对于工商管理类专业而言更应当坚持高校、政府和企业之间的交叉协同。

一、培养模式的多元化

（一）校地合作培养模式

校地合作培养是指地方高校与当地政府之间的合作，校地合作既是应用型人才培养的基本途径，也是地方高校的一个显著特征。这里的地方政府既可以是指政府有关部门，如与发改委、经信委、科技局、农业局、教育局等政府组成部门间的合作，也可以是与市（县区）政府之间的合作。对于工商管理类专业来讲，校地合作更多的是与政府经济主管部门之间的协同合作。校地协同合作的意义在于：

1. 校地合作是学校寻求发展的重要途径

（1）凝练办学特色的重要举措。办学特色的凝练是高等教育改革与发展的客观要求，尤其对于地方高校来讲，鲜明的办学特色是学校生存和发展的源泉。许多地方高校将校地合作、产学研联合办学作为学校办学体制改革、办学特色凝练的重要法宝，充分发挥合作办学的优势，积极探索

“产学研用”四结合的合作办学新机制、新思路，凝练办学特色，凸显出校地合作的丰富内涵，引领学校在智力、人才、物资条件、信息等方面全面共享，有效构建区域产学研结合的高素质人才队伍与高质量育人平台，成功探索出开放办学的制度理论与方法体系，积极开拓出学校与区域合作共同发展的长效路径。

（2）寻求办学支持的关键资源。地方高校要想在国家高等教育非均衡战略的实施过程中抢得先机，就要始终坚持服务区域经济社会发展，努力成为地方经济建设中坚力量，以服务求支持，以贡献求发展，赢得地方以及社会各界的多元支持，获得比其他高校更多的比较优势。要充分发挥自身在区域经济发展和行业经济发展中的特色和优势，立足地方经济社会发展的需求，在服务中求支持，在人才培养、学位点建设、重点学科、重点实验室、重点研究基地、工程中心、博士后创新实践基地、教师队伍建设等方面赢得大力支持。校地合作成为学校寻求办学关键资源的重要渠道。

（3）实现内涵发展的强力抓手。优秀的高水平大学无不与区域经济和社会发展保持着良性互动，地方高校要走内涵式发展道路，更需要加强与地方合作，依托地方所拥有的物资、服务等领域的强大资源，获得良好的科技创新环境、必备的公共科研服务平台，有效提升综合办学实力和核心竞争力。要坚持提高质量、走内涵式发展道路，与地方在师资建设、学科专业建设、科研创新和人才培养等方面全面协同发展，有效提升学校办学实力。

2. 以办学体制特色引领校地深度合作

（1）建立符合三方协同育人的办学管理体制。地方高校应当成立校地合作办学的专门体制平台，组成成员可以由政府和高校共同组建。成员单位之间提倡开放共享和民主共商的办学原则，共同制定共建与联合办学章程，成立执行委员会，组织协调各方共建与联合办学的具体事项。通过这一管理体制，联合办学董事单位的潜在教育资源得到充分利用，实现了供需结合、优势互补，增强了学科专业发展的活力，构建了人才联合培养的新模式。

（2）构建人才资源整合共享机制。基于产学研各方高层次人才的学科分布和工作任务的实际，地方高校应坚持“以人为本、互聘人才，学科互补、协调统筹”原则，成立各方专家组成的顾问委员会，统筹考虑互聘人才，使共建各方学科资源互补、互惠共享，既充分调动高层次人才工作的主动性，又调动各共建单位的积极性，形成了产学研人才资源合作共享的运行机制。

（3）共育共建实践实训基地。学校遵循“产权明晰、共建共管，资源优化、特色鲜明”思路，根据产学研共建单位的科研设备和生产设备的实际，做到大型实验系统不重复建设，尽量优化配置设备资源，保持实践基地特色鲜明，满足教学、科研、生产一体化的要求，形成产学研合作建设高效益实践基地的共享共育平台运行机制。

（4）打造产业研究合作联盟。为联合进行技术攻关，开发新产品，加快科技成果转化，学校建立“学术交流、联合攻关，成果共享、技术共用”的合作科研运行机制，即在科技项目立项或委托研究前，以提出课题的单位牵头组织项目研讨和交流，并以协议形式正式立项或委托开展攻关研究，所得成果和技术归相关研究人员共享，并无偿提供共建单位使用，由此打造科技产业合作联盟。

3. 精准定位，挖掘独特优势

（1）学科专业建设主动对接地方经济社会发展需要，努力提供人才支撑。要以市场为导向，大力发展与地方经济发展相匹配的学科和专业，培养与地方产业发展相契合的应用型专业人才。地方高校要主动进行学科专业的结构调整，进一步优化资源配置，加大对工商管理类专业的建设力度，力求适应地方经济建设中优先发展的产业集群的需要。

（2）发挥学科专业优势，努力为地方经济建设提供智力支持。地方高校应当积极参与地方发展战略规划，为地方建设提供咨询和决策论证。地方高校要在高新技术攻关、新型产品研发、成果转化及专利发明等方面建立长期合作机制。同时积极承担地方经济管理类人员的培训工作。选派专家、教授到地方挂职，服务地方经济建设。

（3）充分发挥大学科技园的作用，努力为地方科技创新和科技成果转化创建平台。地方高校要紧紧围绕当地实施的发展战略，大力开展大学科技园建设，促进学科群与产业集群不断融合，实现区域经济与高等教育发展良性互动，着力构建科技成果孵化、产学研对接、科技成果产业化平台。

4. 坚持需求导向，进一步深化校地合作

（1）进一步深化办学体制改革。地方高校要深入实施综合改革试点项目，深化产学研合作办学体制和人才培养机制的改革，充分利用地方经济发展的机遇，不断优化学科专业结构和人才培养方案，为区域经济社会发展提供更有力的智力支持和人才支撑。进一步总结和深化校地多方位合作，探索共建新模式和新领域，为高校和地方发展做出更大贡献。

（2）创新人才培养模式。地方高校要紧紧围绕立德树人根本任务，进一步提高应用型人才的培养质量，夯实基础，瞄准前沿，对接地方经济社会发展需求，创新人才培养模式。要构建应用型人才的创新创业教育体系，建立“卓越计划＋创新创业”培养模式，推进“双师型”和“产业教授”计划，借助校地合作平台，培养一批有理论知识和实践动手能力的师资队伍。

（3）提升专业创新能力。地方高校也需要健全科研创新体系，努力构筑特色鲜明、重点突出、交叉融合、协调发展的专业体系，构建适应国家战略需求和经济社会发展的科研平台。制定特殊政策，集中优势资源实施特色科研和重点专业提升计划，打造学术高地，形成学术高峰。要整合学校与地方的优势资源，建立校地融合研究院，在人才培养、技术研发及成果推广、体制政策研究方面开展工作。

（二）校企合作培养模式

高等教育是连接基础教育与社会就业之间的核心环节，而作为其中以培养具有较强职业胜任力的应用型人才为主要使命的绝大多数地方本科高校而言更是自身的重要任务。从这个角度看，作为“U－G－E”中重要的一个环节“U－E”之间的交叉融合就显得尤其必要。校企合作是培养高素质应用型人才的重要途径。通过校企合作，在企业化情境中让知识、人员和平台实现三重交融，让高校传授的知识、技能等特质与企业的真实环境进行对接，以提升或强化应用型人才的职业胜任能力。

1. 互渗型培养

校企之间的合作常见的是接受安排学生实习，但这种合作既是表层的也是单一的。按照三螺旋理论，这种合作培养应当是全链式的互渗型培养模式，即你中有我，我中有你的合作模式。例如，企业参与高校的实验课程教学、实验教材的编写就是知识从企业向高校传播，高校教师的新技术、新理论也需要向企业转化，以促进企业生产效率的提高。我们把整个人才培养过程按照价值链的要求划分为七个重要环节，包括“协同制定培养方案”“协同开发课程体系”“协同建设师资队伍”“协同改革教学模式”“协同建设实践资源”“协同组织课题研究”和“协同评估培养质量”，把三方的资源优势、创新优势转化成提升职业胜任力的优势，这是互渗型培养模式的精髓。例如，高校与企业开展的嵌入式人才培养，共同开发培养方案，实现“四个引进”，即引进企业课程、引进企业师资、引进企业实践、引进企业就业渠道。

2. “双师型”培养

师资队伍从来都是人才培养的关键。许多地方高校都意识到单一的学院派教师对培养应用型人才来说是远远不够的，远不能满足社会经济发展需求。因此，培养“双师型”师资成为重要的合作方式之一。“双师型”师资是指既具有高校职称又具有业界认可职业资格的教师，代表这部分教师既有较好的专业理论知识，又有较强的实践动手能力，既能回答“为什么?”，又能回答“怎么办?”，既能走进课堂讲课，又能走进企业实践。有些地方高校从企业聘用业务骨干担任客座教授或者是把教师送到企业进行顶岗实践，在企业真实的环境中实现理论与实践的结合。目前，在一些地方高校的专业评估指标体系中也已经出现了对“双师型”教师的比例要求，但也存在着片面追求职业资格证书而忽视教师实践能力提升的倾向。地方高校要打破高校与企业人员流动的制度障碍，让企业的师资能够进入高校，高校的师资能够进入企业，这种人员的双向流动是“双师型”培养模式的关键所在。

3. 产业项目合作培养

产业项目合作是高校获取横向合作项目的主要来源，对于大量偏向产业研究与服务的工商管理类专业来讲，没有项目合作就等同于失去了生存根基，既无法通过实验有目的地锻炼学生的动手操作能力，也无法给学生的未来就业提供明确指向。因此，校企合作项目是工商管理类专业人才培养的重要手段。例如，盐城师范学院商学院在政府协助下在江苏悦达集团、江苏江动集团和中国银行盐城分行成立了“专家工作站”，驻点参与企业经营管理，提供决策咨询，及时掌握人才信息。通过项目合作培养，不仅丰富了教师本身的实践知识和经验，而且更为重要的是教师的科研成果更有内容、课堂教学更有深度，从而直接影响到应用型人才的培养。

4. 平台合作培养

《国家中长期教育改革和发展纲要（2010—2020 年）》明确指出应“加强学校之间、校企之间、学校与科研机构之间合作以及中外合作等多种联合培养方式，形成体系开放、机制灵活、渠道互通、选择多样的人才培养体制”。平台合作培养是地方高校校企合作的常态，包括基地建设。基地建设通常是指实习实践基地建设，这是最基本的合作。但事实上也有许多基地都是流于形式，基本上没有参与到人才培养过程中来。盐城师范学院商学院人才培养过程中与企业紧密合作共建实验室，把企业资源转化为高校的人才培养资源。例如，与盐城市港务局、大丰港港口集团三方共同出资 290 万元建成了省内一流的“江苏沿海物流实验基地”，与中国工商银行盐城分行出资 40 万元共建了“模拟银行实验室”，与中国银行盐城分行出资 55 万元共建了“金融与资本运行实验室”。特别是在实验室软件建设方面，江苏悦达集团、江苏江淮集团、中国人民银行盐城支行、江苏银行盐城分行、中国银行盐城分行、江苏经纬会计师事务所等企业给予了大力支持，实现了知识、人员、平台三条螺旋线的正常运转。

二、应用型本科人才培养模式的构建

1. 明确应用型本科人才培养规格

根据应用型本科人才的特点，可以将这类人才的培养规格归纳为：基础适度、口径适中、重视应用、强化素质。

（1）基础适度。应用型本科人才的培养不必也不应一味强调“厚基础”。从理论上来讲，职业成长的潜力更多地取决于学习能力，而不是基础知识的宽厚，因此没有必要过多强调“厚基础”；从实际上来讲，四年的学习时间是有限的，从我国国情出发要兼顾“厚基础”“强应用”在实际操作上是不可行的。要有所为，有所不为，懂得取舍，才能真正有所作为。基础适度应该体现在两个方面：基础课和专业基础课不必过于强调自身的系统性和完整性，而是应该针对专业总体培养目标有针对性、有选择性构建专业基础，为专业教学服务，同时有助于学生在相关专业领域间转换；基础课、专业基础课与专业课之间的比例应适度，基础课、专业基础课比例过大，应用型专业课程偏少，同样是不利于应用型本科人才培养的。

（2）口径适中。应用型本科应该面向行业设置专业，因此专业口径的宽窄应该与行业发展相适应。行业发展目前有两个趋势：一方面是分工越来越细，出现高度专业化趋势；另一方面是技术复合程度越来越高，出现高度综合化趋势。因此，在专业口径上也要充分考虑到这两点。首先，在实际工作中，不同行业的复杂程度及与其他相关领域的互通程度很不相同，这决定了培养应用型人才的专业口径必然是宽窄不一，片面地提倡专业“宽口径”对应用型本科人才培养并不合适。有些工作领域比较复杂，内部分工非常专门化，专业口径就不宜过宽。其次，要高度重视复合型专业的设置。以工程教育为例，现代工程师应该具有从经济学、管理学、生态学和社会学角度寻求技术解决方案的能力。无论是传统的工程技术专业还是复合型的工程技术专业都体现了这种发展趋势。

（3）重视应用。要特别强调两种能力的培养：一是综合能力。与科学原理的发现不同，科学原理的应用更强调综合，以便提出比较全面的解决问题的方案。以工科为例，随着自动化程度的提高，生产领域里的工程技术人员在减少，除了开发设计外，更多的工程师走向服务、销售以及管理领域。即便是生产领域里的工程师，其工作任务和方式也在发生明显的改变，他们必须与消费者、采购员、生产者、市场营销人员以及售后服务人员共同寻求最佳的解决方案。所以说，综合能力是应用型人才必须具备的最重要的能力之一。学校应打破知识体系的界限，以问题为导向，为学生提供综合性的课程和实际工作项目。二是实践能力。实践能力是应用型人才必须具备的另一个重要能力，即提出解决问题的方案并加以实现的能力。要使学生树立理论与实际相结合的观念，培养学生用科学知识和方法解决实际问题的能力以及在实际工作环境下的思维方式和行为方式，但并不一定指向具体的实际工作岗位。

（4）强化素质。应用型本科人才由于其工作性质的社会性和综合性，需要极强的社会能力和良好的个性素质，才能展现其优势。德国500名科学家和教育家将社会范畴和人格范畴内的社会能力、个性素质列为对未来最重要的通用知识。社会能力主要包括语言表达力、自我表现力、团队精神、协调能力、交际能力以及宽容性、承担责任的主动性、考虑问题的周密性等等；个性素质则主要包括自觉性、条理性、独立性、意志力、自我管理能力、处理情感变动的能力以及诸如求知欲、坦率、评论性（批判性）、反应能力、评价能力等个性化的能力。由此可见，人才综合素质培养越来越显现其重要性和必要性。

2. 调整和优化人才培养方案

（1）优化教学环节安排，强化实践教育。①提高实践教学环节的总体学时数。为突出应用能力主线，把总的实践教学环节总学时数控制在教学计划总学时的40%以上。②提高综合性、自主设计性实验比例。在专业主干课程中，应大力提高综合性、自主设计性实验的比例，培养学生的综合能力、独立工作能力和实践能力。③引入项目教学，加强产学研合作教育。项目教学是结合为企业解决实际问题的项目进行课程设计的一种教学形式，具有产学研一体化的应用性和复合型特征，也有助于学生综合素质的培养。项目设计的题目来自企业，学生在教师指导下独立完成从市场调研、方案设计、制作到作品展示的整个实战过程，并撰写项目设计论文。强化毕业设计环节，加强工程实践的毕业设计。毕业设计的题目应该主要来自实际工作领域，并且在实际工作环境中完成。

（2）优化课程体系，推行“模块化教学”。围绕专业培养目标，以能力培养为导向，建立应用型本科模块化的课程体系，模块与模块之间层层递进、相互支撑、有机结合。有针对性、有选择性构建基础模块，为专业教学服务。基础课和专业基础课不应过于强调自身的系统性和完整性，而是针对专业总体培养目标有选择性构建基础模块，同时有助于学生在相关专业领域间转换。加大应用型专业模块比例，确保学生的专业实践能力。应用型本科人才的专业实践能力、工作适应能力应该高于学术型本科人才，而一定数量的专业方向的模块课程是保证专业实践能力、工作适应能力的前提，因此应该加大应用型专业模块的比例。提高核心（主干）课程的实验课时比例，使理论与实践紧密结合。专业核心（主干）课程应该适当提高实验课时比例，而且理论课、实验课应该保证教学内容上的衔接与关联，应该作为一个模块课程加以系统设计，使理论教学内容与实验教学内容紧密结合。引入跨学科类课程模块，培养复合型人才。以工程教育为例，应该引入经济类、管理类、法律类课程模块，引导学生树立大工程的概念，培养学生的市场意识、社会意识。

（3）引入自学时间的学分计算，培养学生的自学能力。在制定培养计划时，要控制课堂教学讲授时数，在学分计算中引入学生自主学习时间的计算，也就是学分的计算不能单纯从教的一方出发（如课时数）进行计算，而应该统筹考虑学生自学所需的时间，并且明确自学的学习内容和教学参考书，减少灌输式、填鸭式的课堂教学，引导学生自主学习，培养学生的自学能力。

3. 确保人才培养方案的实施

（1）优化教学内容，体现教学内容的现时性、先进性和针对性。①整合课程，优化教学内容。打破“学科本位”，以突出实践应用为原则，把某些内容有重复或交叉的课程或理论与实际结合紧密的课程进行优化整合。及时调整课程设置，更新教学内容。专业方向的模块课程应保持相对灵活，根据科技进步和社会经济发展的实际及时调整课程设置，更新教学内容，缩短学生所学与企业所用的距离，体现教学内容的现时性、针对性、先进性。②加强应用型本科教材建设。在应用型本科教材缺乏的情况下，通过自主开发应用型本科教材和引进国外高质量的应用型本科教材的方式解决困扰我们的教材问题。

（2）改革教学方法，突显人才培养的应用性。为突出学生能力培养，充分调动学生学习的主动性、创造性，积极采用启发式、互动式的教学方法，如现场教学法、研讨教学法、案例教学法、模拟教学法。例如：工科专业在专业方向课程上可以广泛引入现场教学，即课堂与实验室（实习基地）合二为一；市场营销、人力资源、经济法等文科课程，可以广泛采用案例教学，组织学生撰写应用性的课程论文；财务管理、法律等课程，可以运用教学软件、模拟课堂进行模拟教学；结合项目教学，可以在所有专业的专业教学阶段广泛开展研讨教学。

（3）加强实践教学环节，提高实践教学质量。加强校内实践教学基地建设，在专业实验室中，要减少演示式、验证性实验设备，增加与工作实际环境相同或相似的应用型实验设备，从而增设综合性、自主性实验；加强校外产学研合作教育基地建设，要特别重视在项目教学、毕业设计与开设“双元制”专业方面与企业的有效合作，项目设计、毕业设计的题目应主要来自企业的生产实践，在条件成熟的企业，可积极开展“双元制”人才培养模式；引导学生积极参加应用性科技项目及应用性设计大赛，培养学生技术创新意识和能力。为了提高实践教学质量，避免理论教学与实践教学的脱节，应积极采取措施鼓励教师直接参与实验的开发和指导工作。

第七章　地方应用型本科高校工商管理类专业人才培养目标与能力体系

第一节　应用型人才的培养目标

一、总体目标

1. 对应用型人才的理解

应用型人才必须具备三个特点：第一，具备对学科基础原理的理解和实际应用能力。应用型人才的知识结构是围绕着一线生产的实际需要加以设计的，强调学习基础的、成熟的、适用的知识，并且强调以能力培养为本位，其能力不仅是岗位能力，更应是职业岗位群能力，不仅是专业能力，也是综合能力，不仅是就业能力，还应有一定的创业创新能力。第二，其从事职业在分层上高于技能型低于科研型，属于中间层次。第三，这些人能够给国家带来长远的竞争优势。因此，应用型人才是能够将专业知识和技能应用于所从事的专业社会实践的一种专门的人才类型，是熟练掌握社会生产或社会活动一线的基础知识和技能，主要从事一线生产的技术或专业人才。培养应用型人才重在使之拥有丰富的职业胜任力，合理的知识和能力结构，以及终身学习、不断提高的潜力。

2. 对培养目标的理解

应用型人才培养目标的确定要参照工科专业认证的内涵要求，体现 OBE

理念，反向设计，正向实施。在OBE教育系统中，教育者必须对学生毕业时应达到的能力及其水平有清楚的构想，然后寻求设计适宜的教育结构来保证学生达到这些预期目标。学生产出而非教科书或教师经验成为驱动教育系统运作的动力，这显然同传统上内容驱动和重视投入的教育形成了鲜明对比。从这个意义上说，OBE教育模式可被认为是一种教育范式的革新。

高级应用型人才的培养目标关键体现在“高级”和“应用型”。“高级”是指人才的综合水平要高，是对知识、素质要求的界定，是对“基础扎实、知识面广、人格健全”的概括，其人才应当具有“后劲足”的潜力。“应用型”是对能力层面或岗位角色的界定，如“现场工程师”“具有二次技术转换能力”等。“应用型”指人才的类型，是相对于学术型、知识型而言的，面向“一线”、倾向于能力培养，是对“具有较强适应能力、实践能力、创新创业精神”特质的概括。

3. 对目标定位的理解

应用型人才培养的总体目标应该与地方产业发展紧密衔接，着力培养产业发展急需的各类应用型专门人才。地方高校工商管理类专业的培养目标更多是为工商企业培养高素质的应用型经营管理专业人才。面向“一线”、倾向于能力培养是其最基本的培养目标。

高级应用型模式所培养的人才要求具有专业基本知识和基本技能的实际运用能力，即要熟知“必须够用”的专业知识，又要掌握基本的专业实践技能，关键是要具有职业胜任力和素质。它的长远目标是为区域经济社会和行业发展作贡献。

二、培养目标的类型与特征

1. 基于“学科—行业—职业”链的视角

鉴于地方高校类型繁多的实际，为明晰高级应用型人才的培养目标，可以从“学科—行业—职业”链的视角来分析。以管理学门类的工商管理类专业为例，包括工商管理、市场营销、会计学、财务管理、国际商务、人力资源管理、审计学、资产评估、物业管理、文化产业管理等专业，每个地方高校依据本身的实际和主要的服务面向又可以有若干个侧重点或方向，每个侧重点或方向又有适合的岗位群，每个岗位群又有不同的工作岗位。由此形成了“学科—行业—职业”的链式分层，数量逐级增多，口径逐级变窄，其对应的学科、专业、岗位不同，各高校培养人才任务也就各有差异。地方高校更多应从专业方向、职业的角度出发设置专业，确定专业人才培养目标和规格，使专业培养目标具体化。只有找到适合自身参与竞争的市场，高校才能更具有竞争力。(见图7－1)

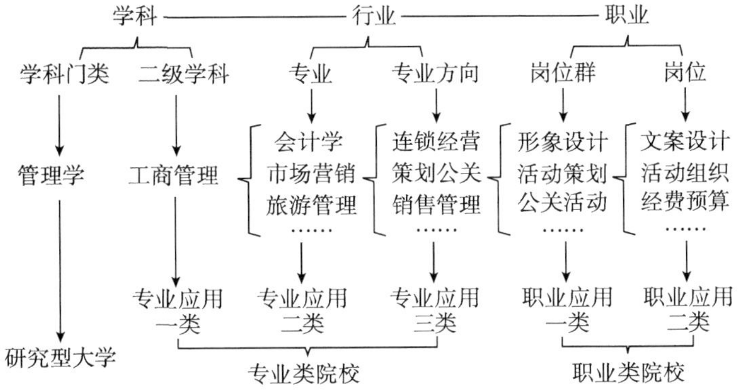

图7－1　“学科—行业—职业”细分

2. 目标的类型与特征

针对高级应用型人才培养目标的要求，结合各地方高校的办学实际，可以将高级应用型人才培养目标分为复合应用型、现场应用型和职业应用型三类。(见表7－1)

表7－1　高级应用型人才培养目标分类

项目	复合应用型	现场应用型	职业应用型
适用专业	管理类、经贸类、人文类、语言类、艺术类	信息类、土建类、化工类、管理类	社会工作、旅游管理、服务外包、市场营销
专业行业细分	以专业方向为主，偏向于专业	以专业方向为主，偏向于职业	以职业为主，偏向于专业

续表

项目	复合应用型	现场应用型	职业应用型
面向工作领域	中小企业	现场工程师、项目主管	社会工作者、导游
知识	学科技术、嫁接知识	学科知识、经验性知识、工作过程性知识	科学技术、职业知识
能力	管理、贸易、语言与其他技术相复合的能力	技术应用能力	岗位群技能
素质	偏向于综合素质	基本素质和职业特殊素质	职业信念

复合应用型偏向于图7－1中的专业应用二类、三类，复合主要是学科基础知识或基本技能的嫁接形式，也是指个别专业交叉生成的复合专业，在这里并非是指学科的大复合。人文社科类专业如工商管理类专业更倾向于复合应用型人才培养，注重培养复合能力和综合素质。

现场应用型偏向于图7－1中的专业应用三类即专业方向，它的主要特征是学科与职业的有机结合，注重传授学科知识、经验性知识、工作过程性知识，培养专业的应用能力和职业特殊素质。信息类、土建类、化工类专业应更倾向于这一类型的人才培养。

职业应用型偏向于图7－1中的岗位群，更侧重于职业。除传授学科知识外更加重视职业知识和技能知识的学习，注重养成职业信念。职业应用型主要针对职业化属性的专业培养以及部分特殊型定向培养的专业，如社会工作、旅游管理、服务外包等。

三、培养目标制定的基本流程

应用型人才的培养目标制定一定要借鉴OBE理论，以产生为导向，反向设计、正向实施，要基于三螺旋理论协同制定培养目标。培养目标是纲领性的要求，统领着学生的知识结构、能力结构，统领着课程设置、实践安排，统领着教学手段、教学资源。因此，制定好培养目标至关重要。一般情况下，应按照下列流程制定：

1. 明确学校的办学定位

学校的办学定位属于办学的大政方针，简单地讲就是要明确学校是科研型高校，还是教学型高校，或者是教学科研型高校。对于大多数地方高校而言，一般把自己定位于教学型高校，即应用型高校。

2. 明确学校的人才培养目标

基于应用型高校的办学定位，人才培养的目标就是面向社会经济发展一线培养高级应用型专业人才。其关键是体现在“高级”和“应用型”，“高级”是强调了知识结构，“应用型”则是强调了实践处理问题的能力。

3. 明确知识结构、能力结构

办学定位、培养目标、知识和能力结构完整构成了人才培养目标体系。知识与能力结构的上位是培养目标，下位是课程设置。完整的人才培养目标体系的确定需按照 OBE 理论，进行反向设计、正向实施，使课程体系支撑知识结构、能力结构，进而使得每门课程的学习都要与知识和能力结构相呼应，最终达到培养目标的要求。因此，人才培养方案是一个完整的体系。其中要特别明确核心知识和核心能力。

四、专业培养目标的确定

1. 专业培养目标的构成

一般来讲，专业培养目标的表述由四个部分构成。一是培养方向，通常是指某个专业培养的人才所瞄准的未来门类或行业；二是培养规格与特征，是指不同专业在未来使用上的规格差异，如理论型与应用型的差异、科学性与技术性的差异；三是服务面向，是指培养的学生的服务范围，如为某某行业服务、为某某区域服务或为全国服务；四是规范与要求，是指在德智体美诸方面的具体要求。

以盐城师范学院会计学专业人才培养目标为例，培养目标为“本专业培养德、智、体、美等全面发展，具备人文素养、科学精神、社会责任、国际视野和诚信品质，能够适应未来职业和社会发展需要，掌握会计、管理、经济、法律和计算机应用的知识，具有实践能力、团队意识、创新思维和沟通技巧，能够在工商企业、金融机构、中介机构、政府部门、事业单位及其他相关部门胜任会计、财务、税收、审计等工作的核算与管理双能力应用型高级专门人才”。

2. 基于行业标准的专业人才培养目标案例追踪

通过制定行业标准，一方面有效发挥相关部委和行业学会在高校及市场之间的桥梁作用，另一方面能有效加强对行业从业人员的社会认定，拓宽高校毕业生后续发展的道路，同时也为高校培养高级应用型人才指明了方向。以会计学专业为例。

（1）行业标准的指导作用。我国会计行业的标准主要包括财政部颁布的会计准则、企业会计制度等，用以规范和指导会计人员处理会计事务的具体规范。会计行业准则体系包括两大部分：一是我国的会计行业标准，作为会计业务的处理依据；二是会计技术职称的评定标准，使会计从业人员的学习不再局限于高校而是一个需要终身学习的过程。从会计行业标准体系来看，社会不是要求高校培养的学生为能完全适应社会各个行业、各个岗位，明确各种经济业务情况，能正确、合理、公允地处理各种经济业务的即时型会计专业全才，而是要培养适应现在和未来经济发展的潜能型会计专业人才。随着我国市场全球化的发展，我国的会计准则与国际财务报告准则逐步趋同，会计准则的内容由原来的准则导向转向原则导向。会计准则中只给出判断原则，没有给出详细而明确的量化标准的隐性知识越来越多。隐性知识难以清楚表达导致其难以通过书面进行传递，只有通过实践获得——主要是通过示范或观察被传递。会计准则中的隐性知识要求会计人员具备较强的职业判断能力，而这种职业判断能力难以通过课堂教育来传授。

（2）专业培养目标。会计学本科专业培养适应社会主义市场经济建设需要，具有人文素质、科学精神和诚信品质，掌握会计、管理、经济、法律和计算机应用的知识和能力，具有实践能力和沟通技巧，能够在工商企业、金融企业、中介机构、政府机构、事业单位及其他部门胜任会计及相关工作的应用型、复合型、外向型和创新型专门人才。上海商学院会计学专业的培养目标表述为：本专业培养具有社会责任、实践能力、创新创业精神、国际视野的应用型人才，使学生经过本科教育，具备人文精神、科学素养和诚信品质，具备会计、经济、管理、法律等方面的知识和能力，能在营利性和非营利性机构从事会计实务工作的应用型、复合型、创新型、国际化的高素质商科人才。这一专业培养目标的表述比较契合作为上海地方高校的办学特色要求。

会计学作为应用学科，应用型是人才培养的基本要求，复合型人才培养要求学生将跨学科、跨专业的知识融会贯通，培养学生多学科交叉的知识视野和思维素质。外向型人才培养要求学生掌握国际前沿的学科理论知识与方法，了解国际经贸规则及会计准则，具有国际眼光、外语沟通能力和国际文化基础，具有国际竞争力。创新型人才培养要求学生通过初步的训练，具有一定学术研究能力，或社会实践中的创新和创新能力。（《会计学本科专业教学质量国家标准》）

五、专业培养目标的表述

如前所述，专业培养目标包括培养方向、培养规格与特征、服务面向和规范与要求四个方面。一是培养方向，通常是指某专业培养的人才所瞄准的未来职业门类或行业，如工程师、教师、研究人员、医生等。二是使用规格及特征，指同类专业中不同人才在未来使用上的规格差异，如理论型与应用型的差异、科学性与技术性的差异。三是服务面向，指培养的学生服务的范围，如为某某行业服务、为某某区域服务或为全国服务。四是规范与要求，指同一培养方向、同一使用规格人才在德、智、体、美诸方面的具体要求。如以盐城师范学院财务管理专业为例，其培养目标表述为：本专业培养面向21世纪社会经济发展需要的，德、智、体、美、劳全面发展，基础扎实、知识面宽、素质高、富有创新精神和初步学术研究能力，能在工商企业、金融企业、事业单位及政府部门从事财务、金融管理以及教学、科研方面工作的应用型专门人才。同时，同一专业、不同学校的培养目标也不完全一样。从我国目前情况来看，同样是工商管理类专业，尽管高校的层次、所在区域不同，但专业培养目标的表述雷同。一方面是受教育部《普通高等学校本科专业目录和专业介绍》《普通高等学校本科专业类教学质量国家标准》的束缚，另一方面也表明各高校对本校的差异性特征缺乏研究，特色不鲜明，对本校人才培养的核心知识、核心能力的研究没有引起高度重视。培养人才是高校最根本、最基础的职能，也是高校的初心，专业是高校培养人才的基本单位，专业培养目标是专业的灵魂。因此，制定科学合理的专业培养计划对人才培养至关重要。

结合地方高校工商管理类专业高级应用型人才培养目标的改革实践，仍有许多问题需要进一步的思考和讨论。例如，高级应用型人才培养目标的特色是否仅仅体现在专业层面；在日趋功利化的情形下，理性思考与文化素养的培养空间有多大；在“互联网＋”的影响日益深远的背景下，如何让高级应用型人才的培养插上信息化的翅膀；在以职业胜任力为导向下，课程体系、教学方法、教学评价是否适应；反向设计、正向实施的OBE理念在应用型人才培养过程中还有哪些调整或改革的空间；等等。在持续推进高级应用型人才培养目标改革的进程中，这些问题都值得重视。

第二节　应用型人才的能力指标体系

OBE理论认为教育应该提供学生适应未来生活的能力，教育目标应列出具体的核心能力，每一个核心能力应有明确的要求，每个要求应有详细的课程对应。按照此理论的要求，应用型人才培养应当以职业胜任力为导向。

一、能力素质与职业胜任力

1. 能力素质

能力素质是指潜藏在人体身上的一种能动力，包括工作能力、组织能力、决策能力、应变能力和创新能力等素质。这些能力也可以归为“知识”“技能”和“潜质”三个维度，其中，“知识”“潜质”属于显性能力，明显、突出并且容易衡量，而“潜质”属于隐性能力，难以捕捉，不宜测量，是决定一个人能力大小和成功机会的关键。

2. 职业胜任力

戴维·麦克利兰（David McClelland，1973）教授提出，胜任力是指能将某一工作中有卓越成就者与普通者区分开来的个人的深层次特征，可以是动机、特质、自我形象、态度或价值观、专业知识、认知或行为技能任何可被测量并能显著区分优秀绩效和普通绩效的个体特征。如今，“胜任力”通常被定义为绩优者所具备的知识、技能、能力和特质。职业胜任力针对应用型工商管理类人才的培养要求，是对某一具体职业的胜任力的描述，既有一般胜任力的特征，又有针对某一具体职业的胜任力要求。对于工商管理类专业而言，职业的主要面向是工商企业管理活动，职业胜任力包括“双层”内涵要求。其中，第一层包括“知识”“技能”和“潜质”三个维度。第二层包括基础知识、专业知识和前沿知识 3 个“知识”指标，基础技能、专项技能、综合技能和创新创业技能 4 个“技能”指标，以及职业价值观、沟通协调、个性特质、心理素质和职业动机 5 个“潜质”指标，前两者属于显性能力，后者属于隐性能力，两种能力在人才培养过程中缺一不可，而后者是决定个体成功的关键。（见表 7－2）

表 7－2　职业胜任力“双层”内涵指标体系

第一层	第二层
知识	基础知识
	专业知识
	前沿知识
技能	基础技能
	专项技能
	综合技能
	创新创业技能

续表

第一层	第二层
潜质	职业价值观
	沟通协调
	个性特质
	心理素质
	职业动机

职业胜任力与职业任职资格不同，职业任职资格一般包括行为能力和素质要求。行为能力包括适应战略要求的知识、技能和经验等，素质要求是指适合从事某一岗位任职要求的动机、个性、兴趣与偏好、价值观、人生观等。（见图7－2）

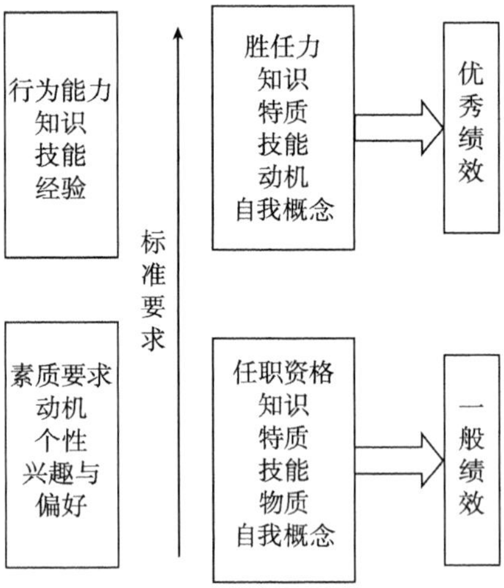

图7－2　职业胜任力与任职资格比较

从图7－2中可以看出，职业胜任力是区分绩效优秀者与绩效一般者之间差异的最显著特征，可以理解为胜任某岗位或承担某项任务的最高标准，而任职资格是进入某岗位或承担某项任务的基本要求，可以说是一般标准或最低标准。也就是说，对于同一个岗位或同一项任务，它的胜任力与任职资格之间存在等级差异。

二、一般职业胜任力及其指标体系

一般职业胜任力是指面向所有工商管理类专业学生的、基础且重要的能力要求，它适用于工商管理类专业的所有学生，无论其所毕业后在何种部门或是承担何种岗位。一般职业胜任力可以分解成认知能力、业务能力、持续发展能力和交流沟通能力。（见表7－3）。

表7－3　一般职业胜任能力分解指标

能力要素	要素分解	要素解析
认知能力	获取知识能力	具有获取基础知识、专业知识和前沿知识的能力；能够适应知识经济、信息时代的要求，有主动获取宏观与微观的经济管理、工商管理新知识、新技术、新方法、新模式的能力。学生应当养成良好的学习习惯，掌握良好的学习方法，具有不断学习的意识和能力，即主动获取知识的能力
	整合知识能力	具有将各种经济管理、工商管理知识进行筛选分析、优化组合、综合利用、加工创新和创造的能力
	自我评价能力	具有对自己的身心状况、能力和特点，以及自身在团队中的地位、与他人及社会关系的认知和评价。一般包括知识掌握的自我评价、学习能力的自我评价等
业务能力	操作能力	掌握基本技能、专业技能、综合技能的能力
	决策能力	具有准确迅速提炼出解决问题的各种方案的能力；具有卓越的预测能力和决策能力；具有准确的决断能力
	执行能力	具有获取结果的行动能力。能够把上级命令和想法变成行动，行动转化成结果，保质保量完成任务的能力
持续发展能力	持续认知能力	具有持续主动适应快速变化的形势和知识领域的新要求的能力；具有不断进取的心态、意识和能力
	创业能力	具有商机发现并合理利用的能力，具有敢创敢为的意识和能力，具有有想法有行动的敢做能力，具有创业所需要的基本能力
	创新能力	具有以现有思维模式提出有别于常规或常人思路的见解为导向，利用现有知识和物质，在特定环境中，本着理想化需要或为满足社会需求，而改进或创造新的事物（包括产品、方法、元素、路径、环境），并能获得一定有益效果的行为能力

续表

能力要素	要素分解	要素解析
交流沟通能力	口头表达能力	具有在多种环境、场合中通过口头形式正确表达自己意图和见解的能力
	书面表达能力	具有通过报告或文书正确表达的能力，掌握各类应用文写作的能力
	社交能力	具有正确的人生观、价值观和世界观，能够在人际关系处理过程中把握人际关系的特定属性、处理原则等，能拥有正确的处理技巧和方法，在人际活动中传递正能量

三、专业职业胜任力及其指标体系

专业职业胜任力是指依据工商管理类专业学生所学专业所面向的岗位或岗位群，或是为完成某类部门职责或是岗位职责所必需具有的综合素质。一般来讲，专业职业胜任能力是专业的核心能力，既是专业学习的必需，也是就业岗位的必需。培养专业职业胜任力必须坚持科学性、行业性、协调性和发展性的要求。科学性是指专业职业胜任力的设计必须符合社会经济发展的需要，充分吸取教育专家、行业专家和企业家的意见，既反映客观要求又体现行业发展的趋势要求。行业性是指专业职业胜任力的培养必须以满足行业企业的需要为基本原则，必须充分吸取行业企业的意见和要求，让行业企业参与到人才培养过程中。协调性是指专业职业胜任力培养必须充分发挥“U－G－E”协同育人的机制作用，让行业企业深度参与人才培养的全过程。发展性是指各专业职业胜任力的培养既要适应现有行业企业的发展要求，更要有能够持续提升、持续发展的能力。确定专业职业胜任力的思路是：

（1）以行业标准和职业准入条件的要求为基础。根据要求明确人才培养过程中应包含的能力要素，并有所侧重。

（2）以能力培养为主线，以产出为导向。从学生能力培养要求出发，统筹规划学生的知识能力、素质培养体系，将能力培养贯穿于各教学环节的始终。

（3）以模块化教学为主体。学习和借鉴德国应用科学大学的模块化教学成功经验，针对本专业的人才培养目标，将传统“以知识输入”为主改变为“以能力输出”为主。

（4）以“U－G－E”合作为手段。要针对应用型人才培养的特点和要求，把整个人才培养过程按照价值链的要求划分为若干重要环节，推进应用型人才的协同培养。

现以会计学本科专业为例来分析专业职业胜任力及其指标体系。

从会计从业标准到高级会计师标准，会计人员从刚具备从业能力到成为社会认可的会计行业的高级专家，需要熟练运用会计准则进行职业判断和业务处理，并历经相当长时间的社会考验以及自身不断学习。在会计学生的培养及未来发展中需要会计人员具有崇高的职业素养、熟练的执行技能，对行业及市场变化的适应能力、自身不断学习发展的能力、专业研究能力。而这些能力我们可以归结为三点：基本能力、核心能力、研究能力。

1. 基本能力

要求学生具有基本的会计业务处理能力；具有经济、管理类的宽厚的背景知识及求知欲；具备良好的道德修养、社会责任感和思想政治理论知识，积极向上的人生理想，符合社会进步要求的价值观念和爱国主义情怀；具备健康的体魄和心理素质，正确认识自然规律和社会发展规律，正确处理人与自然和谐发展关系及社会人际关系，诚实守信，有团队合作精神；具有人文社会科学知识，有较强的语言沟通与文字表达能力，掌握并能运用高等数学、外语和计算机等方面的知识技能。

2. 核心能力

要求学生具有会计、税务、财务、管理等方面的知识进行综合会计业务处理的能力；具有会计核算、成本管理、决策控制、税收申报及筹划、审计稽核等方面的技能；具有撰写会计工作报告和财务分析报告的能力；

具备决策支持和风险管理等方面的能力。具有核心能力的会计人员不再只是会计信息的记录者和制造者，而是通过对企业财务信息的搜集、处理以及分析、整合为企业内部及外部的信息使用者，为企业的经营决策提供各类信息的经营参与者。

3. 研究能力

这是对高级会计人员来说的，具有研究能力的会计人员在理论方面能够根据经济环境的变化进行会计理论创新及变革，研究会计对企业管理、经济、市场的作用等；在实务中，高级会计人员则具有运用会计数据进行企业决策的能力，了解会计学专业的理论前沿和发展动态；具有文献检索和资料查询等信息获取能力，以及自主学习、终身学习和持续创新的能力。

从会计行业标准体系来看，不管是会计准则的设定还是会计技术资格的认定都要求高校培养的会计学专业学生具备两种能力：一是专业基础能力，有了这种基础学生在高深的专业学习中才能够随机应变不会如空中楼宇；二是自我学习及沟通、理解的能力。会计行业标准通过这两大体系一方面发挥了财政部及行业学会在高校及市场之间的桥梁作用，另一方面加强了会计人员不同能力的社会认定，拓宽了会计毕业生后续发展的道路。

在会计学本科专业的培养过程中，特别是地方高校会计学专业人才的培养，必须以“U-G-E”协同育人为手段，把整个人才培养过程按照价值链的要求划分为七个重要环节，包括“协同制定培养方案”“协同开发课程体系”“协同建设师资队伍”“协同改革教学模式”“协同建设实践资源”“协同组织课题研究”和“协同评估培养质量”，把三方的资源优势、创新优势转化成提升职业胜任力的优势。

第三节　应用型人才培养的实践教学体系

一、地方应用型本科高校工商管理类专业实践教学模式改革的必要性

1. 工商管理类专业毕业生不能很好地适应社会的需要

工商管理类本科毕业生大部分到政府部门、行政管理部门或企业单位从事管理工作。这些用人单位，对实用型人才的需求不断增加，要求这类人才具备扎实的理论基础、较强的实践能力、综合素质高的特点。然而，目前应用型本科工商管理类学生实践能力的培养并不尽如人意。工商管理类专业的学生虽然在校期间完成了规定的管理课程及实践环节的学习，可到了单位面对一些日常的管理工作，比较茫然，无从下手；对需要解决的实际问题缺少洞察力，也不知如何运用所学理论来解决问题；提出改进方案更是无从谈起。这些毕业生实际动手能力和解决问题的能力不足，难以适应用人单位的需要。这种不适应与高校现行的教学管理体系密切相关，特别是实践教学体系。因此，要培养社会所需的工商管理类本科应用型人才，必须强化实践教学环节，提高实践教学质量，建立科学、规范、有效的实践教学体系。

2. 工商管理类专业实践教学环节薄弱

工商管理类专业实践教学已经得到了许多高等学校越来越多的重视，但在规划上、投入上、建设中仍有许多不足。例如，实践教学缺乏整体规划，需要什么建什么；实践课学时相对于理论课学时不足；理论课程中缺少有针对性的实践环节；毕业设计选题理论性较强，偏离实际；毕业实习、专业实习形式单一且流于形式；实践教学的经费支持不足；等等。

3. 教育部对实践教学提出的要求不高

2007 年教育部《关于进一步深化本科教学改革全面提高教学质量的若

干意见》（教高〔2007〕2 号）中指出：“高度重视实践环节，提高学生实践能力。要大力加强实验、实习、实践和毕业设计（论文）等实践教学环节，特别要加强专业实习和毕业实习等重要环节。”对列入教学计划的各实践教学环节累计学分（学时）提出明确要求：“人文社会科学类专业一般不应少于总学分（学时 ）的 15%，理工农医类专业一般不应少于总学分（学时）的 25%。”对实践教学环节提出了一个量化的要求，同时也对人才的培养方向起到了导向作用。由此可见，国家对应用型高校实践教学的重视。当高等学校培养的人才不能很好地适应社会需要，即不能很好地为社会经济、政治、文化的发展服务时，不符合高等教育发展趋势时，就必须对现行的专业人才培养模式进行改革。这种改革实际上是主动适应社会的过程。因此，无论从社会对工商管理类人才的能力需求，还是从高等院校教学体系改革的角度出发，加强工商管理类专业实践教学体系的建设刻不容缓。

二、实践教学体系的建设

实践教学是理论教学的深化，是应用型本科生顺利过渡到社会的桥梁，应遵从认识、实践、再认识、再实践的科学规律。因而必须在理论教学体系的基础上，结合社会需求，构建地方应用型本科工商管理专业实践教学体系，为应用型人才培养提供框架和模式，提供有利于创新意识、实践能力培养的环境。

1. 确定实践教学体系建设的目标

提高学生综合素质、培养创新精神和实践能力是实践教学的主要目的。因此，构建应用型本科工商管理类专业实践教学体系的目标应该是为学生提供相对全面、持续的实践能力培养平台，以适应工商管理类专业的学生进行不同岗位、多种技能的互动训练，使学生在对理论知识的灵活运用、分析和解决问题的能力、实际动手能力以及团队精神、创业精神、创新能力等方面，得到全方位、多角度、深层次的培养和锻炼。

2. 整体规划实践教学体系

对实践教学体系的整体规划是实现构建目标的前提，以达到实践教学体系的系统性、规范性、实用性、经济性。构建实用型本科工商管理类专业实践教学体系的总体思路可以考虑以下方面：

（1）建立“实验、实习、实训”三位一体的实践教学体系，构建统一的实践教学平台。形成由“课程实验、综合实训、毕业实习”三个环节为一体的实践教学体系，丰富实践教学的形式。

（2）实践教学平台的建立应考虑打破原有按专业严格划分实验、实习的模式，既注意各课程、各专业的独立性，同时又要考虑各课程之间的连续性 ，各专业之间的关联性，充分整合资源。

（3）增加设计性实验与创新性实验课程在教学计划中的课时比例，加强综合课程实验、设计性实验、自主性实验、创新性实验的教学。

（4）研究开放型实验室的建立与运行，为学生提供一个持续进行实践能力训练的平台。

（5）建立广泛的校外实践教学基地，让学生在校期间能够接触多种类型的组织 ，缩短学校与社会的差距。

3. 实践教学体系框架结构

实践教学体系框架结构如图 7 –3 所示。

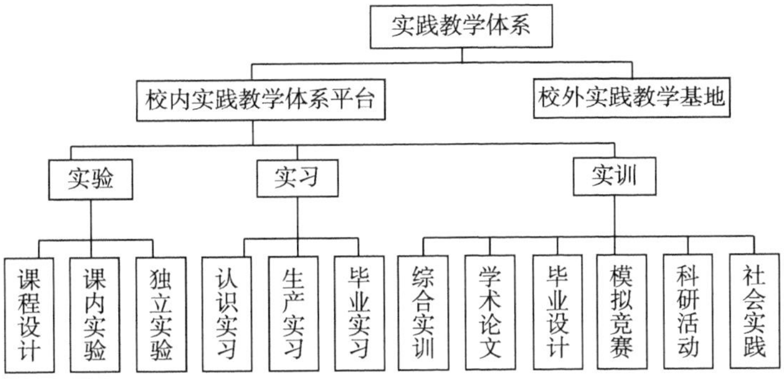

图 7 –3　实践教学体系框架结构

4. 实践教学体系建设的内容及方式

构建的实践教学平台包括校内实践教学体系平台和校外实践教学基地。实践教学平台的建设要避免单一性、注重实效性，不能流于形式。

（1）加强实验环节的建设。

①丰富实验内容。在实践教学计划安排上，除保证实验的必要课时，在内容上也要多样化，应增加设计性实验、创新性实验、自主性实验，为学生增强实践能力营造良好的环境。

②利用信息技术搭建实验环境的同时，辅助实物教学。随着信息技术的发展，工商管理类专业的实验环境可通过先进的计算机管理软件来构建，因此教学软件的选择就非常的关键。在实践教学软件的选择上要充分考虑其先进性、通用性和实用性以及软件供应商的服务能力，以保证实验的开出率。有条件的可采取现场实物教学与虚拟实验相结合的方式，使学生既有感性的认识，又有理论的升华，在实践中巩固和深化课堂知识。

③提高课程设计的实用性。课程设计是对所学课程的实践活动，课程的知识点很多，因而课题的选择要充分考虑专业特色、当今社会需求，达到学以致用的目的。

④扩大自主性选修实验。在必修实验课程的基础上，教师可列出实验清单及每个实验的目标和要求，学生根据自己的兴趣爱好进行选择，使实验教学也能对学生因材施教。

⑤设立开放性实验。通过建立开放性实验室，为学生提供一个持续进行实践能力训练的渠道。学生可以根据自己的兴趣爱好、课外科技活动内容以及自身学习的不足来培养自己的实践能力，使学生实现自主学习。可利用已有网络，让学生在校内任何有网络的地方可以自主学习。

（2）加强实习环节的建设。实习是使学生获取直接知识、巩固所学理论知识不可缺少的实践性教学环节，是教学计划的重要组成部分，是实现专业培养目标的重要保证。实习主要有认识实习、生产实习和毕业实习。通过实习可以使学生了解与自己今后职业有关的信息，扩大知识面，开阔眼界，并有助于就业选择。

①扩大认识实习的范围。认识实习是让学生增加感性认识，了解企业的大体运作模式、业务内容等，为进一步学好专业课做好铺垫。目前学生的专业实习通常是到某个企业去参观，时间短、企业类型单一。而工商管理类专业的学生就业面比较广，就业时会面临各种不同的组织，既可能是企业，也可能是服务行业或政府，其运作模式也不尽相同。例如，物流涉及企业内部的物流、第三方物流，它们的运作模式都不尽相同。因此，应考虑建立不同专业、不同类型的实习单位，形成实践教学基地群，开阔学生的视野。

②合理安排生产实习。生产实习是一种参与性的、与专业密切相关的实践活动，是毕业实习的前奏，应在专业课开设的过程中设置，让学生参与实际企业的经营活动，或是参与模拟企业的运作，了解企业的运作，了解理论与实际结合的过程，为以后的专业课程学习及确定自己的就业方向打下基础。

③提升毕业实习的效果。毕业实习是让学生参与企业生产经营活动，熟悉企业运作过程和各岗位要求，进一步明确自己专业方向的一种实践活动。目前工商管理类专业的毕业实习效果不甚理想，往往流于形式。找到实习单位的学生往往在单一部门实习；有的学生找不到实习单位，实习结束时找个单位盖个章交差。因此，学校除了协助学生落实实习单位外，可借助实践教学平台，搭建实习环境，作为学生毕业实习的一个补充。这种实习环境是将企业内各项业务集成到软件中，同时辅助一系列的纸质单据，在学校内形成一种亲临其境的环境。

（3）加强实训环节的建设。

①建立综合实训的模拟系统。综合实训是将各学科知识集成在一起进行的一种训练，旨在提升学生的综合实践能力。工商管理类专业综合实训通常是利用先进的软件系统进行，这类软件系统仿真企业的环境、模拟企业的流程和企业的岗位，学生在这类综合实训的模拟系统内可以进行多种管理身份的互动式实战性操作，从而熟悉信息化条件下各种管理职能的运

作模式，了解企业经营管理的相关内容，掌握相关的职业技能。例如，ERP沙盘模拟训练的内容涉及企业整体战略、产品研发、生产、市场、销售、财务管理、团队协作、绩效考核等多个方面，通过直观的沙盘模拟企业实际运行状况，让学生在竞争环境的训练中体验完整的企业经营过程，感悟正确的经营思路和管理理念，缩短学校与社会的距离，培养学生的能力。

②毕业设计应紧扣社会需求。毕业设计是综合考查学生运用所学知识分析问题、解决问题及动手能力的一个重要手段，是大学生系统学习基础理论和专业知识后进行的具有总结性的综合训练。因此，毕业设计是构建实践教学体系的重要内容。目前很多毕业设计课题是大而空，理论探讨性的课题多，对应用型本科工商管理类专业的学生并不适合。因此，毕业设计选题时，应充分结合各专业的实际问题和需求命题，让学生在毕业设计中主动思考，积极参与到实际中完成课题，为以后独立工作打下良好的基础。

③学术论文不能流于形式。学术论文写作是实现本科教学培养目标的重要实践教学环节，通过学术论文的写作可以锻炼学生运用所学的基本理论和基本方法探讨和分析专业相关实际问题的能力，形成初步的科学研究能力，为撰写毕业论文进行必要的训练和准备。目前工商管理类专业在毕业论文前一般安排1～2次的学术论文的训练，但提出的要求不如毕业设计那么高，学生的重视程度也不够。因此，学术论文在选题、程序、规范化等方面都应尽可能按毕业设计的要求去要求学生，使他们真正从中得到应有的锻炼。

④采用实战竞赛，诱发学生的创造力。对于工商管理类专业学生采用实战竞赛是将理论性、知识性、趣味性、竞技性结合起来，诱发学生的创造力，激发和调动学生参与的积极性的一种好的形式。学生在玩中学、在赛中练，理解深奥的经营思想，了解企业的市场运作模式，提高其综合能力。竞赛的方式可以灵活多样，可以是一个专业的，也可是多专业的学生同台竞技，也可参加社会组织的各种对抗赛，如大学生创业大赛、用友软

件股份有限公司主办的 ERP 沙盘模拟对抗赛等。

⑤丰富第二课堂，多渠道提供社会实践活动。第二课堂是人才培养的重要组成部分，是学生培养创新能力、实践能力的重要途径，是提高学生就业竞争力的有效手段。高校应充分利用课外时间，加大课外实践教学的分量，在丰富学生校园生活的同时，拓展个性化教育空间。例如，组织各种专业的社团；利用专业社团组织学生广泛参与各种社会实践活动；组织丰富多彩的文化节活动。

⑥发展第三课堂，拓宽培养应用型人才的途径。在校期间让具有一定创新能力的学生参与科研活动，有助于他们科研能力的提升。科研活动可以由学校组织学生立项，也可吸纳学生参与教师的科研工作，进一步拓宽培养应用型人才的途径。虽然应用型本科院校工商管理类专业主要培养的不是纯研究型人才，但对一些科研能力较强的学生是一种比较好的锻炼机会。学生在参与科研活动的过程中，可以了解科研工作的思路和方法，提升学生独立思考问题、分析问题、解决问题的能力，促进创新意识和创新能力的培养，为走上社会打下一定的科研基础。

（4）加强实践教学基地群建设。为更好地落实实践教学的目标，学校应发挥其资源优势，利用各种社会资源建立多种类型的实践教学基地，如生产企业、服务行业、政府，以及能提供实践教学的相关单位，形成一个稳定的、多种类型的实践教学基地群，为学生提供更广泛的实践机会。高校应积极与这些基地保持密切联系以及深层次的合作，除了参观实习，最好使他们能够成为接纳学生毕业实习的单位。

三、实践教学体系的实施

1. 顶层设计，制订科学的实践教学计划

加强顶层设计是实施实践教学体系的前提。浙江大学城市学院在实施实践教学体系过程中首先做的是完善实践教学计划，具体做法有：

（1）保证实践教学的学分总量。关于实践教学的学习量，教育部有明

确的意见，在《关于进一步深化本科教学改革全面提高教学质量的若干意见》（教高〔2007〕2号）中指出：“高度重视实践环节，提高学生实践能力。要大力加强实验、实习、实践和毕业设计（论文）等实践教学环节，特别要加强专业实习和毕业实习等重要环节。”对列入教学计划的各实践教学环节累计学分（学时）提出明确要求：“人文社科类专业一般不应少于总学分（学时）的15%。”这对教学计划的制订有导向作用。浙江大学城市学院商学院有工商管理、财务管理、旅游管理、国际经济与贸易、金融学、资产评估、信息管理与信息系统等7个专业，在制定2010—2013年的教学计划中，各专业的实践教学学分均占到了总学分的20%以上，工商管理、旅游管理、信息管理与信息系统3个专业占到了25%以上。

（2）循序渐进，有机整合。在编制实践教学计划时，按照学科大类对每个专业所需能力进行了梳理。各专业都明确了专业的基础素质要求、专业能力要求，将实践教学内容按能力层次划分为基本技能、专业技能和岗位技能三大模块；在完成专业能力分析后，再探究这些能力的形成应由哪些理论作支撑，按从简单到复杂、从基础到应用、从单项到综合的循序渐进的认识规律，将理论、能力训练有机组合在一起，保证计划的科学性。

（3）结合需求，充分论证。为使人才培养的质量与市场需求相一致，各专业在制订教学计划中，都经过了市场调研（含同行调研、用人单位需求调研）、方案制订、专家论证、定稿四个阶段，其中的专家论证环节，专家成员包含了省内其他高校的专家和教授、企业高层管理人员、企业职能部门人员、政府职能部门管理人员，全面听取意见，以确保实践环节的实施并达到预期的效果。

2. 整合资源，构建校内外实践教学平台

实践教学体系平台的构建，包括校内实践教学体系平台和校外实践教学基地。在这个平台的建设中，浙江大学城市学院商学院充分整合了校内外资源，收到了较好效果。

（1）争取投入，建设经管教学实验中心。通过与学校全面沟通，先后

投入了 600 多万元资金，建设了经管教学实验中心，中心下设管理决策实验室、财务分析实验室、行为观察实验室、会计审计实验室、旅游与酒店管理实验室、经济模拟实验室等，较好地满足了课程实验教学要求。

（2）校企合作，建立校外实践教学基地。校外实践由认识实习、专业（生产）实习、毕业实习、社会实践等环节组成。校外实践有与实际无缝对接、让学生直接真实全面体会的作用，是实践教学不可或缺的组成部分。而校外实践教学基地建设是实习有效开展的前提。因此，我们利用各种社会资源建立多种类型的实践教学基地，如生产企业、服务行业、政府以及能提供实践教学的相关单位，形成一个稳定的、多种类型的实践教学基地群，为学生提供更广泛的实践机会。不仅如此，还将实践教学基地的建设与维护纳入教师业绩评价中，引导大家重视校外基地建设。目前部分校外实践教学基地不仅是学生实习的场所，也是教师开展社会服务和研究的场所，还是学生就业的重要渠道。

（3）两轮驱动，第一、第二课堂有机融合。充分利用学科竞赛、学生社团、学生科研等平台，开设专业第二课堂，将第二课堂作为实践教学的重要组成部分。例如，学生社团中的人力资源管理协会、电子商务协会、ERP 协会、旅游协会、管理协会、经济协会、市场营销协会、投资协会、证券协会、创业人才孵化班等与专业实践充分融合。社团开展的活动往往是课堂教学的延伸，如在第一课堂开展“企业经营模拟”课程的基础上，由 ERP 协会组织“企业沙盘模拟”比赛；开设“电子商务课程”后，由电子商务协会组织“电子商务”大赛。由创业人才孵化班开展的校内创业项目全真模拟，不仅将第一课堂所学运用于第二课堂实践，培养学生创新创业能力，而且学生可以获得第二课堂学分与奖励，激发了学生主动参与实践教学的积极性，使实践教学效果大大提高。

3. 加强管理，强化实践教学质量控制

实践教学管理与理论教学管理相比，所需物质条件多，投入量大；制约因素多，涉及面广；教学过程复杂，可控性差。因此，必须强化管理，

以保证实践教学的质量。在继续加大实践教学体系构建投入的同时，逐步建立和完善对实践教学的规范管理制度，在各专业实践教学探索、体系构建的基础上，陆续形成关于加强实践教学的指导性意见，制定相关的实践教学管理文件，重视过程管理。浙江大学城市学院在每年进行的教学业绩考核办法中已增加对实践环节的指导，并在实验环节教学效果评价、专业实习、毕业环节管理等方面都出台了细则，同时在评优评奖方面，都将实践教学纳入其中，在学校出台的“教坛新秀”评选中，也将获得优秀实践指导教师荣誉作为评选条件之一。但是，由于实践教学的种类多，目标要求不完全一致，专业差异性较大，对实践教学质量控制方法还需要进一步研究。

4. 重视队伍建设，培养教师实践能力

拥有一支人员稳定、实践能力强的教师队伍是实践教学能否取得实效、保证质量的关键所在。根据“走出去，请进来”思路，提高教师队伍的实践水平。一是积极引进“双师型”教师；二是根据学校发布的“青年教师成长计划”，在保证正常教学秩序稳定的情况下，安排教师以挂职等方式参与行业实践，不仅提高教师实践能力，还可以促进校外实践教学基地建设；三是聘请实践领域专家为专业校外指导教师，定期开展交流活动，形成相对稳定的校外实践指导队伍。

第八章　协同育人的课程体系与协同模式研究

第一节　以职业胜任力为导向的嵌入式课程体系

一、地方应用型本科高校工商管理类专业课程体系的主要问题

当前，职业胜任力不突出是应用型工商管理类专业人才的一个主要问题。我国人才培养以学生知识、能力和素质全面发展为重点。近年来，各类高校更加重视人才的培养，把人才培养作为一项重大战略任务来抓。地方高校也在进行着各种探索，力求找到能够适应社会发展、紧跟国际潮流以及符合地方院校特色的协同育人体系和机制。然而，当前国内工商管理类专业在协同培养方面还存在诸多问题，特别是在协同育人的课程体系和协同模式方面还存在一些不够完善的地方，需要引起重视。主要表现在以下几个方面：

1. 课程体系设置单一

工商管理类课程设置单一，理论与实践相脱离。在专业课程体系设置中，尚未将行业企业的课程提高到应有地位。理论学习和实践能力的培养严重脱节。有关的实践技能训练体系建设不够完善，致使学生的动手实践能力和创新能力不强。再者，商科的课程体系中尚未建立一套完整的商学技能训练体系。

2. 实践平台流于形式

作为应用型学科的商科，以培养应用型人才为主，以培养具有实践创新能力的人才为目标，因此高素质应用型人才培养的基本要求是创造相应的实践活动环境。然而，一方面，目前学生参与的创新创业实践多数为案例研究以及软件模拟，真正的实践平台屈指可数。虽然有些高校也有校企合作平台，但多数校企平台纯属摆设，使得学生大多负责日常管理实务，学生的参与度不够，且无法获得专业问题的解决能力。另一方面，在校企合作的实践平台中，企业考虑到自身利益的发展，往往不会轻易重用大学生，导致实践 活动在不同程度上流于形式。

3. 人才培养缺乏特色

各高校商科专业采用了普遍适用的专业培养模式，缺乏商科专业培养特色。因为各高校的商科专业人才培养没能结合地方的经济特色，未根据地方经济发展情况对商科人才培养模式做出相应调整，这就难以培育出地方经济发展急需的创新人才。地方高校在培养的过程中如未重点考虑地方经济培养人才的特点，就会导致没有设置相关专业课程。无特色的课程设置，便难以体现商科人才培养独有的特色，同时会使商科专业人才培养遇到瓶颈，影响高质量商科人才的输出。

4. 专业兴趣培养不足

现在的大学生多数自控能力较差，在学习上缺乏自主性和自觉性。课余时间自习的比例也不高，相当一部分学生学习只为取得学分。此外，学生活动虽有助于拓展学生的综合能力，但如没有学科特点和专业发展的依托，便会失去生命力和创造力。一般性学生活动占绝大多数，而专业性活动较少，对专业学习的助推作用不够明显。究其原因，主要是结合专业状况和个体特征开展针对性教育不足。一方面，现阶段学生思想工作主要采取的是面对所有学生的统一方案和统一培养模式，工作内容往往结合国家、学校下达的教育主题计划开展，大多数学生教育活动的开展集中在学生的思想教育、社会实践层面，对于学生学习兴趣培养和个性化发展的引导不足。另一方面，专业教师参与学生指导不够。专业教师主要专注于课堂教学，组织和参与学生专业性课外实践活动偏少。

二、要借鉴工科专业认证的经验，广泛运用以能力为导向的 OBE 理论

OBE（Outcome－based Education）即成果导向教育，亦称能力导向教育、目标导向教育或需求导向教育，是指教学设计和教学实施的目标是学生通过教育过程最后所取得的学习成果。自 1981 年由 Spady 等人提出后，OBE 理念和方法被公认为是追求卓越教育的有效方法，受到世界各国著名大学的重视。作为国际化程度最高、体系最完整的本科工程教育国际互认协议——《华盛顿协议》（Washington Accord），全面接受了 OBE 理念并将其融入工程教育专业认证中。2013 年 6 月，中国加入《华盛顿协议》，2016 年 6 月，中国成为《华盛顿协议》正式成员，这意味着中国工程教育专业认证结果将在《华盛顿协议》正式签约国和地区实现互认。因此，面向世界一流大学建设，将 OBE 理念作为我国高校本科专业建设改革的方向，意义深远。虽然 OBE 理论是由工程教育专业认证而提出的，但在师范专业认证、专业综合评估中已经得到越来越广泛的认同和采用。特别是对以培养应用型人才为主要任务的地方高校，更应当坚持能力导向，协同育人。

1. 反向设计，正向实施，以 OBE 理念重构课程体系

“我们想让学生取得什么样的学习成果?”“为什么要让学生取得这样的学习成果?”“如何有效地帮助学生取得这些学习成果?”“如何知道学生已经取得了这些学习成果?”“我们如何保障学生能够取得这些学习成果?”这是以能力为导向的人才培养必须回答好的五个问题，在教学设计过程中落实 OBE 理念，成为应用型人才培养的重要工作。成果导向教育倡导反向设计原则。需要对毕业生在毕业后能够达成的职业和专业成就提出培养目

标，由此确立学生毕业要求，明确学生毕业时应该掌握的知识和能力，并将其细化为知识能力指标点，用矩阵图的方式说明课程体系与毕业要求指标点的对应支撑关系。教师根据支撑矩阵关系编写课程教学大纲，设计课程教学目标、课程内容、教学方法、考核方式等。不仅需要充分体现反向设计、正向实施的原则，使得“需求”既是起点又是终点，还明确了三个要求，即学校人才培养目标定位的先进性、符合专业人才毕业能力素质要求的可实现性，以及有利于多元化人才成长的灵活性，以此来最大限度地保证培养目标与结果的一致性。

2. 用 OBE 理念引领专业持续改进，不断提高人才培养质量

地方高校工商管理类专业主要是培养应用型专业人才，按照 OBE 理念设计人才培养体系，对高校的持续改进提出了很高的要求，也起到了极大的推动作用。目前，包括江苏省在内的各省市区都在积极尝试开展工商管理类专业的综合评估，而能力导向则是专业综合评估的主旨要求。OBE 理论强调存在问题并不可怕，关键是要有持续的改进措施，保障人才培养质量的提高。要建立更加符合“以学生为中心，以学习成果为导向，不断持续改进”等 OBE 理念的工商管理类专业。

3. 从试点至全面推进，建立与国际接轨的质量保障新体系

作为我国高等教育质量保障体系的重要组成部分，包括工商管理类专业在内的专业综合评估将有助于提升专业的国际认可度和影响力。基于这一认识，积极尝试 AMBA 的初次认证、EQUIS 认证、AACSB 认证，有条件的地方高校应当积极与国际专业认证接轨，初步建立了以学生为中心、以成果为导向的本科教学质量保障新体系。在此过程中，还培养了一批对 OBE 理念有深刻理解的认证专家、管理人员和教师，为建立与国际接轨的教学质量保障体系奠定了基础。要使“以学生为中心，以学习成果为导向，不断持续改进”三大理念逐渐深入人心并落实到日常教学活动中，逐步实现了以教为中心向以学为中心、终结性评价向发展性评价、重知轻行向知行合一的三大转变。

三、坚持以职业胜任力为导向的协同育人课程体系开发原则

（一）体现新时代新要求

1. 新时代、新形势提出的新要求

当前，我们所面临的教育形势发生了深刻的变化，一方面，日新月异的新技术、新模式、新经济催生着高等教育的改革，另一方面，行业、企业的发展模式、发展技术、发展环境也呼唤着高等教育的改革。唯有"顺势而为"才能立于时代的潮头。在课程体系和协同育人模式上要吐故纳新，有壮士断臂的勇气，加大引进行业企业的课程，加大吸引行业企业的骨干力量，让人才培养的顶层设计能够与新时代、新形势相呼应。学校教育的主战场是课堂，这也是我们变革教育的核心阵地。为了适应新教育的要求，方便学生个性学习，将主要从环境智慧、方法智慧和结果智慧三个方面来体现。当前学习主要是在班级进行教学，随着 CACH 课程和 STEM + 课程的校本课程建设的发展，技术支撑的主题和专题教学模式将成为新样态。这种学习模式将一改班级为中心的学习模式，学生可以和不同年级的学生组成学习共同体，选择同样感兴趣的专题进行学习。泛在学习将使得学生在技术支撑下的课后学习更加个性、方便。这一学习样态将打破学校学习正规化、系统化的学习样态，使个性化、碎片化、非线性的学习样态成为可能。学生可以在任何时间、任何地点学习任何内容。科技馆、博物馆等更多的社会资源将成为学习的新场所，校企合作将会根据学生特质为学生量身定做学习活动，满足让学生个性发展的需求。

2. "互联网 +"带来的新要求

随着互联网技术的广泛运用，特别是与大数据技术相关的领域发生着深刻的变化，已经影响到各行各业，对高校教学改革提出了新的要求。当前新经济呼唤着新教育，企业的创新能力大大增强，高校怎么跟上？信息技术特别是互联网革命影响深远，教学怎么跟上？唯有"适应"变化才能

求得更快发展。慕课的问世，作为颠覆性变革的力量，让人们看到了对教育流程进行根本性再造的曙光。教学过程中，一方面慕课的运用可以有效扩展课程的广度和深度，提升教学质量；另一方面结合翻转课堂教学模式，将学习自主权返还给学生，可以有效改变传统教学模式中以课堂灌输为主的方式。华南师范大学国际商学院实施教学手段创新，开发学生自主学习系统，引进国外合作高校的课程学习资源和慕课课程。该学院引进哈佛大学商务统计学慕课课程，学生课前自行完成需要其自主学习的部分，课堂上由教师和学生共同完成讨论、答疑和作业等学习环节。这样的教学模式充分调动了学生学习的积极性，有效改善了课堂教学的效果。互联网技术通过促进优质教育资源的共享，可以推动传统教学方式的深化变革。

3. 体现国际接轨的专业认证的新要求

新工科、产教融合、科教融合、校企合作、校校合作、创新创业已经成为应用型人才培养的不二选择。“融合”将成为下一轮应用型人才培养的关键。唯有“融合”才是我们的未来。工程教育专业认证是国际通行的工程教育质量保障制度，也是实现工程教育国际互认和工程师资格国际互认的重要基础。工程教育专业认证的核心就是要确认工科专业毕业生达到行业认可的既定质量标准要求，是一种以培养目标和毕业出口要求为导向的合格性评价。工程教育专业认证要求专业课程体系设置、师资队伍配备、办学条件配置等都围绕学生毕业能力达成这一核心任务展开，并强调建立专业持续改进机制和文化以保证专业教育质量和专业教育活力。新工科专业是以智能制造、云计算、人工智能、机器人等用于传统工科专业的升级改造，相对于传统的工科人才，未来新兴产业和新经济需要的是实践能力强、创新能力强、具备国际竞争力的高素质复合型新工科人才。借鉴国际工程专业认证的要求和新工科的理念，大胆吸收国际工程专业认证的要求，以工商管理类专业的产出为导向，以政府和行业、企业的广泛参与为手段，把社会经济发展的新需要嵌入人才培养方案，把“U－G－E”合作育人落实到人才培养方案，通过编制校外协同培养方案，把政府、行业和企业参与人才培养的任务和要求进行细化、机制化。

（二）课程体系开发的原则

1. 坚持需求导向

要发挥“U－G－E”协同育人机制，协同制定人才培养方案。要聚焦学生的职业素养与职业胜任力，高度关注学生受教育后获得什么样的执业能力。各专业须基于社会需求，开展广泛深入的社会调查，通过开展政府、行业、企业、在校生、毕业生在内的座谈或研讨会，参照师范专业认证、专业综合评估、工科专业认证的要求，围绕工商管理类的专业办学特色，合理确定工商管理类各专业人才培养目标和规格，梳理知识结构与能力结构，构建能力培养的课程与课程体系。

2. 坚持以生为本

产出导向是专业认证的重要理念。要以学生为中心，着力体现“学得好”，要根据工商管理类专业的行业标准、国家专业标准和学校的办学特点来设置各专业的核心课程和课程的主干内容；要根据“新而实”和“学科交叉”的要求设计实用性强的选修课，拓宽和深化学生对专业知识的掌握程度，包括与本专业有关的专业知识和技能，以及与本专业关系密切的新兴学科知识；要开设跨学院、跨学科、跨专业选修课程，培养学生“一专多能”；要将在线开放课程纳入课程计划。

3. 坚持教学现代化

要充分吸收现代信息技术对高等教育带来的积极影响，特别是“互联网＋”、大数据技术等对课堂教学的影响，在课程设置、课程信息化、教学手段、教学模式等方面体现新要求。要在工商管理类专业广泛开展SPOC、MOOC等课程的建设，在人才培养方案中有在线课程的开设和学分认定的办法，有校校间、校企的学分互认办法，充分利用现代化教学手段，拓展课堂边界、改造课堂形态、丰富课堂内容、提升教学质量。要充分利用现代化教学手段，实现校企在线观摩、在线讲解、在线剖析，给学生一个真实的现场环境。要与企业合作开展虚拟仿真教学项目、立体实验实训教材的建设。

4. 坚持协同育人

要贯彻产教融合、校企融合、校校融合的要求，在课程开设、师资队伍、教学内容、教学评价、实验实训等方面形成互动融合机制；要通过制定校内校外两套培养方案，有效融入行业企业的资源，引进企业课程和企业师资，着力培养应用型本科工商管理专业的职业胜任力。要加大在协同编写实验实训教材、协同开展实验实训活动、协同组织毕业论文（设计）等方面让师生走进行业企业、走进实际岗位，面对实际问题、解决实际困难。

5. 坚持创新驱动

要紧跟社会经济发展新趋势，增设学科前沿课程，加强与政府、行业企业联合开展创新创业教育课程设置，开设形式多样的创新创业课程和创新创业学分，建立一个从“创新创业课程”到“创新创业实践训练”，到“创业项目遴选”，再到“创业企业孵化”的链条和工作机制，要科学设置创新创业实践活动项目和创新创业学分获取的标准和办法，着力提升学生创新创业的意识和能力。

6. 坚持国际化

要紧跟行业企业的国际化发展新趋势，掌握国际发展潮流，借鉴德国双元制培养模式，鼓励有条件的地方高校开展与国际知名企业的合作，引进国外企业课程，推进专业课程国际化，鼓励引进国际优质开放课程资源，鼓励部分专业开设全英文课程，开设已经通过评审的双语课程。鼓励学生境外交流学习，实施境外交流学分互认机制。

四、嵌入式课程体系

“U－G－E”协同育人表现在课程体系方面的主要是嵌入式课程体系。嵌入的是行业企业的课程资源、评价标准，最新要求、最新趋势，以及专业认证与评估的最新理念、最新导向。

1. 基于需求导向的人才培养流程（见图 8－1）

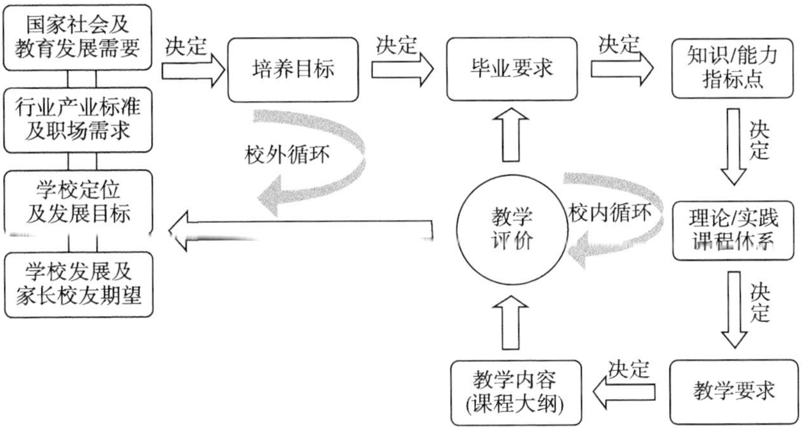

图 8－1　基于需求导向的人才培养流程

2. 编制关联矩阵（见表 8－1）

表 8－1　毕业要求与课程及教学活动关联矩阵

毕业要求 课程、实践	要求 1		要求 2		要求 3		……	
	T	P	T	P	T	P	T	P
课程 1								
课程 2								
……								
实践环节 1								
实践环节 2								
……								

说明：T 表示该门课程偏重理论基础、P 表示该门课程偏重应用；若某课程或实践环节支撑某个目标的达成，则在相应的空格处打“★”或“√”，“★”表示对达成此要求非常重要；“√”表示有帮助，但不起主要作用。

以盐城师范学院会计学专业为例：

（1）毕业要求：本专业学生需掌握会计核算类、会计管理类方面的基本理论和基本知识，受到会计核算、成本管理、决策控制、税收申报及筹划、审计稽核等方面的技能训练，具有处理一般企事业单位及政府机构会计服务的基本能力。

毕业生应获得以下方面的素质、知识和能力：

①具备良好的道德修养、社会责任感和思想政治理论知识，积极向上的人生理想，符合社会进步要求的价值观念和爱国主义情怀；

②具备健康的体魄和心理素质，正确认识自然规律和社会发展规律，正确处理人与自然和谐发展关系及社会人际关系，诚实守信，有团队合作精神；

③具有人文社会科学知识，有较强的语言沟通与文字表达能力，掌握并能运用高等数学、外语和计算机等方面的知识技能；

④掌握管理学和经济学等基础知识，具有良好的、基础扎实的知识背景；

⑤熟悉国家财经法规与经济政策，坚持职业操守和道德规范，掌握会计学基本理论、方法和技能，了解会计学专业的理论前沿和发展动态；

⑥掌握财务会计和管理会计的知识，具备会计核算、成本管理、决策控制、税收申报及筹划、审计稽核等方面的技能；

⑦掌握撰写会计工作报告和财务分析报告的方法，具备决策支持和风险管理等方面的能力；

⑧具有文献检索和资料查询等信息获取能力，以及自主学习、终身学习和持续创新的能力。

（2）毕业要求与课程及教学活动关联矩阵。（见表 8－2）

表 8－2　会计学专业毕业要求与课程及教学活动关联矩阵

毕业要求 课程、实践	合计		要求 1		要求 2		要求 3		要求 4		要求 5		要求 6		要求 7		要求 8	
	T	P	T	P	T	P	T	P	T	P	T	P	T	P	T	P	★	√
思想道德修养与法律基础	★																1	0
中国近现代史纲要	★																1	0
马克思主义基本原理	★																1	0
毛泽东思想和中国特色社会主义理论体系概论（1）	★																1	0
毛泽东思想和中国特色社会主义理论体系概论（2）	★																1	0
形势与政策	★																1	0
大学体育（1）			★														1	0
大学体育（2）			★														1	0
大学体育实践（1）			★														1	0
大学体育实践（2）			★														1	0
军事理论	★																1	0
大学英语（1）					★												1	0
大学英语（2）					★												1	0
进阶英语					★												1	0

续表

毕业要求 / 课程、实践	合计		要求 1		要求 2		要求 3		要求 4		要求 5		要求 6		要求 7		要求 8	
	T	P	T	P	T	P	T	P	T	P	T	P	T	P	T	P	★	√
大学英语实践					★	√											1	1
大学计算机应用基础					★												1	0
大学生心理健康教育			★														1	0
人文类	★																1	0
科学类	★																1	0
艺体类			★														1	0
高等数学 B1(1)					★												1	0
微观经济学							★										1	0
宏观经济学							★										1	0
基础会计学▲									★		★						2	0
管理学							★										1	0
经济法	★						★										2	0
概率论与数理统计					★												1	0
统计学					★												1	0
中级财务会计 1▲							★		★		★		★	√			4	1
金融学							★					√					1	1
中级财务会计 2▲							★		★		★		★	√			4	1
税法▲									★		★		★				3	0

续表

毕业要求 / 课程、实践	合计		要求 1		要求 2		要求 3		要求 4		要求 5		要求 6		要求 7		要求 8	
	T	P	T	P	T	P	T	P	T	P	T	P	T	P	T	P	★	√
财务管理▲●							★				★	√					2	1
成本会计▲									★		★	√					2	1
高级财务会计▲									★		★	√	★	√			3	2
管理会计▲●							★		★		★	√	√				3	2
审计学▲●									★		★						2	0
会计信息系统▲							★		★		★			√			3	1
财经法规与会计职业道德▲	★													√			1	1
会计学理论前沿							★		★				★		★		4	0
公共关系学			★														1	0
线性代数 B					★												1	0
商务文书写作技能训练						★										★	2	0
市场营销学						★	★						√				2	1
国际贸易理论与实务							★										1	0
会计英语●					★						★		√				2	1
数据库原理及应用						★											1	0
商业银行业务与经营							★						√				1	1
计量经济学							★										1	0
统计分析软件应用						★							√				1	1

续表

毕业要求 / 课程、实践	合计		要求1		要求2		要求3		要求4		要求5		要求6		要求7		要求8	
	T	P	T	P	T	P	T	P	T	P	T	P	T	P	T	P	★	√
互联网金融技能训练				√		★											1	1
兼并与收购							★		★		★		√				3	1
计算机财务管理					★		★				★						3	0
网上纳税申报技能训练			★	√													1	1
业财一体化决策平台训练				★		★		★		★		★		★		★	7	0
公司战略与风险管理													★				1	0
公司报告与财务报表分析							★				★		★				3	0
政府及非营利组织会计							★				★						2	0
财政学							★										1	0
投资学							★										1	0
信息化审计技能训练				√		★											1	1
证券投资业务操作技能训练				√		★											1	1
资产评估理论与实务							★		★		★		★				4	0
创业基础				√												★	1	1
云会计服务公司设立与运营				★				★		★		★		★		★	6	0
校友创业讲堂				√						★		★				★	3	1
大学生职业生涯设计		★	★	√												★	3	1
会计岗位操作及涉税处理										★							1	0

续表

毕业要求 课程、实践	合计		要求 1		要求 2		要求 3		要求 4		要求 5		要求 6		要求 7		要求 8	
	T	P	T	P	T	P	T	P	T	P	T	P	T	P	T	P	★	√
会计信息系统仿真训练				★		★		★				★		★		√	5	1
创新创业活动																★	1	0
军训		★		√													1	1
专业见习										★		★		√			2	1
基础会计学实训				√						★		★				√	2	2
会计综合实训				★		★		★		★		★		√		√	5	2
财务决策实训				★		★		★		★		★		★		★	7	0
商业银行业务操作实训				★				★						√		√	2	2
专业实习				★				★		★		★		★		★	6	0
毕业论文（设计）					√	★	★		★	★	★			★		★	7	1
财务办公自动化实训				★		★										√	2	1
互联网金融实训				★		★										√	2	1
经济金融建模实训				★		★										√	2	1
ERP 沙盘实训				★		★										√	2	1
数据收集与信息检索						★								√		★	2	1

续表

毕业要求 课程、实践	合计		要求1		要求2		要求3		要求4		要求5		要求6		要求7		要求8	
	T	P	T	P	T	P	T	P	T	P	T	P	T	P	T	P	★	√
统计	11	2	9	11	11	17	23	7	13	10	17	9	8	6	1	11	166	
	0	0	0	9	1	1	0	0	0	0	0	5	6	9	0	8		39

说明：T表示该门课程偏重理论基础、P表示该门课程偏重应用；若某课程或实践环节支撑某个目标的达成，则在相应的空格处打“★”或“√”，“★”表示对达成此要求非常重要；“√”表示有帮助，但不起主要作用。

3. 编制校外协同人才培养方案

为了把“U－G－E”协同育人落到实处，单独编制了校外人才协同培养方案，作为人才培养方案的有机组成部分。在人才培养方案设计阶段就精心考虑校外协同培养高级应用型专门人才的课程或环节。

以盐城师范学院会计学专业人才协同培养方案为例：

（1）协同培养目标。通过与行业、企业的协同培养，学生能够将所学专业知识与社会实际需求紧密联系，能够充分了解经济社会发展现状，熟悉一般企业财务工作的方法和流程，进一步加深对财务会计和管理会计理论的综合理解，提高对会计学专业的整体认识，强化学生的认知能力、动手能力和创新能力，着重培养学生的实践技能。

（2）协同培养要求。通过校企协同，要求学生能充分了解行业和企业对应用型高级人才专业基本知识和技能的要求。毕业生应具备以下专业知识和能力：

①了解国家最新颁布的财经法规制度，熟悉会计准则在企业核算中的具体运用；

②了解企业会计机构的设置与一般企业内部控制、审计稽核制度；

③了解并熟悉企业财务核算流程中的预算编制、资金收付、往来结算、成本核算、报表编制等一系列会计工作；

④掌握证券投资的基本操作流程与方法，了解金融机构业务操作流程；

⑤掌握一般企业涉税业务的处理方法；

⑥了解会计师事务所、代理记账公司等会计服务机构的业务开展与营运情况；

⑦了解社会经济发展趋势，具有良好的沟通能力和团队合作精神。

（3）实践课程。网上纳税申报技能训练、信息化审计技能训练、证券投资业务操作技能训练、财务决策实训、商业银行业务操作实训、专业见习、专业实习、毕业论文等。

（4）学分、学时分配表（见表8－3）

表8－3　学分学时分配表

学期项目 / 学分及周数		第一学年		第二学年		第三学年		第四学年		合计
		第一学期	第二学期	第三学期	第四学期	第五学期	第六学期	第七学期	第八学期	
课程内实践	课数					16	32			48
	学分					1	2			3
独立实践	周数		1	1	1	2		18		23
	学分		0.5	0.5	0.5	1		8		10.5

(5)教学安排表(见表8-4)

表8-4　教学安排表

课程类别	课程性质	课程编号	课程名称（实践环节）	学时	学分	开课学期、教学周数与周学时分配								考核形式		备注
						1	2	3	4	5	6	7	8	考试	考查	
						16	16	16	16	16	16	0	0			
专业课程	选修		网上纳税申报技能训练	16	1					4						企业参与指导学习
			信息化审计技能训练	16	1						4					企业参与指导学习
			证券投资业务操作技能训练	16	1						4					企业参与指导学习
创新创业课程	必修		校友创业讲座	16	0.5	*	*	*	*	*	*				考查	
			云会计服务公司设立与运营	16	0.5					2					考查	企业参与指导学习
	选修		创新创业活动		1	*	*	*	*	*	*	*	*		考查	活动形式为社会实践等
集中实践环节	必修		专业见习	4周	2		1周	1周	1周	1周					考查	企业和行业见习
			专业实习	18周	8							18周			考查	实习单位
			毕业论文	18周	8								18周		考查	
			财务决策实训	1周	1					1周					考查	行业仿真软件
	选修		ERP沙盘实训	1周	1						1周				考查	行业仿真软件
			互联网金融实训	1周	1					1周					考查	行业仿真软件
			经济金融建模实训	1周	1					1周					考查	行业仿真软件

注：*表示分散学期授课或实践，集中特定学期认定学分。

（6）合作单位。江苏经纬会计师事务所、江苏正中会计师事务所、江苏中衡会计师事务所、盐城苏亚中诚会计师事务所、交通银行盐城支行、华夏银行盐城支行、悦达投资股份有限公司。

第二节 实施全过程的“浸润式”学习模式

基于嵌入式课程，构建“合作、体验、模拟、探究”为特征的“浸润式”学习模式是地方高校“U－G－E”合作培养工商管理人才的重要方式。

一、“浸润式”学习模式

“浸润”有“物受水渗透”之意。“浸润”还有“逐渐浸染”之意。这是一个由量变到质变的过程。专业知识传授中，应该遵循循序渐进原则。工商管理类专业“浸润式”学习模式是在建构主义、以人为本的教育思想指导下，教育者努力创设互动性、参与式的教学氛围，让学生“浸泡”在行业企业的环境里，潜移默化地提高学生本专业应用能力的一种教学模式。“浸”是“润”的条件，“润”是“浸”的结果，“润”有利于更高水平的“浸”，二者之间互为因果、互相促进。“浸润式”教学模式表现为在师生的教学过程里，以教师的“浸”为主导，以学生的“润”为主体。工商管理类专业的“浸润式”教学模式要尊重学生主体，强调发挥学生的主动性，是在基于问题、基于项目、基于案例中激发，于互动中引导，在实践中深化，使情感浸润、语言浸润、活动浸润、情境浸润贯穿整个教学全过程，有效缓解工商管理类专业教学内容的重要性和企业实务之间产生的矛盾。

“浸润式”学习模式是基于建构主义的一种教育观，这种教学模式形成以情感浸润为主线，以学生参与活动为依托，以专业化的情境创设为路径，尊重学习主体的主观能动性，激发学生的学习兴趣，是适合学生身心发展的一种教学模式。建构主义认为，知识不是通过教师传授得到，而是学习者在一定的情境即社会文化背景下，借助其他人（包括教师和行业企业）的帮助，利用必要的学习资料，通过意义建构的方式而获得。因此，建构主义学习理论认为"情境""协作""会话"和"意义建构"是学习环境中的四大要素。建构主义提倡在教师指导下的、以学习者为中心的学习，也就是说，既强调学习者的认知主体作用，又不忽视教师的指导作用。教师是意义建构的帮助者、促进者，而不是知识的传授者与灌输者。学生是信息加工的主体、是意义的主动建构者，而不是外部刺激的被动接受者和被灌输的对象。"浸润式"教学模式一改过去传统的"填鸭式"强制性的知识灌输模式，在人本主义和建构主义的基础上，在一定情境下采用逐渐渗透的方式所实施的以提高学生学习能力为目标、为培养高素质的综合性人才打下坚实基础的教学模式。"浸润式"教学模式是加拿大双语教学中较有创新特色的教学模式，经过30多年的教学实践，这种教学模式广泛运用于语言教学、政治教学、体育教学、实践教学等，也为工商管理类专业的教学开辟了新的道路，改进了教学效果。目前，国内有很多学者对"浸润式"教学模式进行探究，研究结果表明这种新型的教学模式效果良好、值得推广。

1. "浸润式"学习模式的界定

要想学会游泳，必须跳进水里，在水中才能学会。教育教学工作更是如此。我们提出的"浸润式"学习模式是指结合"U－G－E"嵌入式课程体系，联合企业、政府，推行基于问题、基于项目、基于案例的教学方法，形成分享式、启发式、模拟式和体验式的学习新方式，体现出"参与、合作、体验、探究"为特征的发展性学习特点。

由于我们把整个人才培养过程按照价值链的要求划分为七个重要协同环节，包括"协同制定培养方案""协同开发课程体系""协同建设师资队伍""协同改革教学模式""协同建设实践资源""协同组织课题研究"和"协同评估培养质量"，把三方的资源优势、创新优势转化成提升职业胜任力的优势，其核心是构建了基于"U－G－E"的嵌入式课程体系。因此，“U－G－E”协同育人涵盖了人才培养全过程，或者说在“U－G－E”协同育人机制下，可以让学生“浸泡”在行业企业的环境里，潜移默化地提高学生本专业应用能力。

2.“浸润式”学习模式的有效性

“浸润式”学习模式在盐城师范学院商学院各专业中已然实施多年，从来自合作企业、就业单位、学生本人及大学培养教师四方的评价来看，成效比较显著，实践证实了“浸润式”学习模式的诸多优势。

有效性首先来自“浸润式”学习模式是基于“U－G－E”协同育人，依托行业办专业、围绕市场定方向、联合企业育人才已经成为工商管理类专业的建设自觉。设计了包括七个协同环节在内的全过程育人体系，从培养方案制定、课程体系开发、师资队伍建设、教学模式改革、实践资源建设、课题研究组织到培养质量评估都有政府、行业企业的影子或因素，营造了非常好的专业环境，让学生全程“浸泡”在行业企业的环境中。

有效性还来自学生被赋予的“合法的边缘性参与”身份。例如，学生实习，不同于完全的顶岗实习，“浸润式”实习是“不完全在位”，实习生以一种“合法的边缘性参与”身份参与到学校实践中承担“部分”责任。“合法的边缘性参与”是莱夫和温格（Lave & Wenger，1991）分析学习和理解学习的词汇，其本身也就是一种学习。实习生带着合法的身份进入实习企业，成为该企业的“学徒”，具备了参与企业各种活动的资格，可以接近企业的各种资源从而进行“学习”。其中，企业为他们指派的师傅更为这种合法性增添了砝码。但同时，他们又不可能完全地参与所有活动，不会承担管理的全部责任。重要原因之一便是，他们经验有限，不能很好地识别企业中缄默的内隐知识，师傅们之间约定俗成的规则、技巧甚至智慧，所以是“有限度的”参与。随着“浸泡”时间的流逝，“学徒”的定位和理解力会逐渐变化，被自我的接纳程度和被师傅与其他职工接纳的程度也随之提高，变得越来越自信。

有效性还来自这种学习模式的任务驱动性。相比“突击式（或分散式）实习”，“浸泡式”学习模式是基于共同体的协同育人模式，高校与协同企业签订的协同育人协议从形式上规定并确保了各类共同体之间的责任与收益。学生都是带着具体任务——主要包括独立承担一定的处理实际事务，紧密结合自身实践进行学位论文选题和写作——“浸泡”到企业，他们的任务也即是双方指导教师的任务。由此形成了学生与“双重”指导教师结成的共同体及学生同伴构成的共同体等，在每一个共同体中，学生本人都是重要元素和任务主要执行者。但共同体中“年长且经验丰富者”必须承担指导和督促的角色，如大学导师、企业师傅，他们在润滑与加速实习生“合法的边缘性参与”过程中发挥着重要作用。所以，“浸润式”模式是给学生一种监管，一种重视。与企业指派的师傅所结成的师徒共同体对学生是最具直接影响力的。

有效性还来自这种学习模式的反思督促性。教学经验丰富的师傅直接为学生提供了可供学习的“镜道”（Hall Mirrors），学生通过“反思性模仿”，琢磨习得师傅对某个实际事务的处理、对某个知识点的理解、对工作语言的表达等工作技巧，把或显性或隐性的知识与智慧内化到自己身上。大学导师给予学生的则更多是“你为何会这样做？你是怎么想的？”类似“质疑性”诘问，敦促他们结合自己的本职学业进行反思，以便为完成研究任务积累经验。而同伴共同体则构成了学生“结伴同行和彼此鼓励”的情感支持团队，大学通过交心、沟通、相互学习、相互促进。温暖、归属、认同，安全、熟悉、互依互助，这些词语共同描绘出“共同体”的优势。

二、“浸润式”学习模式的两难

之所以说两难，是因为即便有上述之优点与优势，但在实施过程中仍会遇到一些无奈。

1. 学生的看法与无奈

学生通过切身实地的学习，知道了很多以前不知道的东西，对企业的运转流程有了初步的了解，对实际问题的处理也有了一定的熟悉，这对于提升职业胜任力无疑是非常有益的。毫无疑问，对于学生而言，“浸润式”学习模式所提供的学习条件和环境是弥足珍贵的，这样的学习经历对于他们的职业胜任力提高、职业气质提升有着十分重要的作用。但是，与珍惜和感谢并存的，还有对于被安排“处处打补丁”的抱怨和被指派“临时上阵”的困惑。特别是在实习阶段，一个学生可能会被安排多个打杂的岗位，处处打补丁。度过了刚刚浸泡到实习单位的新鲜期和适应期，再加上因为逐渐熟悉之后指导师傅和领导放心地让他们干各种活儿，所以这些年轻人被赋予越来越多的任务。而其中很多任务是超出了学生的义务范围之内的。所以到了实习后期他们开始抱怨，感觉这种实习不太适合应届毕业生，长时间浸泡在企业，很多琐事都把自己的计划打乱了，没时间好好写论文，没时间好好准备各种考试，各种大事琐事都在向实习要时间，实习生们感觉力不从心。

2. 协同企业的看法与无奈

对于学生的这种抱怨和困惑，协同企业也有自己的无奈。时间在学生那里是问题，在企业及指导师傅那里同样存在，甚至更为突出。行政安排、应付上级检查等事务性工作挤占了企业主和指导师傅们学习思考的时间。有的企业主抱怨说道，“现在经济不景气，企业日子不好过，企业没有太多的心思参与到人才的培养，再说了参与人才培养没有能够给企业带来直接的利益”。或许这是整个社会的问题，也是影响和制约着协同育人深入开展的障碍。现实的确是参与协同育人的企业往往是熟人或校友的企业，不是从整个人才培养大局和整个社会进步角度来思考协同问题，只是碍于情面和合作，而这种合作注定不会深入和持久。协同企业还认为：“学生也就是实习的时候能得到企业的指点，你去请教哪个老师，都愿意教你。等你真正工作了，都是同事了，谁还主动给你说？主动教你？你去问都不一定给你说多少。你工作时用到的知识是有限的，个人的品德是最主要的。年轻人要有吃苦耐劳的精神。这些细小的东西只能是日常工作看出来。你干一些琐碎的事，看似无用，其实很有用。知识只是一方面，管理更主要。”谁说这种日日为琐事所迫、天天杂事干扰不是工作之后的常态呢？或许只是因为现实所迫，选择机会太多，我们的学生就更容易焦虑浮躁。

3. 大学导师的看法与无奈

大学的指导老师满怀期待，构想出“浸泡式”学习的实施阶段和各阶段任务，构想出“浸泡式”学习中形成的种种共同体。实践中也的确形成了几类共同体，但是理想遭遇现实后总是或多或少有些尴尬。导师们一方面期待学生们能真正担起岗位职责所要求的担当，如能够独立地处理实际事务，独立地对待实际问题，能够与企业导师一起总结与反思。但课后的师徒共反思基本上成了计划书上的空话。另一方面，导师们又害怕打扰，“我们是来找麻烦来了，打破你们的工作常规，设想太理想、太完美了，我们真心希望我们来不是你们的负担，而是沟通、真实交流”。但现实是，真正的沟通机制、心无芥蒂的交流与信任在外界的压力与制度的有形无形逼迫下，变得脆弱起来。高校与企业之间、理论与实践之间的疏离和隔阂似乎像魔咒一般本不该存在，却总是真实存在并影响着所有人的交流与彼此的期待。

三、“浸润式”学习模式的构建

事实上，上述问题不只为“浸润式”学习模式所独有，其他学习模式或多或少也都会遇到。毕竟高校与行业企业具有不一样的运行机制和工作特点，只是协同育人才让二者有了交集。高校必须首先根据现实改进工作安排，努力做到“共赢”。我们提出的“浸润式”学习模式是指结合“U－G－E”嵌入式课程体系，联合企业、政府，推行基于问题、基于项目、基于案例的教学方法，形成分享式、启发式、模拟式和体验式的学习新方式，体现出“参与、合作、体验、探究”为特征的发展性学习特点。

1. 课程体系体现“浸润式”学习的要求

（1）地方高校要构建好符合工商管理类专业发展需要的嵌入式课程体系，嵌入的是“U－G－E”合作的主要环节和内容，特别是嵌入政府、行业企业的课程和教学环节，打造“金课”，淘汰“水课”。应当大胆地推进与行业企业的嵌入式人才培养新模式，不但要嵌入行业企业的课程、行业企业的实践环节，而且要嵌入行业企业的专家、业务骨干，要嵌入社会经济发展的新需要、新技术、新工艺、新方法，进而促成新教育的生成和发展，打造出契合应用型工商管理专业人才的“金课”。例如，互联网的广泛运用倒使得课程体系必须体现这一新趋势，使得课程体系、教材体系、课堂教学、师生互动、教学评价、追踪反馈等发生了革命性变革。企业两化融合同样倒逼职业胜任力要赋予新内涵，如互联网营销、智慧管理等新课程必须得到充分的重视和彰显。要通过构建校外协同培养方案的方法，把课程体系中需要政府、行业企业参与的课程与环节明确固定下来，使“浸润式”学习模式落到实处。

（2）地方高校要主动适应工商企业的业务特点和企业发展要求，尤其是实习时间安排。一般情况下，工商管理类专业的正常学制为 4 年，有的高校明确实行弹性学制，如规定修业年限为 3～6 年，而认识实习、毕业实习的时长一般安排在 18 周左右。具体实习时点的安排应当视专业特点和企业需要合理安排。例如，旅游管理（酒店管理）专业，专业的主要面向是酒店，而高档酒店业务的季节性明显，需要实习生也有明显的季节性，且通常要求实习时间不少于半年。为此，高校在制定人才培养方案时要嵌入企业的需求，主动迎合企业的需要，实现双赢。只有双赢的合作机制才是有生命力的，才能够持久。所以，可以在第 4 学年的第 1 学期安排实习，维持一个学期，跨春节旺季。而这浸泡的一学期中可以灵活变通采用多种方式，即针对不同岗位的实习要求，划分为若干时长的实习环节，学生要完成多岗位的锻炼，其长处是充分尊重行业特点企业需要，使课程的学习与学生在实践中遇到的真实问题结合起来，既有利于理解与检验课程，也能借助实习提高解决专业问题的能力，一举数得。另外，高校要放低姿态，主动维持实践中形成的共同体，达致共赢。高校指导教师、企业负责人、企业师傅、学生等相关人员要共同制定共同体互赢协议。

（3）地方高校要主动对接行业企业，营造适宜于“浸润式”学习的文化环境和制度环境。“浸润式”学习的关键是有“浸”环境，“浸”是“润”的条件，“润”是“浸”的结果，“润”有利于更高水平的“浸”，二者之间互为因果、互相促进，是一个从量变到质变的过程。“浸润式”教学模式表现在师生的教学过程里，以教师的“浸”为主导，以学生的“润”为主体。因此，“润物无声”“循序渐进”是“浸润式”学习模式的最大特点。对于工商管理类专业而言，要营造虚拟仿真的教学环境，把企业真实的事项、制度、文化、信息化手段等植入学校的课堂、实验室、专业的日常教育，让学生在校期间也能够“浸泡”在企业虚拟仿真的环境里面，接受潜移默化的浸润教育，提升职业胜任能力和职业素养。

2. 教学方法体现“浸润式”学习的要求

（1）按照“浸润式”教学理念，在课堂上尽可能地采取行业、企业的专业语言。教师不应该像上纯学术研究的课程那样专业语言学术化，而应当在讲述中将这些术语融入实际工作的语境，让学生根据上下文去理解和记忆。对于一些重要或难以理解的原理和方法，如复式记账法、权责发生制等，教师可以通过通俗化的企业案例讲述，以帮助学生理解并加深印象。而对于一些次要章节内容、例子、习题等，尽量采取直白易懂且生动有趣的生活化语言，同时结合 PPT 上的书面语言，尽量模仿原汁原味的企业环境。向学生提问时也应采取恰当的方式，从使用简单企业事例开始，根据每个学生的学习程度，针对不同的对象提出难易程度不同的问题，以帮助其树立信心。采取“浸润式”教学对于教师的语言能力和专业知识要求较高，特别是对任课老师的行业企业经验和企业实务的处理能力提出了更高要求。在学生初步认识本专业课程之后，还应经常邀请行业企业的专家针对某些章节短期授课，尽可能为学生打造一个真实的企业环境。

（2）采取研讨小组、情景案例等多种教学形式结合，强调互动和实践。在课堂上由教师讲述并布置课后作业由学生练习，学生只是一个被动接受者，教学效果并不会很好。而国外大学强调互动式和实践式教学，让学生主动积极地参与，并学会灵活运用知识。一方面，要借鉴国外大学的经验，采取互动式教学，由教师提出思考题，在课堂组织小型的工作坊、讨论小组和辩论会，要求学生尽量用行业思维和企业语言进行思考、讨论和发言，让学生的不同思维碰撞出火花。教师应努力创造一个活跃的课堂气氛，鼓励学生表达不同的意见，最好不要绝对地对学生的观点进行肯定或否定。工商管理作为一门人文学科，许多原理和方法并不能区分绝对的正确和错误，并且伴随着商业社会的发展，专业语言也需要与时代接轨，过去的方法在未来很可能被取代。此外，工商管理专业的实务性很强，要广泛开展实践教学，强调专业知识在实践中的运用。例如，在课后布置一些案例作业让学生去讨论并完成分析报告。这些案例可以是真实的具有新闻时效性的案例，如某慈善机构的年报错误和一些上市公司年报造假案例，也可以是一些虚构的但颇有生活气息的案例，如设定“CEO与会计合谋，老板如何发现造假”的情景故事，让学生分别进行分析讨论，并树立正确的价值观。

（3）利用教学平台等网络资源，为学生开设独立学习的在线课堂。可以通过“爱课程”网等网络资源平台，引进优质的课程资源，包括线下优质课程、线上优质课程、线上线下混合课程、虚拟仿真教学课程、“互联网＋”创新创业课程等。高校应当与行业企业合作开发侧重于实务操作和能力训练的在线课程，按照“能实不虚”原则共同开发虚拟仿真教学项目，共同组建“互联网＋”创新创业团队，让学生伴随着专业知识的学习“浸润”在职业能力的培养与训练之中。还可以通过云班课，上传教学材料，并推荐一些相关文献和参考书以供学生自学。同时开辟讨论区，每一堂课后老师会在讨论区提出思考题，指引学生阅读推荐的相关资料。教师需经常参与讨论，对学生的观点进行指导。教师可根据每个学生的兴趣和存在的问题，抛出进一步的话题与其讨论。另外，还应鼓励学生在网络讨论区提出问题，可由教师解答，也可鼓励其他同学解答。教师可以根据讨论情况将一些重点话题设为常见问题以供学生自学参考，并根据反馈情况有针对性地对课堂教学进行调整，与学生互相关注，互为好友，转发一些有趣的专业知识和业界新闻等。并鼓励他们关注一些财务、管理等工商界名人的认证微博和空间。这样，学生一打开电脑和手机就可以了解业界的最新动态，自发地将专业学习“浸润”到每一天的生活中，一点一滴地积累知识。

3. 考核方式体现“浸润式”学习的要求

（1）要推进过程性考核。过程性评价主要包括学情分析、课堂学习、平时作业、阶段性学习测验、实践教学、专题研讨、小组学习、自主学习、期末考试等，对于部分实践环节或课程可以增加企业考核环节。过程性考核的物化形式包括调查问卷、谈话记录、分析报告（含分析结论及相应措施）、教学过程记录、作业纸（含评价）、实验报告、实践报告、学生学习小结、教师评价、试卷、论文、试卷分析、教学反思报告、课程小结、反馈意见等。过程性考核的方式可以有：①“自我评价”：引导学生学会回顾自己的学习表现，对过去使用的学习程序进行解释，描述自身发展中的突破，运用已有的标准评价自己的成绩，识别自己的优缺点，以明确自己的发展和成长。②“互相评价”：以学习小组为单位，依据评价标准，同学之间互相对学习过程及效果做出评价，写出评语，重点在优点以及改进建议。被评的学生则需根据评语确定自己的改进方案。通过互评，学生可增进互相了解，鼓励相互合作。③“教师评价”：教师要与学生一起讨论学习的目的，定期评价学生的进步，仔细检查他们自定的改进目标，给学生提出反馈意见，教师的评价应具体，有针对性，应包括优点和缺点，还可适当运用日常记录的方式或采用学生行为评价表等进行。学生的自评和互评，都必须与老师的评价结合起来。过程性评价必须做到成绩可靠、有据可查。过程性评价的考核内容和方式方法可灵活多样，学生在课程学习过程中的表现和态度等都可作为考核内容。但考核必须有明确、可行、公开的评价方案，考核成绩有记录，有案可查。任何人不得随意送分，以确保平时成绩取得的真实性和可靠性。

（2）增加企业考核环节。由教师作为评价主体，将课程考试成绩作为评价的核心内容，“缺乏企业等第三方的他评”，自己人评自己人，就使得校企之间的认同距离越拉越大。最终结果是，某些被学校认为是后进生、拖了两年才毕业的“丑小鸭”却在工作中表现优秀，当上了老板，而学校认为优秀的某些毕业生却缺乏创造力，只能给企业去打工。为了让应用型人才评价更符合行业企业需求，根据“U－G－E”三螺旋的要求，针对“浸润式”学习的特点，高校要下定决心打破单一主体的评价格局，引入企业评价标准，特别是实践性、操作性强的课程和教学环节。可以采取微学分方式，把一个整学分分成几个微学分，由企业导师根据学生的平时表现和实习结果作出客观公正的评价，给予相应的学分。也有的高校将学生顶岗实践成绩分成实践情况、毕业论文和实践答辩三部分组成。其中，实践情况包括实践报告、实践单位评价、实践考勤表等内容，权重占40%；毕业论文包括开题报告、毕业论文等内容，权重占30%；答辩情况权重占30%。也有的高校把学生在企业的出勤情况、学习能力、动手能力、协调能力、解决问题的能力等项目由企业师傅评价，实行百分制考核。

第三节　“三重交融”协同育人路径

“三重交融”是指知识的传播与转化、人员的赋能与流动和平台的创建与优化。第一重螺旋是知识的传播与转化。一是将生产经营一线出现的“四新”知识引入课堂和教材；二是来自行业企业的实际需要，既可以成为学生技能训练和毕业论文选题的首要来源，也可以进行必要的科研立项；三是吸纳行业企业专家共同参与构建基于岗位群和行业标准的课程体系、特色教材。第二重螺旋是人员的赋能与流动。一是企业员工既可以是高校“双师型”教师队伍的一种直接补充，也可以参加高校的课题研究；二是高校可以在企业设立“专家工作站”或到企业一线学习锻炼，提高教师自身的能力和水平；三是高校学生在企业内进行岗位实习、毕业论文研究等。第三重螺旋是平台的创建与优化。一是依托政府的引导与支持，有效构建科研和教学平台；二是成立三方深度融合的专家指导委员会，参与人才培养的全过程；三是高校教师既可以参与政府重大决策的调研和制定，政府也可以到高校问计于专家。

一、知识的传播与转化

根据知识传播和转移的难易程度，可以将知识划分为显性知识、物化的隐性知识和自我超越的知识。显性知识是指用书面和系统化语言加以完整表达出来的知识，更易于被广泛地散布和传播，因此属于“教育教学”功能要素拥有的主要知识类型。物化的隐性知识是指个体在获取显性知识后，通过亲身体验形成的难以具化的知识，相比显性知识更能为企业创造更大的价值，因而在“生产应用”功能要素中得到更多的体现。自我超越的知识是在吸收显性知识后，对其进行重构与升华后，逾越原有知识领域外的创新知识，因而集聚于“科技研发”功能要素周围。在第一重螺旋中，知识的传播与转化本质就是打破知识传播的壁垒，实现显性知识、物化的隐性知识以及自我超越的知识三者间更新转化，所以这也是产学研体现深度融合的表征之一。具体更新转化的实践路径如下：

一是将生产应用、科技研发过程中出现的新工艺、新技术、新理论、新成果引入课堂和教材，丰富和完善教学内容，积极探索实施任务驱动、模块教学、项目导向等模拟生产和科研真实情境的教学模式。

二是来自行业企业的技改项目和攻关难题等应用研发需求实际，既可以成为教育教学过程中实践技能训练和毕业设计（论文）选题的首要来源，也可进行必要的科研立项，并在项目完成后加速科研成果转化或技术转移。

三是吸纳行业企业专家共同参与优化专业人才培养方案，构建基于岗位群职业要求以及行业标准的课程体系，开发紧密结合生产应用实际的培训课程、特色教材和网络教学资源，开办不同层次的普通学历教育与成人继续教育。

二、人员的赋能与流动

产学研深度融合的关键因素是人，因为人是产学研活动的推动者、执行者和实践者，只有强调发挥人的主观能动性、创造性和灵活性，才能有力确保产学研深度融合的顺畅高效。对于“生产应用”“教育教学”和“科技研发”三个功能要素而言，其中存在的主要人员分别是企业员工、高校学生和教师，因此第二重螺旋中人员的赋能与流动，指的就是企业员工、高校学生和教师相互进入对方的功能领域，交叉融合形成新的知识和思维方法，全面提升了各自综合能力，所以这也是产学研体现深度融合的表征之二。这里蕴含如下三方面内容：

其一，企业员工既可作为高校“双师型”教师队伍的一种直接补充，通过担任高校专、兼职理论或实践教师，承担课程教学、实习实训指导和毕业论文（设计）指导等工作，与高校教师开展横向联合技术研发，参与应用型人才培养体系设计、学科专业建设与课程建设等教育教学管理环节，从而开阔视野，促进自身综合职业素养提升，也可进入高校进修，参加职业再教育和技能培训，拓展专业知识，提高专业理论水平。

其二，高校教师一方面深入企业生产一线学习锻炼，并以企业项目或课题为依托参与技术研发、推广和科技服务，提高专业实践能力和社会服务能力，另一方面以科研促进教学，将科研中获得的最新知识与成果融入课堂教学，提高教学质量，提升教学业务能力。

其三，高校学生既可以加入教师的科研项目组，在教师的指导帮助下参与科技研发活动，接受一定程度的科研训练，从而增强创新意识，提高创新能力，也可以在企业内进行实习实训、毕业设计等实践活动，在真实的职业环境中增强应用知识和解决实际问题的能力，提高就业竞争力和职业迁移能力。

三、平台的创建与优化

根据三重螺旋模型理论，我们将“生产应用”“教育教学”和“科技研发”三个螺旋体功能区域叠加重组后产生的混成组织统称为平台。它在与知识、人员的螺旋作用过程中起着提供良好互动交流载体的作用，因此，第三重螺旋中平台的重构与优化，意味着在知识螺旋与人员螺旋的边界切面上建立起新的沟通和联系机制，这也是产学研体现深度融合的表征之三。这里蕴含如下五方面内容：

一是成立由高校和行业企业专家组成的产学研深度融合专家指导委员会，发挥其在产学研融合发展规划、专业设置与调整、人才培养方案制定、课程与教材的开发以及“双师型”师资队伍建设等方面的咨询、协调、指导和评价作用。

二是依托企业，把高校的人才、技术、信息、实验设备、图书资料等优势与企业优质资源相结合，建立集实践训练与就业创业、师资交流与员工培训、科技研发与成果转化为一体的技术支撑和综合实践基地。

三是校企共建研发中心，以企业生产技术改造、产品开发以及科技攻关等为目标，双方联合开展科技研发，直接促进技术创新以及推广应用。

四是组建校办科技型企业或校企共建经济实体，推动科技成果转化和产业化，将技术优势不断发展为规模经济优势。

五是大力发展以人才、信息、咨询、管理、技术等为主要服务内容的中介机构，加强校企间资源共享与信息互通，为产学研深度融合体系的良好运行提供及时、便捷的科技服务，并在一定条件下转化成为开放便利、服务专业、要素齐全的众创空间。

四、三螺旋递归效应对校企合作关系的影响分析

基于三螺旋模型的产学研深度融合体系的形成，除了将传统意义的产学研概念进行延伸与拓展之外，更由于知识、人员和平台的三重螺旋递归

效应，使得高校和企业的合作关系发生着悄然的变化。高校可以围绕本地资源禀赋和优势产业，有针对性地开展应用研发、专项研究和人才培养等，或者成为企业转型升级过程中的人才源与技术源，或者借助科技成果转化与技术转移，建立以现代企业制度为基础的校办企业。企业在以知识为竞争要素的价值链重构过程中，或者引入高校的知识技术与人力资源，扩充完善企业的知识存量和结构，提高员工的素质和能力，或者在国家宏观教育政策鼓励下，举办或参与举办现代职业教育，不断提升企业价值与行业影响力。正是在这样一种背景下，企业和高校两方传统的组织边界逐渐模糊，相互渗透与跨领域发展将是校企合作的新常态。

五、南宁学院基于“八个共同”的工商管理类专业校企协同育人平台构建研究

南宁学院始建于1985年，由南宁市人民政府和民革广西区委合作共办；2012年11月受教育部批准升格为普通本科高校；2013年入选国家首批应用技术大学试点高校。经过33年的建设发展，已成为一所以工学为主，经济学、管理学、艺术学等为辅的多学科协调发展的应用型本科高校。学校坐落于广西首府南宁市五象新区核心区，校园占地近1300亩，建筑面积42万平方米。学院共有全日制在校生14000余人，其中，涉及商科类专业的管理学院、会计与审计学院在校生规模为4000多人。学校坚持产教融合、校企合作作为应用型人才培养的根本途径，践行“应用型、开放式、新体验”的办学理念，形成了6种基于利益共同体的稳定长效、深度融合的校企合作办学模式。但是，学校在商科专业类的产教融合、校企合作方面推进得还不够，建设成效一般。南宁学院在实践探索中，整合新桂商资源，以“八个共同”为导向，通过研究新桂商文化，凝聚新桂商力量，树立新桂商品牌，打造新桂商精神文化家园，重拾广西文化自信，让更多新桂商企业家主动融入商科人才培养事业中来，从而提升师资力量，强化应用型人才培养，取得了一定成效。

（一）产学研用一体化的平台结构

1. 在产方面

通过新桂商研究广西区域产业特性，以行业需求为导向，改革课程体系，编制应用型人才培养教材，设计教学方式及内容，树立新型教育思想，优化人才培养方案，实现人才培养与区域产业有效融合与无缝对接，提升商科专业服务地方经济能力，助推区域产业稳步发展。

2. 在学方面

由专业教师、新桂商企业家录制公开课、微课、情景模拟等，将教学内容以视频形式呈现在网络平台上供学生自主学习，并制作习题集、案例库供学生自主解答。学生通过网络平台实名注册，根据专业要求完成必要的学习任务，根据兴趣爱好选择其他内容的学习，通过一定的测试获得相应的学分。此外，开办行业前沿讲座，设置行业、专业、产品讨论区，营造学习氛围。

3. 在研方面

由新桂商企业家提供研究课题或研究课题的某个环节，通过设置一定的奖励规则，激发专业教师、学生主动领取研究任务，通过组建研究团队，开展研究工作，完成研究任务并获得相应奖励。借助“挑战杯”全国大学生系列科技学术竞赛等比赛，带动更多师生参与科学技术研究与市场研究，提升解决区域产业企业难题的能力。

4. 在用方面

由新桂商企业家针对自身企业情况提供需求信息并公开发布，包括用人计划、产品设计、市场开发、品牌推广等，学生根据兴趣与企业双向对接，完成任务即可获得企业承诺的奖励。

（二）实施“八个共同”的主要内容

1. 共同制定培养标准

每年6－7月，学校组织人才培养方案论证工作，邀请校内外专家到校指导，共同制定人才培养标准，商科专业的校外专家主要由新桂商组成。根据新桂商对不同专业的人才需求分析，商科专业以行业需求为导向，根据岗位核心能力要求确定培养标准，力争毕业生专业能力与产业需求无缝对接。

2. 共同完善培养计划

在修订人才培养方案的过程中，包括在平时的教学过程中，学校注重收集新桂商的反馈，及时调整专业设置，更新培养目标与培养方法，不断完善人才培养方案。

3. 共同构建课程体系

通过双方不断磨合，学校与新桂商不断改革课程体系，树立新型教育思想，更新教学方式方法及内容。首先，由专业教师、新桂商组成的教学团队根据实际教学过程中的发现不断调整课程体系，围绕学生需求、社会需求共同构建完善应用型课程体系。其次，通过开发丰富多样的课程形式，提高学生学习兴趣，拓宽学生视野。

4. 共同开发教材讲义

依托教改科研项目等载体，学校出资鼓励校内教师与新桂商共同开展教材研究与开发。一方面，通过新桂商案例采集与整理编制相关案例集，用于商科类专业课堂教学；另一方面，通过图片与视频拍摄、文字编辑等方式实现教材数字化、信息化，通过线上建课为学生提供更丰富的学习资源。

5. 共同组建教学团队

一方面，学校经过筛选，聘任部分新桂商为特聘教授，以加强师资力量，满足部分课程一课双师的要求，并提高部分课程实践授课环节的水平；另一方面，新桂商相关企业可在假期接收部分教师到企业开展实践锻炼，提高校内专任教师的专业技术水平。

6. 共同建设实训基地

共同建设实训基地主要体现在两个方面。一是校内实验实训室建设过程中，积极邀请新桂商到校参与论证，提高实验实训室建设的针对性和有效性。二是学校与部分新桂商签署协议，落实毕业生就业及在校生实习实训等安排。其中，学校与广西赛盟、广西和桂、国海证券等企业已建立了较稳定的合作基地。

7. 共同实施培养过程

从新生入学开始，学校就有计划、有组织地安排新桂商参与人才培养的各个环节。不管是专业课程授课，还是毕业论文指导，借助与新桂商良好的合作关系和庞大的资源背景，学校充分调动新桂商的积极性，共同实施培养过程。在创新创业方面，新桂商也积极承担指导工作，为学生提供项目来源，给学生提供技术和管理指导，取得了不错的成绩。

8. 共同评价培养质量

应用型人才培养以能力为本位，强调产出导向。学生的学习成果既要由学校来评价，更要由企业来判断。在评价标准中，学校注重过程考核、能力考核、多方位考核，注重采集学生实习、就业等信息，分析企业评价，不断推进教学改革，与企业形成了高效顺畅的沟通闭环。

（三）结语

以“八个共同”为导向，通过商科专业产学研用一体化平台的建设，一定程度上改变了商科专业理论教学为主、实践教学单一的培养模式，缩短了教和学的距离，拉近了研和用的关系，增强了学生的实践能力，提升了企业的参与动力。同时，平台充分利用现代教育技术，降低协同育人成本，打造了商科协同育人新平台。通过互联网技术，实现学校、教师、学生、企业四方实时互动，以视频公开课、微课、在线问答、科研组织、项目竞赛、网上销售等方式，实现教、学、研、用四位一体有机融合，提高了协同育人效率。协同育人平台不仅是一个培养学生的平台，也是一个观察时代的窗口。随着产教协同的深度拓展，商科类专业将根据区域产业需要，不断调整专业结构，优化人才培养方案，提高人才培养质量，为地方经济输送切合实际需要的商科应用型人才。

第九章　“U－G－E”协同育人的运行机制与政策工具研究

第一节　“U－G－E”协同育人的运行机制研究

运行机制，是引导和制约决策并与人、财、物相关的各项活动的基本准则及相应制度，是决定行为的内外因素及相互关系的总称。各种因素相互联系、相互作用，要保证社会各项工作的目标和任务真正实现，必须建立一套协调、灵活、高效的运行机制、如协同育人运行机制、市场运行机制、竞争运行机制、企业运行机制。

一、运行机制的内涵

运行机制是指一个组织生存和发展的内在机能及其运行方式，是引导和制约组织活动并与人、财、物相关的各项活动的基本准则及相应制度，是决定组织行为的内外因素及相互关系的总称。“U－G－E”协同育人运行机制是知识的传播与转化、人员的赋能与流动和平台的创建与优化等运行过程中各环节内部以及各环节之间本质的内在的相互关联、相互制约的工作方式的总和，基本要素包括劳动力、物资、资金、技术、信息。劳动力要素包括参加组织运行的全部人力，这是运行的主体；物资要素包括劳动手段和劳动对象，它们是运行过程中被劳动力所利用或作用的对象；资金要素包括运行的全部资本垫付，这是实现组织与外部联系所借助的必要手段；信息要素包括企业内部管理信息与外部市场信息等，它是连接组织内外关系，连接组织运行过程中人与人之间、人与物之间以及物与物之间关系的纽带。构建新时代新的运行机制，就是要在对传统运行机制进行反思的基础上，还原组织的本来面目，使组织实现权、责、利的有机统一，人、财、物的有机结合，成为自主活动、自我约束、自我发展的运作主体，这是新时代运行机制的本质所在。

二、协同育人运行机制

1. 行政驱动：传统体制下的运行机制

传统体制下的“高校－政府－企业”协同运行机制一般都是行政驱动，即组织开展的一切活动毫无例外地都由行政指令来启动，高校、企业本身也成为名副其实的行政性单位。这种运行机制主要有如下特点：

（1）在决策机制方面具有高度集中性。从资源的配置评估、专业设置与培养、人员安排与流动、学生的培养与分配，都由国家有关行政当局以行政指令或计划指令的形式进行决策，决策者（国家）和决策执行者（高校、企业）之间是一种严格的等级服从关系和行政隶属关系。高校、企业行为的目标，只是简单地执行国家下达的计划指标，缺乏基本的主体意识和主体品格，从而无法自主地按照人才培养规律选择自己的行为。

（2）在激励机制方面具有利益刺激的行政性。国家利益居于至高无上的地位，高校、企业虽然也有自己独立的利益追求，但由于他们不是独立的利益主体，因而其独立的利益追求便以各种扭曲的形式表现出来，具体表现在追求非货币性的行政利益，如行政级别或行政职务的晋升。之所以出现这种情况，一方面是因为较高级别的高校、企业可以获得较优厚的资金和其他投入品，而较高职务的领导人员则可以获得较好的工作环境和福利。另一方面，外生性的激励机制传导又助长了对行政利益的追求。国家对高校、企业的激励主要是精神激励，这种精神激励不是内生的，而是通过责任、义务感、荣誉等方式自上而下传递的，高校、企业内在的利益驱动却被泯灭和压抑了。

（3）在约束机制方面具有疲软性。高校、企业产权边界模糊，资产没有明确的界区，“人人所有”成了“人人不负责任”，从而无人对资产的保值增值负责，资产的浪费和流失成为企业痼疾，产权约束子虚乌有。另外，高校、企业不存在破产风险，无须硬化预算约束，超支、亏损可以由国家补偿。因此，风险约束和预算约束也是相当疲软的。

（4）在发展机制方面具有萎缩性。任何一个组织发展的动力都根源于组织内在的利益冲动和外在的环境压力，但在传统体制下，高校和企业既无利益冲动，又无外在压力。高校每年招生计划由国家确定，毕业生由国家计划分配，人员薪酬有明确规定，高校没有办学的自主权和活力，而企业为完成计划指标，往往只是简单地追求总产值的提高，这种总产值的提高又往往是通过争原料、争设备、争资金、以粗放经营方式来取得的，很少考虑通过自我积累实现企业的良性发展。同时，企业不是投资主体，企业领导人由上级任命，市场不发育，使企业的发展和创新动机得不到应有的激发，甚至存在一种反发展和反创新倾向。如果企业“一意孤行”，则会导致与已有行政规则的背离，会被视为对上级的不服从，企业及其领导人的升级将会出现麻烦。即使创新成功，则随之而来的是计划指标的层层加码，企业无创新收益可言。可见，企业发展和创新的成本是相当高的，与其求发展，还不如“墨守成规”“循规蹈矩”来得更安全。

从本质上讲，传统体制下不存在“U－G－E”协同育人的运行机制问题。因为，压根儿就没有“U－G－E”协同育人组织，即便有协同育人的关系也不是生产力发展的客观要求，而是政府主观的政治行动，从而机制内部不能不包含着深刻的矛盾。这些矛盾逐步形成了组织的二元运行机制，作为旧体制微观基础的企业，无法适应应用型人才培养的运行规则，它们对行政机构的依赖性依然很大，“不找市场找市长”“不找市场找厅长”仍然是所有高校、企业的行为方式。这种运行机制的一个严重后果是组织丧失活力或无效运营。因此，克服传统计划体制的弊端，按照人才培养规律，构建好“U－G－E”协同育人运行机制显得非常重要。

2. 利益驱动：新型“U－G－E”协同育人运行机制的重构

尊重行为主体的利益追求是市场经济的内在要求，重构“U－G－E”运行机制应该以此为基础。按照社会主义市场经济体制来重构组织的运行机制，可以分为决策、激励、约束和发展四大机制，一般包括机制运作的主体、对象、方式以及结果几个方面。因此，对四大机制的重构便应从这几个方面展开。我们按照“U－G－E”运行机制所包含的知识、人员、平台三重交融要求，开展“三重交融”的制度化、平台化建设，取得了实质性成效。例如，三方共同发起成立了“专业建设与发展指导委员会”，实行人员“参流”，高校教师到企业挂职锻炼制度、企业专家到高校兼职制度、政府有关职能部门与高校定期召开业务交流制度、政府委托高校开展重大政策的第三方评估制度和校企微学分置换制度等，实现了三重交融的制度化。同时，通过合作建设相应的人才培养基地、研修基地或“专家工作站”等载体实现“三重交融”的平台化。

第二节 “U－G－E”运行机制的治理

一、利益分配机制

利益分配机制不完善是目前制约“U－G－E”协同育人的一个关键问题，也是调动三方特别是高校、企业方参与协同育人的关键因素。由于参与协同育人主体不同，各成员间存在不同的利益诉求，同时组织间缺乏相对的权衡机制导致利益分配不均，出现利益纠纷。在协同育人过程中要经历专业设置、教学资源配备、培养计划开发等一系列过程，其效益更多的是通过向社会输送高质量人才而表现出最大的社会效益。长期以来，高校注重课堂教学，着重培养学生在学术理论上的研究能力，忽略了实践能力的培养，导致毕业生广泛存在学历高能力低的问题，难以直接满足企业的用人需要。而企业对人才关注的焦点不仅在于人才能力与工作岗位的适配度，还关注人力成本的高低。“U－G－E”协同育人要求高校、政府和企业合作培养人才，企业需要为高校提供实践基地、实习岗位，进行人员培训，支付适当的实习补贴，与高校共同监督管理人才培养过程等。从短期看，这无疑提高了企业的人力成本，降低了企业运行效率，增加了企业运营风险，违背了企业追求利润最大化的根本目标，使得企业缺乏与高校合作培养人才的动力，阻碍了“U－G－E”协同育人进程的推进。因此，作为三方合作的运行机制来讲，如果不能很好地设计出利益分配机制，那么这样的合作注定是长久不了的，特别是企业作为合作的重要参与方，更看重的是由此带来的经济利益，要么可以给企业带来低成本优势，要么可以带来免税或抵扣的优惠。要保证合作教育的成功有效运行和健康持续发展，其内在的动力取决于三方的共同需要及合作者之间内部相互利益的驱动。只单靠外部推动及宏观指导是难以维持长久合作的，合作本身就是双方的事情，单有一方的积极性是难于实现的，只有使三方形成一个休戚与共、一荣俱荣的局面，即保证“多赢”，合作才有稳定的基础。“U－G－E”协同育人的动力来源于在为社会培养高质量人才的总目标和根本利益的一致性，表现在高质量的人才培养将三方利益捆在一起，并通过优势互补而达到共同发展的需要。因此，要十分注重“U－G－E”协同育人双向功能的发挥，使之既有利于高校的教学、科研，又有利于企业的生产经营，使之成为高校、政府、企业共赢合作利益机制。事实上，政府和高校在协同育人过程中也会发生一定的人力、物力和财力，所发生的耗费如何通过机制安排而得到有效补充，这也是“U－G－E”协同育人能否长久的重要方面。如何使各方都受益，重要的是政府要出台相应的政策或制度，特别是配套的财务制度，让企业、高校、政府部门都能够受益。有学者对高校与地方合作情况做过实证研究，发现影响因素中49%为利益分配不当，19%为人际关系不协调，25%为其他因素。可见，利益分配问题是影响协同机制的主要因素，解决问题的最好办法是政府出台相应配套政策或制度。

二、协同机制

协同机制不健全是制约“U－G－E”协同育人的又一个关键问题。协同机制具体表现为高校、企业、政府之间的技术流、资金流、信息流以及知识流的生成、交互以及进化的具体形式。高校作为“U－G－E”协同育人的重要参与体，需要充分整合学校资源，积极与其他合作方保持广泛紧密的合作，优化组织管理机构，大力发展专业化的共享平台，强化核心资源的发展和研究，加强对内部资源要素的交叉、重组、融合，构建开放包容的人才培养体系，将政府、企业的优质资源引入人才培养全过程，渗透到人才培养整个价值链的每一个环节，实现“三螺旋”交叉融合。高校应该充分利用其文化、技术、知识、人才的溢出效应，发挥人才培养的“主战场”作用，实现人才要素在其他协同主体之间的转移和扩散，积极推动协同育人体系的发展。当前，高校的人才培养结构模式在一定程度上滞后于国家战略需要和经济社会发展的客观要求，大多数高校人才培养的资源禀赋存在分散性和封闭性，主要表现为专业建设、人才培养主体的责任与权力之间不对称，人才培养的主体责任在系院但权力特别是资源的配置权集中在学校，优势没有得到有效聚集整合，未能发挥最大效益。另外，学科之间、专业之间、院系之间、校院之间跨领域缺乏统筹协调，交叉育人模式较少或尚未建立，加上管理机制、评价机制僵化等，导致人员、资源、信息分配出现障碍，协同育人过程中产生协同困难，形成资源孤岛。事实上，“U－G－E”协同育人还存在一个脱节的问题，大多数高校仍以名义就业率为主要考核指标，关注科研成果的数量和层次，而不关注学生到企业后的知识和能力与实际工作的结合程度和结合能力，“老师教”与“企业用”之间脱节，未能与市场有效结合，“毕业生”转化为“生产力”效率不高，学生的知识水平与能力水平低于现实需要，从而使企业缺乏对学生的兴趣。企业更注重培养企业的核心竞争力和经济效益，所以注重学生解决企业现实问题的能力，注重学生提升企业的核心竞争力和经济效益的能力。因此，“U－G－E”协同育人只是在某些方面或少数层面发生交互作用，三方协同往往基于短期利益而合作，没有形成长效的、良性循环的互动模式。高校内部由于管理体制、观念偏差，使得内部资源没有得到有效整合，要素间流通存在障碍，人才培养的内在机制不活。企业作为“经济人”，天生具有趋利性、逐利性，在协同育人合作中只注重短期效益而忽视了长远发展的短视行为，使得其他参与方承担更大的风险，合作缺乏广度和深度。

三、保障机制

目前，“U－G－E”协同育人保障机制的主要问题有：相关法律法规不健全，基于知识产权的保护力度不够，调节高校、政府、企业之间社会关系的社会中介机构尚未建立。这些问题集中表现为应用型本科高校的外部治理结构不合理，尤其是企业与高校缺乏长期战略性合作育人，更多地停留在短期、间断性的科研成果项目合作上。在我国，政府是高校资源配置的主体，也是有关高等教育法律法规的制定者。教育部和省教育厅代表政府直接对高校进行领导和管理，包括领导任命、专业设置、课程设置、招生规模、教师编制、资源配置、质量评估等，这种高度集中的管理体制必然要求一致性和同一性，而地方应用型本科院校发展的特色恰恰在于其结合区域情况发展的“我有人无”的独特性和与其匹配的“U－G－E”协同育人机制。要想确保其人才培养与本区域的社会需求、职能发挥及本区域的社会发展最大限度的契合性，就必须破除这种带有浓厚计划经济色彩的体制壁垒，从而使应用型本科院校在自主办学的基础上，根据本地区的特点灵活自主设置专业、招录学生、配置师资，通过融合政府、行业和社会各利益主体的资源要素，建立多种合作主体协调发展的管理体制。相对于其他类型高校来讲，行业、企业是应用型院校最重要的利益相关者，这是由应用型院校的发展定位和自身特点所决定的。应用型院校大多属于地方性院校，地方经济发展是其自身发展的平台，这就使得地方性本科院校与行业、企业的联系较为紧密和直接。然而，长期以来我国高校与社会在发展过程中形成的惯例就是高校只负责培养人企业只管用人，至于高校是如何为企业培养人才，企业往往对过程并不关注，这就造成了人才培养过程与企业实际需要之间的脱节。事实上，应用型高校与行业、企业的接触只属于“硬接触”，既缺少可操作的相关法律法规，也缺少必要的中介机构，包括知识产权保护和专门的高等教育社会中介组织的建设与发展，特别是需要把鼓励行业、企业参与人才培养的政策细化为财务制度和税收优惠政策。尽管已有专利法、技术合同法、科技进步法等法律法规对产学研创新合作提供法律支持和保障，但专门保障“U－G－E”协同育人的法律法规不完善，对企业、高校和政府在协同育人过程中的权利义务确定不明晰，各方利益得不到维护。“U－G－E”协同育人要求高校、企业和政府协同培养人才，面临众多的高校、企业和科研机构，因为高校具有各自优势专业；企业需要具有不同专业技能的人才及先进科学技术；科研机构具有各异的科研特色及擅长领域。所以，为了减少协作障碍，提高协同育人的效率，需要建立中介服务机制，成立中介机构，提供中介服务，构筑各方联系的桥梁，疏通各方的沟通障碍，对高校、企业和政府三方的权利义务履行情况及协同育人实施过程进行监督检查，保证人才培养达到预期成果，同时构建“U－G－E”三方各自优势资源信息发布平台，谋求社会对协同育人的资金支持，协调三方利益等，促成高校、企业和政府之间的长期战略合作。

四、组织机制

组织机制是指“U－G－E”协同育人要通过组织协调，对各种资源进行分配与整合，使协同育人的相关参与方能够相互配合、相互协调，进而推动协同育人工作的顺利开展，而“机制”就是“制度加方法”或者“制度化了的方法”。为什么要形成机制呢？首先，机制是经过实践检验证明有效的、较为固定的方法。所谓有章可循，是指机制具有较大的稳定性。例如，协同育人的工作机制，不因组织负责人的变动而随意变动，而单纯的工作方式、方法是可以根据个人主观意愿随意改变的。其次，机制本身含有制度的因素，并且要求所有相关协同方遵守，而单纯的工作方式、方法往往体现为个人做事的一种偏好或经验。例如，监督机制，它既指人人必须遵守的制度，也应该包括各种监督的手段和方法，只有二者结合起来才能发挥作用。再次，机制是在各种有效方式、方法的基础上总结和提炼的，而方式、方法往往只是做事的一种形式和思路。机制一定是经过实践检验的有效的方式、方法，并进行一定的加工，使之系统化、理论化，这样才能有效地指导实践。而单纯的工作方式和方法则因人而异，并不要求上升到理论高度。最后，机制一般是依靠多种方式、方法来起作用的，而方式、方法可以是单独起作用的。例如，建立起各种工作机制的同时，还应有相应的激励机制、动力机制和监督机制来保证工作的落实、推动、纠错、评价等。建立完善的组织机制，必须以制度化管理为基础。组织需要制度，制度要与组织同在。一个好的组织机制一定是以执行制度为基本手段，以制度来约束、规范协同育人各方的行为，从而协调集体行为的管理方式。显而易见，制度化管理具有极强的权威性，鲜明的目的性、科学性、系统性、强制性、通用性、稳定性和应变性等特征。当前，“U－G－E”协同育人组织机制的缺失是影响其稳步发展的重要方面，也是导致“U－G－E”协同育人形式化的关键所在。

五、人才培养机制

为引领高校人才培养模式改革，《国家中长期教育改革和发展规划纲要（2010－2020年）》倡导“联合培养”理念与机制，提出要“创立高校与科研院所、行业、企业联合培养人才的新机制”；2015年教育部等三部委在《关于引导部分地方普通本科高校向应用型转变的指导意见》中正式提出“协同育人”模式，“创新应用型技术技能型人才培养模式，……建立产教融合、协同育人的人才培养模式”。2017年《国家教育事业发展“十三五”规划》进一步强调，“深化本科教育教学改革，实行产学研用协同育人”。从形式上的“联合培养”到实质意义的“协同育人”，反映了国家对应用型人才培养理念的认识深化和人才培养体制机制寻求突破的强烈政策导向。对于地方应用型大学而言，协同育人作为其完善对外开放办学体系、优化人才培养体制机制的重要制度创新，事关高素质应用型人才培养目标的达成。但是当前一些地方高校在实践中存在一些误区，将传统一般意义上的产学研合作简单等同于协同育人的全部，只要是合作资源，“摘到筐里都是菜”，将协同育人的体制和机制问题混为一谈。由于合作各方目标、地位、资源不匹配等原因，引发了体制不顺、机制不畅、实践盲从等突出问题。在协同育人体制上，传统校企合作中高校是绝对主体乃至唯一主体，企业只是配合学校落实协议内容，被动完成任务，主体性与主动性不强。在协同育人运行机制上，合作各方运行不畅，存在合作内容窄化、动力机制弱化、协作机制软化、评价机制匮乏四大问题。一是合作内容窄化。突出表现为“将产学研合作教育等同于常规的生产实习”，即地方院校为解决实践教学资源不足，以与企业合作共建实习实训基地为主，导致校企合作的碎片化和片面化倾向。碎片化即校企双方对合作目标、内容、形式安排零打碎敲，缺乏系统规划；片面化即合作方式单一，重学生专业动手能力培养，轻创新素质与综合能力提升，尤其是深层次的企业文化育人功能尤难企及。二是动力机制弱化。高校是教育主体，以人才培养为目标，追求教育效益；企业是经济主体，以利益最大化为目标，注重经济效益，两者在合作起点上就不对等。企业如果从合作中得不到其所追求的本土人才与技术创新利益，再兼政府的引导性政策不足，双方仅仅单靠友好关系，难以维持持久动力。三是协作机制软化。地方高校、地方政府和行业企业出于各自利益需求，虽签订了一些松散型协议，也分别出台了一些相关政策举措，但因受现有管理体制与隶属关系的影响，大多倚重各自与上级主管部门的纵向联系，在横向联系上，总体缺乏畅通的常态化协作机制，实质性的共建共享协同机制难以深入落实。四是评价机制匮乏。从全国层面看，由于缺乏激励与约束机制，总体松散运行，对产教深度融合、“U－G－E”协同育人成效缺乏指导性强的系统评价指标体系，质量监控、督导、评价配套机制不健全，尤其是缺乏基于教育管办评分离治理的独立第三方评价。当前，很多高校在推行“U－G－E”协同育人时，简单地通过增加学生的社会实践环节来提升学生实践能力和创新能力，但是由于企业和科研机构协同培养的机制仍不完善，对学校教学工作参与较少，在校外实习环节缺乏有效的监督管理，从而使得实习监管不严，实践教学管理不到位，使得学生实践能力及创新能力的提升低于预期，依然不能满足社会的人才需求。更有企业参与“U-G-E”协同育人，仅仅是为了获取廉价甚至免费劳动力，让参与企业实践的学生从事没有技术含量的简单工作。因此，本着培养专业型创新人才的目标，高校应完善人才培养保障机制，尤其是建立健全校外实践环节的人才培养保障机制，保证人才培养质量。

第三节 “U-G-E”协同育人的政策工具研究

政策工具最早源于社会科学领域，当初的研究主要集中于个人或公共组织通过什么样的方式和途径有目的地影响和作用于社会进步。随着研究发展，工具理论研究并不局限于单一的学科而是扎根于不同的学科领域。工具性研究在经济学中曾长期盛行，诸如工资和价格政策，以及社会保险福利的水平。法律领域也有工具性的研究，庞德曾经认为“法律是社会控制的一种工具”。20世纪70年代新公共行政时代的到来促成公共政策的生发，为政策工具的研究提供了学科基础。政策实施问题的日益复杂以及人们对政策失灵很大程度上与政策工具相关的认识，催生了人们对政策工具的研究。西方对福利国家失败和政府工作低效的检讨及随之而来的“新公共管理”运动，使政策工具日益受到关注。可以说，政策工具是随着政策执行难度和负责程度的增加，对政策执行方法和手段要求提高而逐渐受到青睐的。政策工具的核心就是如何将政策意图转变为管理行为，将政策理想转变为政策现实，政策工具既可以是一项制度，如法律法规，也可以是一项组织活动的技术安排，如财税政策，还可以是具体的手段，如处理具体事务的会计政策。本书研究的政策工具是围绕“U-G-E”协同育人从高校、企业和政府三个方面进行政策研究，或者说高校、企业和政府分别应当出台些什么样的政策工具才能保证“U-G-E”协同育人落实到位，才能保证应用型人才的培养质量能够满足、引领社会经济发展的需要。

一、供给型政策工具

供给型政策工具是从推动高等教育发展的角度来研究的。高校始终是人才培养的供给方，也是推动高等教育发展的重要一方。供给侧结构性改革是中央为适应和引领新形势提出的一项重大理论创新。高等教育作为国民经济社会发展中的一项重要准公共产品，应该围绕立德树人的根本任务，牢牢抓住全面提高人才培养能力这个核心点，在改革中做到“精准”发力。通俗地讲，高等教育供给侧结构性改革就是主动调配教育产品种类和数量，保持知识结构与实际应用的高吻合，增加高等教育的有效供给，形成结构合理的教育产品群落，最终实现人才培养能力的“倍增效应”和良性发展。为此，大学作为高等教育供给侧结构性改革的主体，在改革中更需要前瞻性的视野和敏锐的洞察力，与宏观布局相契合，看准关键节点，突出学校专业特色和优势学科，瞄准发展态势，顺势而上，把有限的教育资源利用好，“精准”落下改革棋子。为了实现高校人才培养的供给侧改革意图，就必须出台配套的政策工具，包括出台支持“U－G－E”协同育人的政策制度、政策技术、政策手段、理念文化等政策工具。围绕当前高等教育的结构性矛盾和应用型人才培养的薄弱问题，从高等教育改革本身的逻辑和应用型人才培养的实际出发，有针对性地推动高等教育供给侧结构性改革，无疑高校自身需要出台一系列有力的政策工具。

1. 更新大学理念，主动服务行业企业发展

理念是教育变革的先导，任何大的教育变革必有与之相适应的新理念。基于当前我国高等教育发展所呈现出的大规模、多样性、社会化和个性化等基本特征，高等教育供给侧结构性改革应及时地更新理念，才能有效地引导高等教育结构的优化、质量的提高、效益的提升及创新力的增强。过去我们认为，大学作为“官本位”中的某一个层次，是听命于政府行政指令的下属机构，或作为单纯为社会服务的“加油站”，只是一味地

迎合经济社会的短期需求。这种观念的误区在于忽视了大学以“独立之精神，自由之思想”为追求的学术精神与价值取向，忽略了立德树人的培养仍是一大政治任务。在推进中国特色高等教育供给侧结构性改革的实践中，应用型高校要走向新的高度、新的境界，并向未来奉献出新的传统，就必须站在思想理性的高峰，遵循规律、顺应潮流，在坚持传承与守望的前提下注重应用型大学主体性的觉醒，把自由地探索未知、养成探索未知的习惯作为应用型高校的生活方式，去熔铸现代意义上的大学理念。而作为中国高校主体的应用型高校更需要在供给侧改革中摒弃传统的教育理念，把行业企业“融入”到人才培养全过程，以“产出为导向”，把服务行业企业的能力和水平作为检验应用型高校的重要质量标准。此外，应用型院校既要在政府的宏观指导下合理定位，发挥优势，办出特色；同时，也要在知识经济社会中扮好自己的角色，承担起为社会培养应用型高级专门人才的使命，避免在市场经济的洪流中失去自身的立世之本。

2. 创新管理体制，明确体现“U－G－E”协同育人

由于我国高等教育曾长期处于计划经济体制下，落后的管理体制导致高等教育“一包二统”（一切由国家包办，一切由教育行政部门统一起来）的特征较为鲜明，我国大学在组织特性及运行态势上呈现出明显的行政化倾向，在大学的内外部分别表现为大学本身行政权力对学术权力的凌驾与挤压和政府部门行政权力对大学办学自主权的剥夺与干预。这不仅违背了大学治理的内在逻辑，也干扰了应用型高校“U－G－E”协同育人的必然走向。

当务之急，首先要认清市场经济环境中，国家或政府部门已不再是应用型高校教育活动中唯一的主体，高校、政府、企业等多种力量在其中均扮演着重要的角色。早在2010年，教育部有关负责人在颁布国家教育规划纲要时就曾指出，“改革的核心是放权，即中央向地方放权，政府向学校放权”。2013年公布的《中共中央关于全面深化改革若干重大问题的决定》中也明确强调“要深化教育管办评分离改革，调整教育的权力和利益

结构”。由此可见，国家对高等教育供给侧结构性改革的重要性早有洞察，并已经迈出改革步伐，但改革治标容易治本难，分离的职能需要融通性传递装置，明晰的责任需要联合的责任链条，管办评分离后的“成长烦恼”和“转型阵痛”也需要一整套行之有效的机制来支撑和化解。近年来，国家越来越重视应用型高校的发展，相继出台了一系列政策文件，鼓励更多高校转型发展。但是很多的应用型高校仍以学术研究型高校的办学要求来指导工作，制定政策，与应用型人才的培养要求不相匹配，无论是教学理念，还是培养方案、培养模式等都不能体现出应用型人才培养的内涵要求，协同育人只是“挂在墙上、写在纸上、说在嘴上”的形式而已，未能把“U－G－E”协同育人落实在具体的培养过程中，供给侧结构性改革任重而道远，需要彻底改变过去单纯以政府为主导的高等教育管理体制，并逐步健全和完善“U－G－E”协同育人机制、公共教育决策机制、工作信息反馈机制、绩效问责机制等，积极创建“U－G－E”协同育人的高等教育管理体制，从而进一步破除高等教育供给侧结构性改革道路上的桎梏与阻力。

3. 优化资源配置，把引入行业企业资源作为重点方向

高校扩招以来，我国高等教育事业取得了举世瞩目的成就，招生规模的急剧扩张使得“上大学难”、高等教育供给总量不足的矛盾已得到根本缓解。与此同时，培养与经济社会发展需要相吻合的人才的重要性日益凸显，应用型高校的主要矛盾转化为人们对于高质量应用型人才的迫切需求。为了满足经济社会发展的需要，从高等教育供给端的要素角度来看，缓解这一主要矛盾的途径主要有两种：一是在规模适度扩大的同时努力拓展优质高等教育资源，重在提高应用型高校的教育质量；二是在提高质量的长期过程中积极引入行业企业的优质教育资源，大力推进“U－G－E”协同育人。值得注意的是，高等教育本身的特殊性也决定了其资源的最优配置并不是从一个给定的投入量中获得最大的产出这般简单，而是如阿瑟·奥肯（Arthur M. Okun）所言：“在平等中注入一点合理性，在效率中

注入一点人道。”显然，既往的高等教育资源配置方式已不能适应我国应用型高校主要矛盾的转化需要，必须针对应用型高校人才培养的供给侧结构性改革所面临的现实状况，选择更加符合教育规律、更加适合应用型人才培养、更加适应国情的高等教育资源配置方式。

为此，应按照帕累托最优的原则，通过调整优化应用型高校资源配置的政策导向，引导应用型高校切实突出高校的“应用型”，向实验实训条件建设、实验实训师资配备、校企合作教育等领域倾斜，同时，配合评价指标、专业建设、平台建设等导向性政策设计，把一大批地方高校转型走上应用型高校的发展轨道，把“U-G-E”协同育人内化在整个人才培养的全过程，使有限的办学资源发挥最大的效益，最大限度地提高高等教育对经济社会的贡献率。在把握高等教育资源利用情况的同时，也要对各级各类高等教育、不同学科专业、各高校资源利用率和办学效率进行全面分析，通过支持重点院校和扶持薄弱学校，努力形成不同规格和特色的高校，以平等的方式区别对待人们对不同类型和层次高等教育的需求。

4. 营造职业教育氛围，用顶层的制度设计驱动应用型人才培养

应用型院校说到底就是从事高等职业教育的培养任务。事实上，如果更为宽泛地讲职业教育，我国高等学校基本上都是为某一行业或某一群职业培养人才，所从事的基本上也都是职业教育。当前，我国高校特别是本科高校普遍存在着对职业教育的歧视和短视，认为在整个高等教育体系中，职业教育是低人一等的，本科高校忌讳讲“职业教育”，高职院校想办法要“升格办本科”，这一认识上的误区既有高校自身的责任，也有政府的导向责任。

众所周知，随着新型工业化的推进和科学技术的发展，现代职业教育越来越成为国家竞争力的重要支撑，特别是国际金融危机以来，欧洲国家以及美、日、印等国都将完善现代职业教育体系作为增强国家竞争力，尤其是发展实体经济的战略选择，力求在新一轮国际竞争中拥有强大的、可持续的人才和技术竞争优势，已形成了一整套完备的职业教育体系、职业

教育法律、职业教育文化。例如，德国职业教育的科学研究，正如其职业教育对经济的推动力一样，举世瞩目并始终处于世界领先地位。如果说德国经济腾飞的秘密武器是德国双元制职业教育，那么制造这些秘密武器的是德国高水平的职业教育师资队伍，而促进德国职业教育师资培养的理论基础——职业教育学的发展、改革与创新的，则是德国职业教育的科学研究。在诞生了像黑格尔、康德等世界著名的哲学大家以及马克思、恩格斯这样伟大的科学社会主义创始人的德国，其思辨的传统对职业教育的科学研究产生了极大影响。正是在这思辨的土壤中，产生了许多极具职业教育特色的理论成果，凸现了职业教育自身的规律。纵观当今世界，只有德语文化圈国家（德国、奥地利、瑞士）将职业教育学作为大学的一门独立学科，集中了大批专门从事职业教育学研究的专家学者，建立了高水平的研究机构，将自洪堡大学开始的教学与科研结合的大学功能发挥得淋漓尽致，既培养了大批高水平的职业教育的师资，又取得了许多具有国际影响力的职业教育科研成果。在包括著名的德累斯顿工业大学、亚琛工业大学、柏林技术大学、达姆施塔特技术大学、慕尼黑大学、汉堡大学、洪堡大学等24所研究型大学里，建立了职业教育师资培养机构及相应的职业教育研究所，为德国职业学校和企业职业教育的发展与创新，提供了强有力的理论支撑。

2013年，德国联邦职教所首次提出“职业教育4.0”概念以来，德国积极应对社会发展需求，谋划职业教育发展。2014年，德国联邦政府科学咨询委员会（Wissenschaftlicher Beirat）首次在汉诺威工业展上提出了“工业4.0”的概念。自此，“工业4.0”成为德国企业和经济界的热门话题，而且风行全球。实施“工业4.0”需要与之配套的专业技术人才保障，这是其能否成功实施的最重要智力要素。为此，德国联邦教研部、德国联邦职教所于2016年4月联合提出了“职业教育4.0”的倡议。两家机构试图以此为实施德国联邦政府提出的“数字议程”（Digitale Agenda）作出专业人才培养方面的贡献。该倡议把两家机构已经开始实施的职业教育项目和活动与目前准备实施的项目捆绑到一起，形成了一个总揽式的适应“工业

4.0”的专业人才培训框架。从倡议本身而言，“职业教育4.0”是“工业4.0时代的职业教育”的简称，其核心内容是德国职业教育领域对“工业4.0”的人才培养创新和应对措施，重点是“变”。也就是说，德国的“职业教育4.0”是职业教育在面对“工业4.0”新形势下做出的培养模式的改变，以适应德国工业和经济界未来对职业人员的新需求为导向。“职业教育4.0”与职业教育1.0、2.0和3.0的区别在于：“职业教育1.0”强调面向生活职业的传统职业品质，“职业教育2.0”强调以专业领域专门化和基本教育为基础的专门化职业品质，“职业教育3.0”强调在过程中独立负责的行动过程导向的职业品质，“职业教育4.0”强调在数字化工作世界的经验导向和科学导向的拓展职业品质。显然，“职业教育4.0”是德国高等学校的一场自身革命，是主动适应德国“工业4.0”的重要战略，换句来讲，就是德国应用型高校的供给侧改革，而推进这一场改革的则是战略性制度设计为政策工具，还有德国的职业教育理念与文化。

5. 抓住重点，有效推进高等教育的供给侧改革

当前，我国高等教育整体特征从外延式规模、数量的发展转向为内涵式结构、质量、效益和创新的发展，面对当前高等教育结构与产业结构的不协调，社会人才的“供需失衡”等结构性矛盾日益凸显，供给侧改革的重点应当放在如下几个方面：

（1）规格供给结构：多层次＋众规格＋新模式＋异要求。马克思在《剩余价值理论》中指出“教育会生产劳动能力”，教育在劳动力再生产和社会再生产中具有特殊的作用。教育作为“准公共产品”，教育服务质量的高低通过教育的产品“劳动力”即人接受教育后变化的劳动能力得以体现。一个人接受的教育越多，他的劳动能力越强，创造的社会财富越多，社会价值也越高。近年来，产业结构的转型升级加速了劳动力的流动，改变了已有的人才结构和就业结构，传统的“一个层次、一种模式、一批规格、一样要求”的人才培养理念已经严重滞后于经济社会的发展需要。高等教育应加强规格供给侧的结构性改革，形成“多层次、众规格、新模

式、异要求”的人才培养规格体系。打破“职业教育低人一等”“应用转型就是降格”等错误观念，不同层次、不同类型的学校只要适应市场需求，培养出高质量的劳动力就是一流的。既要重视研究型、创新型、基础型人才培养，也要重点扩大应用型、复合型、技能型人才培养，同时加强职业教育与普通教育、职业教育专科本科与研究生层次的“混搭”与“衔接”。不拘一格，大胆创新，既有高精尖的“卓越人才培养”，也有普通一线工作者的输出，拉近学业与职业、学位与岗位的距离。避免“一个模子”的批量生产，应提供给学生更多的根据自己兴趣爱好和能力选择教育类型、层次和形式的机会，构建立体式、多样化的规格培养结构。

（2）专业供给结构：对应行业＋适应产业＋有机嵌入＋开放动态。高等教育的快速发展，在取得显著成效的同时，面对经济社会的产业结构调整，出现了两种值得高度重视的倾向。一是“结构性浪费”，即高校在扩大办学规模的过程中，追求办学层次的高大上，增列博士点、硕士点，学院升大学，专科升本科，追求专业数量的大而全，并从短期办学效益出发，增设大量文科类、理论类、基础类学科专业，专业设置的“大同小异”，培养目标的“小异大同”，导致人才供给的低端重复，造成了严重的资源浪费。二是“结构性缺失”，即高校的专业设置，尤其是新专业的开设，缺失充分的市场调控，专业设置滞后于国家和地区经济发展需求，不能适应新兴产业和行业的人才需要。高等教育专业供给侧结构性改革就是要建立“对应行业、适应产业、有机嵌入、开放动态”的专业结构体系。高等院校要注重优化现有学科专业结构，服务国家重大发展战略，根据区域产业结构的调整变化，围绕区域优势主导产业、战略性新兴产业、现代服务业等合理设置新办专业。对接产业标准和行业要求，推动现有专业的升级改造和转型发展，提高专业核心竞争力及人才培养的岗位适应性。打通专业壁垒，适当大类培养，推进专业嵌入，体现跨界融合，培养一专多能的复合型人才。切实推进专业预警与退出机制，引入“独立第三方”毕业生就业质量评价，利用市场引导，有效制约。试点真正自主设置专业，缩小市场配置与专业供给的“时间差”，以快速适应地区产业与技术的实际需要。

（3）课程供给结构：系统＋平衡＋共享＋交叉＋特色。课程目标是专业人才培养目标的具体细化与分解，课程结构是实现课程目标的重要载体，是课程活动顺利开展的依据。课程结构是整个课程体系中各部分的配合与组织、协调与整合、比例与搭配，体现了一定的课程理念和课程设置的核心价值取向。针对当前高校课程体系存在的“多必修、少选修；重课内，轻课外；厚理论，薄实践；强专业，弱素养”等不平衡，高等教育课程体系结构改革的总目标是“系统、平衡、共享、特色”。各课程模块应该有秩序、有联系，构建“综合素养、职业品格、专业知识、行业能力、创新发展”五位一体的课程结构体系，其中，综合素养关注道德品质、人文科学素养和社会责任感；职业品格关注职业意识、敬业精神和职业素养；专业知识关注系统理论、核心课程和岗位基础；行业能力关注生产实际、技术更新和工作流程；创新发展关注创新意识、创业能力和实践活动。课程应促进受教育者的全面发展，达到普通科目与职业科目、必修课程与选修课程、学科课程与活动课程、理论课程与实践课程的平衡，并且强调课程结构的各组成部分形成合力，从不同方面为实现培养目标服务。课程平衡是一个动态概念，高校的课程结构应随着社会政治、经济、文化的发展作出有序的调整与修正。顺应“互联网＋”发展趋势，充分借助现代信息技术，有效利用各类优质课程资源平台，加快数字化课程体系建设。同时，紧密结合区域经济、文化发展优势与趋势，构建服务地方发展课程结构体系。

（4）教学供给结构：知识建构＋平等对话＋学习求知＋动态生成。教学方法作为提高教学质量的重要因素，政府和高校也一直给予重视，并进行了大量尝试，在《国家中长期教育改革与发展规划纲要（2010－2020年）》《高等教育专题规划》和《教育部关于全面提高高等教育质量的若干意见》等文件中，都把深化教学方法改革列为提高高等教育质量的重要内容，但是纵观当前教学改革现状依旧不容乐观。教学方法改革的阻力来自管理、教师和学生，面对高等教育的大众化发展，我们的学生正在发生着变化，正如马丁·特罗教授所言，一些“进入高等教育阶段的学生，其文化水平、共享知识和读写能力都在降低，这就使得我们的教师要面对具有多样性倾向与多样性学术潜能的新型学生所构成的挑战”。高等教育教学供给侧结构性改革的目标就是要转向“知识建构、平等对话、学习求知和动态生成”。教师要改变“知识灌输式”教学，充分调动学生的积极性，采用启发式、探究式等方法帮助和引导学生主动建构知识体系。转变“教师独白式”教学，将教学作为一种师生沟通和合作的过程，采用对话式、讨论式、交互式等方法，将课堂教学变为学生的主阵地，使课堂教学由教学场所转为学习场所。改进“知识传递式”教学，创设情境，并充分利用现代信息技术，让学生学会学习与研究，尤其在学生创新创业能力训练中，通过“虚拟仿真、项目驱动、专题研究”等方法提高实训效果。改变“预设式”教学，突出教学的动态生成，关注现场的互动与变化，因时应境而变。

（5）师资供给结构：双证＋双职＋双能＋双创。在高等教育对接产业转型升级，适应行业发展需要过程中，关于加强教师队伍建设，优化教师队伍结构一直成为关注的重点。在《教育部关于全面提高高等教育质量的若干意见》和《国务院关于加强教师队伍建设的意见》中都明确提出要建立教师学习培训制度，依托相关高等学校和大中型企业，共建“双师型”教师培养培训体系。随着国家《关于引导部分地方普通本科高校向应用型转变的指导意见》的出台，传统重点在职业教育的“双师型”队伍建设逐步扩大到更多应用型转型高校或转型专业集群。高等教育师资供给侧结构性改革就是要培养培训一批具有“双证、双职、双能、双创”的合格师资。通过职前学习获得学历证书和教师资格证书，通过“入岗训练、试岗锻炼、胜岗历练”等获得培训合格证书和职业资格证书。加强教师评价与聘任制度改革，推进教师分类管理和岗位分级，畅通学术型职称和实践型职称的评聘管理。同时，完善专兼职教师人事政策，探索实施“双岗双职”，即教师可以成为企业的培训师，驾驭学校、企业“两个讲台”，同时企业技术人员可以在校内承担教学任务，参与人才培养方案修订、课程建设等工作。加强教师教学能力和实践能力训练，通过在职进修和基地工程实践的“能上能下”，使教师做到“能文能武”。提升教师以应用为驱动的创新创业能力，将先进技术转移、创新和转化应用作为科研评价的主要方面。

二、需求型政策工具

需求型政策工具是从拉动高等教育发展的角度来研究。参照需求侧经济增长的“三驾马车”理论，消费、投资和出口被视为拉动需求增长的“三大动力”。按照凯恩斯的“有效需求不足”及IS－LM分析模型，由于经济发展的三个要素构成的有效需求总是不足的，政府应该通过“看得见的手”，即国家的宏观调控手段来刺激总需求，扩大需求总量，以实现宏观经济的持续增长，需求管理就是要“削峰平谷”，避免或减缓短期内经济的波动。从西方经济学发展历程来看，凯恩斯主义学派主张的需求侧改革和新古典主义学派所支持的供给侧改革，在不同的历史时期和经济社会背景下都曾经发挥过不同的作用。与经济改革领域类似，高等教育领域中也存在着需求侧与供给侧结构性改革两种不同逻辑。但从人才培养的需求与供给来讲，行业、企业始终是人才的主要需求方，也是拉动高等教育发展的重要一方。行业、企业需要什么专业的人、需要多少人、需要什么知识结构与能力结构的人，高校培养的人才合不合行业、企业的需要等问题，行业和企业最有发言权。因此，行业和企业理所应当成为应用型人才培养的主要参与方。

1. 从“消费”要素审视高等教育

20世纪90年代前期，中国经济过热，通货膨胀率极高，通过1993－1996年的经济“软着陆”，使通货膨胀率成功地从1994年的24.1%下降到1996年的8.3%，但是同时，经济增速也大大放缓，国内需求疲软。1998年11月，中央制定了以“拉动内需、刺激消费、促进经济增长、缓解就业压力”为目标的扩招计划，让更多的学生有机会上大学，既满足了大众对于高等教育机会的需求，同时也让更多的家庭消费高等教育资源。但是在消费需求拉动下，高校更多关注于办学规模和办学层次等外延发展的扩大与提升，而对人才培养质量这个核心内涵重视不够，出现了专业同质、人才培养规格滞后、课程设置传统、教学模式陈旧、社会适应性明显不足等问题。

2. 从“投资”要素审视高等教育

2011 年，国务院下发的《关于进一步加大财政教育投入的意见》中明确指出，要提高预算内基建投资用于教育的比重。2012 年，由国家发改委、教育部联合实施的“中西部高校基础能力建设工程”，是中央政府推动高等教育协调发展设立的又一次重大建设专项，该工程以五年为一个周期，资金投入大，滚动实施。除了中央财政预算内基本建设投资外，很多高校也通过银行贷款等形式进行资金筹措，教育已经成为热门投资行业。但是，高等教育投资的不均衡导致高校两极分化日益严重，投资的过度集中影响高等教育生态建设。巨额本息的支付又使得高校面临着严峻的财务风险和还贷压力。需求侧主导下的改革，高校更关注资源获取，而没有关注投资的效益与产出。

3. 从“出口”要素审视高等教育

近年来，随着高等教育国际化的蔚然成风，作为全球服务贸易的一部分，高等教育出口成为一些国家创收的渠道。对外经贸大学原党委书记王玲教授在接受专访时说：“截至 2013 年，我国已经与近 200 个国家建立了教育交流合作关系，与 39 个国家和地区签署了学历学位互认协议；出国留学人员遍及 100 多个国家和地区，来华留学生源地国家和地区达 194 个。”但是，在我国高等教育“出口”中存在流入与流出、学科分布和地域分布等诸多“不平衡”，高等教育开放办学的宽松环境、激励与支持性政策、国际化课程建设、高校内部管理体制及运行机制、专业学科的国际竞争力等方面制约着“出口”的质量和效益。

4. 抓住关键，大力推进高等教育的需求侧改革

（1）完善高等教育经费投入模式。高等教育的经费投入作为传统需求侧管理的重要措施在我国高等教育发展史上起到了积极的促进作用。根据经费的性质和投入方式，分为竞争性经费和非竞争性经费，非竞争性经费主要满足高校的生存，竞争性经费主要满足大学的发展。我国高等教育非竞争性经费投入主要存在总量不足和主体单一等问题，在竞争性经费投入中存在分配机制不合理、投资效益不高等问题，高校身份的不平等导致了高等教育质量的“良莠不齐”。第一，建立以政府为主导，多渠道投入管理体制。当前的高等教育供给侧结构性改革不是要单纯地增加政府投入，而是要拓宽办学经费来源，建立多元化经费投入体系，完善高等教育成本分担机制，建立合理的政府转移支付制度，促进高等教育的均衡发展。第二，培育多元化办学主体。多元化的经费投入必然带来多元化的办学主体，截至2015年，高等教育中的民办教育占比达到17%。非国有教育形式的加入，有利于促进教育市场竞争，创新人才培养模式，提高教育服务质量。第三，更加突出效益问题。在当前的高等教育投入体系中，关注经费投入多，关注效益产出少，缺少有效的经费绩效评价，导致本就有限的经费使用率不高。应建立有效的教育成本核算机制，调整经费支出结构，完善投资绩效考评体系，合理确定竞争性经费和非竞争性经费的财政分配比例，提高投入与产出效益。

（2）对接行业企业需求。高校是人才培养的承担者和社会服务的践行者，培养一支规模庞大、质量优良、适应社会、走得出、用得好、留得下的高素质人才队伍是其义不容辞的责任。企业是接纳高校毕业生、吸纳人力资源的重要载体和主要依托。二者之间理应是和谐共生、互帮互衬的关系。然而，当下高校人才培养与企业需求之间存在着二元隔离的藩篱，存在着阻碍交融的路障。造成这一局面的原因，既有高校方面，如专业设置相对滞后，培养目标不够清晰，专业设置还处于知识本位、逻辑本位阶段。在培养目标上，部分学校追求大而广，“综合型”和“全面型”等目

标，导致培养的人才在“专、深、精”上不够，不能很好地适应社会现实需求。课程体系不够完善，教材教法不够灵活。由于培养目标未能充分体现差异化，以致许多高校在培养内容上过于强调课程体系的“广而浅”，而弱化了专业课程“专而深”的要求。也有企业方面的原因，如在部分企业或企业主要负责人看来，现在人才市场是买方市场，主动权在自己手中，高校应主动找上门来。这种“等”“候”“拖”的思想依然存在。有的甚至认为，协同育人是政府和高校的事情，和自己的关系并不大，思想观念尚不适应市场经济发展的要求。也有的企业认为，“U－G－E”协同育人很难达到预期效果，并没有给企业带来显著收益，协同育人对于企业来说是杯水车薪。加之，高校和企业观念差异，校园文化与企业文化的不同等因素，导致企业和高校在协同育人的具体方式方法上有着较大分歧。还有的企业认为对接是政府行为，是行政力量推动的结果，企业参与协同活动是迫于政府的压力，是落实某项会议、文件或者领导讲话的产物，并非出自本身意愿，存在着敷衍了事的问题。第一，要大力营造校企对接的良好环境，灵活运用传统媒体和新兴媒介资源，对“U－G－E”协同育人的典型事例和成功经验进行海量报道，对政府支持、帮扶校企协同育人的举措及时宣传、跟踪报道，正确引导舆论导向，传播正声音、形成正共识、汇聚正能量。要进一步强化并完善有利于校企对接的各项规定、政策法规、激励措施等体制机制等。第二，积极探索“U－G－E”协同育人的载体方法。企业不能将协同培养简单地视为高等院校成果转化的过程，而是要根据市场需求，作为创新投入的主体、风险承担的主体、经济收益的主体，与高等院校建立多层次、全方位、宽领域的合作，以技术入股、利润分成、销售额提成等为协同形式，形成良性互动、利益共享、风险共担的深度对接机制。第三，积极创新“U－G－E”协同育人的激励机制。鼓励企业建立校企研发中心，大力协助重点企业组建校企技术对接研究中心，对建立国家级和省级校企技术对接中心、工程对接中心、工程对接技术中心的高校和企业，予以政策支持、物质和荣誉激励。第四，积极建立“U－G－E”协同育人的风险机制。通过招商引资等方式鼓励和引进有实力的企业组建“U－G－E”协同育人风险投资联盟，积极吸引社会资金参与协同育人。第五，积极创新“U－G－E”协同育人的专项机制。专项机制具有整体机制所不具备的独特优势。例如，可以设立校企对接的专项资金扶持机制、矛盾化解机制、法律协调机制等。推动企业与高校的产学研合作，提高企业参与协同育人的积极性，促进“U－G－E”协同育人在更宽的领域、更广的空间生根发芽、开花结果。

三、混合型政策工具

就政策工具本身而言，既有没有政府干预的自愿性政策工具，也有政府直接干预或管制的强制性政策工具，还有兼有自愿性与强制性双重特征的混合型政策工具，即允许政府将最终决定权留给高校、企业的同时，可以不同程度地介入非政府部门的决策形成过程。或者说混合型政策工具是从政府的角度来研究在实施“U－G－E”协同育人过程中所需要的政策、规范、技术或活动。

1. 加大对“U－G－E”协同育人的资金支持

大力宣传“U－G－E”协同育人，营造有利于协同育人的社会氛围，构建有利于协同育人的市场秩序。一方面有利于引导“U－G－E”协同育人各主体积极主动参与协同育人，另一方面有利于面向社会筹措资金，为协同育人提供资金保障。政府可以充分运用财政政策，为高校、企业提供协同育人专项资金，支持高校进行教学改革，引导高校与企业协同培养社会所需的专业型或创新型人才。同时，在税收政策方面，对参与“U－G－E”协同育人的企业实行税收优惠政策，适当减免税收，以增加企业利润，刺激企业参与协同育人，为高校培养人才、进行成果转化提供实践场所。要开展面向应用型高校的“双一流”，着力建设一批有一流办学水平的应用型高校和具有一流实力的应用型专业，引导这一类型高校转型发展，并通过“双一流”建设加大对“U－G－E”协同育人的资金投入，从利益上激发和刺激合作各方的积极性。

2. 建立健全人才培养保障机制

“U－G－E”协同育人的根本目标是培养人才，因此无论是高校、政府还是企业在协同育人过程中，其中心任务是对学生素质、工作胜任力、创新力等能力培养，然而培养效果如何，需要建立科学全面的人才培养保障机制进行监督、评估、调整，保证人才培养质量。首先，根据协同育人相关法律法规，制定人才培养质量保障章程，明确“U－G－E”协同育人的根本目标、基本原则、培养模式、各主体职责、培养效果评价体系等。其次，根据人才培养保障章程的要求，三方协调成立人才培养保障机构，监督管理整个人才培养过程，评估人才培养效果，保证产学研各主体充分利用各自优势资源，认真履行各自人才培养职责，科学高效地培养社会急需的人才。最后，企业、高校和政府三方应根据人才培养保障章程的要求，签订更为详尽具体的合作协议，将各方在协同育人过程中的职责具体化，如高校如何保证人才培养质量，如何保证企业和科研机构的人才录用优选权，企业如何保证实践场所、设备、岗位及人员的支持，如何保证学生实践任务有效完成等，从而防止协同育人的人才培养方式流于形式。

3. 完善法律保障机制

制定和完善“U－G－E”协同育人相关法律法规，用法律手段保障协同育人的顺利推行。需要明晰协同育人各主体的权利与义务，确保高校、企业和政府三方可以根据相关法律法规履行各自在协同育人过程中的职责，维护各自的利益，使产学研协同育人可以持续稳定发展。建立健全政府调控机制，“U－G－E”协同育人的三方都是协同育人的主体，但在社会责任、价值取向上存在差异，需要独立于高校、企业之外的政府，对整个“U－G－E”协同育人进行宏观调控，充分发挥其引导者、协调者、环境营造者等角色作用，引导协同育人的有效开展。因此建立健全政府调控机制刻不容缓。

4. 推进人才培养机制改革

高校作为人才培养的核心主体，在协同育人中占据主导地位，承担人才培养质量的主要责任。所以，高校迫切需要进行人才培养机制改革，使之适应协同育人的需要。因此，政府需要通过有关政策或评价机制，引导高校开展人才培养机制的改革。具体来说要围绕以下两方面，出台相应的政策或规定：第一，改革人才培养方案。高校在进行人才培养方案改革时，应根据专业特点和应用型人才培养的要求，积极引入企业优质教育资源，企业全程参与并优化课程结构，既要开设学科前沿课程，更需要开足应用技术型课程，并确保在理论教学过程中，学生牢固地掌握理论知识，养成科学思维方法。同时，增加实践性教学环节，加强学生实践能力和创新能力的培养教育。从基础课到专业课，直至毕业实习、毕业设计都综合安排实践环节，并对学生在实践过程中的表现、任务完成情况及实习报告进行全面评估考核，设立相应学分，确保学生理论联系实际，能够充分运用理论知识解决实际问题。第二，实行“双导师制”人才培养模式。在协同育人中，高校、企业可利用各自的人力资源优势，建立高校导师、企业导师共同培养人才的制度，充分发挥高校导师和企业导师在理论研究和科研实践方面的优势，共同制定人才培养方案，实施理论与实践教学工作。高校导师具有深厚的学科知识和学术基础，负责解决学生课程学习以及课题研究的学术性指导。企业导师具有一线的实践、科研经验，负责指导学生将理论知识转化为解决实际问题的实践能力。

5. 构建中介服务机构

高校、企业和政府三方因为根本目标和价值取向的差异，信息沟通渠道的缺乏，在协同育人中缺乏有效的沟通交流，不能无缝链接，协同培养人才。需要政府设立中介服务机构，为企业、高校提供沟通平台，协助高校、企业之间信息交流、人员流动、学术交流、科研成果转化和社会资金筹措与分配等。因此，要借鉴由我国政府设立的产学研办公室的经验与做法，成立“U－G－E”协同育人办公室，联合教育部、财政部、工业和信息化部、科技部、人力资源和社会保障部等部门组建而成。其主要职能是协调生产部门、高校利益，在资金投入、合作方式与渠道以及具体细节问题上给予管理和协调，督促每一个合作项目的落实。在推进协同育人过程中，政府也可参照产学研办公室的成功经验，以培养应用型人才为目标，建立协同育人中介服务机构。作为协同育人的中介服务机构，一是要发挥信息网络优势，构建面向全社会的协同育人信息资源平台，广泛收集整理和宣传发布高校和科研机构的科技成果，社会人才供求情况，高校人才培养质量，高校专业设置及师资力量，企业人才结构等信息。二是及时准确地为有关企业、高校提供人才培养计划指南信息、高校与科研机构优势学科和科研成果以及企业人才需求信息等，促进相关主体合作培养人才。三是落实贯彻政府制定的协同育人的管理制度和实施细则，保障社会资金的筹措与合理分配，减少合作过程中各方因利益分配而出现纠纷，降低合作成本，提高协同育人效率。

6. 构建动力驱动机制

动力驱动机制是“U－G－E”各方为了共赢而协同育人的机制，其动力主要来自高校、企业和优势互补、互惠互利。高校借助在职工培训、技术攻关、先进科研成果等方面的优势，为参与协同育人的企业提供高素质人才和先进技术，提高企业生产效益，增强企业市场竞争力。同时，企业借助面向市场的优势，为高校提供学生实习机会，提高高校人才培养质量，为科研机构提供科研成果转化基地，将其先进的科研成果迅速转化为生产力，创造社会价值，获取收益。因此，第一，高校要为参与协同育人的企业提供在职人员培训。接受企业在职人员进行全日制高等教育，提高企业在职人员学历水平。同时为企业提供人员培训场所，帮助企业开展员工培训。第二，要将企业作为科研成果转化基地。高校通过企业将科研成果转化为生产力，一方面可以调动企业参与科研成果转化过程，提升企业技术人员科研水平及创造能力，形成企业核心竞争力，另一方面，高校通过科研成果转化，为高校创造收益，有力地弥补了科研经费不足。第三，要将企业作为高校学生实习基地。企业利用雄厚的资金建立实验室，并向高校提供学生实践场所、岗位及大型仪器设备，提高学生科研能力和实践能力，提升高校毕业生就业竞争力。

第十章　“U－G－E”协同育人模式的持续改进

近年来，OBE 理念也已经从工程本科教育拓展到其他应用型本科专业，如师范专业认证，全面接受了 OBE 理念。工商管理学科作为应用型特征明显的本科教学，也必须借鉴 OBE 理论，以产出为导向、学生为中心和持续改进为核心要素，全面解构和重构人才培养体系，而“U－G－E”协同育人模式则是行之有效的改革。其中，基于质量监控基础上的持续改进，则是保证“U－G－E”协同育人动态有效的关键。

第一节　“三全”质量管理

20 世纪 90 年代，国内一些企业管理的研究者尝试引入全面质量管理（Total Quality Management，TQM）理念，实行“全员性、全过程、全方位”的质量管理，即“三全”质量管理。近年来，许多高校，包括地方高校也在探索并着手构建、实施以“全面质量管理”理念为支撑的教育教学质量管理体系，也取得了一定成效，如高校的管理工作进一步规范、教育教学环境不断得以改进、声誉与知名度得以提升，等等。高等学校的“三全”质量管理可以概括为三个方面：一是教育质量是教育过程中产生的结果；二是教育质量责任可延伸到直接教育环节以外的工作；三是教育质量更应当通过预防得以实现。但在具体操作过程尤其在质量监控方面存在着“全员性”现实基础薄弱、“全过程”功能环节脱节、“全方位”保障机制不健全等问题。以持续改进为目标的流程管理理念以及在此理念下的教学质量监控体系构建将会有效提升教育质量。

一、全面教育质量管理下教学质量监控存在的问题

1. “全员性”现实基础薄弱

按照“全员性”教育质量管理标准的要求，高校的教育教学质量与学校中每个成员的工作质量都有关系。“质量价值观”应该深入到高校、政府、企业协同育人链上每个员工的思想意识中，育人链上的每位教职工都要有“质量任务”，与教育教学质量相关的各种目标要被“任务化”，细化分解、责任到人。与“质量任务”配套的是建立管理制度和岗位职责，以保证“质量目标”的实现。但是，在学生规模大幅增加的背景下，地方高校存在对教育教学质量认识不到位、管理人员素质参差不齐、“U－G－E”各方协同不力等问题，导致“全员性”教育教学质量管理和“U－G－E”协同育人的实际执行效果大打折扣。由于对教育质量认识不清，高校中一些员工会认为教育教学质量只是教学部门和教学管理部门的事情，自己的工作与教育质量没有多大关系，政府和企业的同志会认为教育教学质量是高校的事情，与己无关，以致“全员性”教育教学质量管理网络难以形成，也难以保障整体教育质量的提高。

2. “全过程”功能环节脱节

按照“全过程”教育质量管理标准的要求，工商管理学科人才培养质量应当渗透到“U－G－E”协同育人的各个环节。协同育人过程中的任何一个环节，都是全过程质量管理的要素，忽视任何环节的质量管理，都会直接影响到整体教育教学质量的提高。但是，随着高等教育的发展，高等院校的教育思想和人才培养目标发生了重大变化，特别是在坚持“四个回归”的本科教学的大背景下，新时代的本科教育、新时代的文科教育呼唤着与之相对应的课程体系改革、课程内容更新、教学方法变革、教学评价创新。由于“U－G－E”协同育人涉及面广，牵涉环节多，培养过程长，三方之间存在认知和意识、协调和配合等问题，决策层的概念性规划往往难以高效下达，实际的教育教学管理层和执行层的工作成效就会有所欠

缺，致使协同育人的教育决策成效减弱。同时，下层对于教育教学质量的信息反馈也相对滞后。这样，既不利于教育教学管理的正确决策，也不利于教育教学管理系统的自我调节和自我完善。

3. “全方位”保障机制不健全

按照“全方位”教育质量管理标准的要求，教学质量监控体系制度应该包括：从师资队伍建设到教学管理组织建设，从教学基础条件建设到教学工作评价，从课程体系和教学内容到教学方法、手段，从校园文化到教学环境等方面。就“全员性”“全过程性”和“全方位性”三者的关系来看，教育教学质量的“全方位性”是前二者的内在要求，是全面质量管理的重要保障。但是，“全方位”质量管理的保障机制不健全现象普遍存在，集中体现在三个方面：第一，师资队伍建设滞后。高校扩大招生后，在校大学生人数成倍增加，教师数量不足问题日益突出。虽然学校也在不断地加强师资队伍建设，但是教师数量增加的比例远远小于学生数量增加的比例，致使“生师比”居高不下。一些专业的生师比不均衡，尤其是在新设专业上表现得更为明显。另外，由于教师总数不够，部分教师上课任务重，导致部分教师缺少更多的时间和精力深入研究教学方法、更新教学内容、改革教育手段，从而严重影响教育教学质量。第二，教学经费不足，教学设施欠缺。作为地方院校，随着扩招步伐的加快，生均资源数量有下降的趋势。尤其是一些以理工科类人才培养为主体专业的地方高校，培养学生实践能力的实验室建设、实习实训基地建设等都需要大量的投入。第三，教学质量评估体系有待完善。受宏观教育政策影响，许多地方高校非常重视教学评估工作。但是，由于没有专门针对“U－G－E”协同育人的教学质量评估方法，只能采用常规的教学评估指标体系和评价方法。这样的评价不能体现地方高校工商管理学科的人才培养特点和办学特色，无法适应地方高校现行教学体系，评价机制失灵、评价组织缺位、评价方式单一、评价方法陈旧等问题逐渐显露。

由以上的问题分析可见，全面质量管理（TQM）理念作为一种理想化的教育教学管理模式是值得肯定的，但是在实际教育管理操作中效果往往不佳。这就需要高校立足“U－G－E”协同育人的实际，重新审视教学质量监控体系。

二、以持续改进为目标的流程管理理念

流程管理是在多时期、多角度的相关管理理念基础上发展起来的。从泰罗的科学管理的“工作流程分析”思想，到20世纪40年代贝尔实验室的质量专家们提出的“质量监控”概念，发展成为20世纪70年代的全面质量管理理念，后来扩展到20世纪80年代中期和末期的“价值链”“并行工程”等理论，以及Hammer等人于1990年提出组织流程再造的思想，一直到20世纪90年代中后期才出现了“流程管理”这个相对新的管理方式。

1. 流程管理的内涵

流程管理，通俗地说，就是按照“流”的连续性、通畅、简捷原则对流程中各个活动和环节进行紧密衔接、贯通、有机组合或集成，使之更快捷更有效率，也就是让相关要素能够按照既定或者持续改进的程序化方式进行流动。因此，创建高效的业务流程是流程管理的关键。教学过程的流程管理就是坚持人才培养为导向，主动、持续地改进或改造能够提高教育教学质量的各种活动，并将之流程化、自动化、连续化、网络化、模块化（成核化）、集成化，由此提升高校的组织效率和效益。

2. 流程管理在教学中的操作

“卓越业务流程”的构建是教育教学质量管理体系的关键环节。其构建应该以对学校战略目标具有“增值贡献”为原则，审视协同育人过程中的每项活动，使它们衔接、贯通、有机整合为流程。每个流程可以由多个小流程构建而成，若干个流程又可以有机地整合为一个大流程。当一个流程被“卓越化”构建，并被相对固定化、集成化、信息化后，“U－G－E”协同育人参与方就可以相对稳定地执行它。构造卓越的“U－G－E”协同育人质量管理业务流程，需要根据三方合作的业务流程实际情况，不断对流程

进行持续改进。对于一些执行已久且被证明有效又基本符合卓越化原则的流程，就只需要进行规范化操作，对于存在一定问题的流程，则需针对不符合“卓越业务流程”要求的环节进行优化、改进，对于一些问题严重，已经不能适应提高教育教学质量目标需要的流程，则需要进行流程再造。

三、建立基于持续改进流程的教学质量监控体系

流程管理理论作为现代管理的先进思想和有效工具，是全面质量管理理念的进一步升华，而且随着2018年新时代全国高等学校本科教育工作会议的召开，人才培养的内外部环境发生了显著变化。淘汰“水课”，打造“金课”，取消“清考”已经成为当下高校人才培养的共识。“金课”的标准就是“两性一度”，即高阶性、创新性、挑战度。所谓“高阶性”，就是知识能力素质的有机融合，是要培养学生解决复杂问题的综合能力和高级思维。所谓“创新性”，是课程内容反映前沿性和时代性，教学形式呈现先进性和互动性，学习结果具有探究性和个性化。所谓“挑战度”，是指课程有一定难度，需要跳一跳才能够得着，老师备课和学生课下有较高要求。相反，“水课”是低阶性、陈旧性和不用心的课。打造什么样的“金课”，教育部高教司吴岩司长提出了建设五大“金课”目标，包括线下“金课”、线上“金课”、线上线下混合式“金课”、虚拟仿真“金课”和社会实践“金课”。对于地方高校的工商管理学科而言，打造“金课”必须融入“U－G－E”协同育人的理念和机制，要充分重视政府、企业在打造“金课”过程中的作用，建设符合地方高校应用型工商管理学科人才培养要求的“金课”体系。高等院校可以借鉴流程管理的理念、原理和方法，将其应用于“U－G－E”协同育人的实践，审视“U－G－E”协同育人的全过程，有针对性地对流程进行规范、优化和再造，建立以流程管理为基础的教学质量监控体系，以提升教育质量、增强核心竞争力。

1. 流程化教学质量监控体系的建立

由于学校历史、办学特色、管理模式、三方协同机制等方面的差异，

不同的教学质量监控体系会具有不同的内容和特点。但是，建立流程化的教学质量监控体系，应遵循一些共同的规律。

首先，确定“闭环流程化”的教学质量监控体系的主要环节。地方高校可以根据本学校的具体情况，识别和确定教学质量监控的主要流程和流程的主要环节。对于主要环节，还可以将其分解为次流程、子流程（见图10－1）。例如，“培养计划方案”作为教学质量监控主流程中的主要环节，可以分解为“计划执行监控”“计划执行评估”等次流程，而“计划执行监控”还可以进一步细分为“教学大纲”“授课计划”“课堂教学”“课程总结”等子流程，便于操作监控。

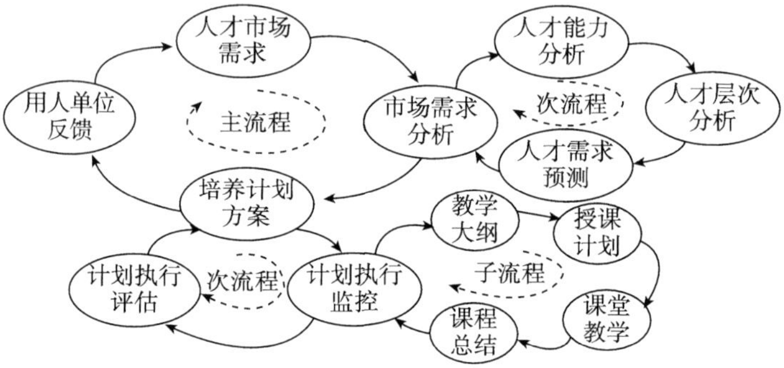

图10－1　基于流程管理的教学质量流程闭环体系

其次，对教学质量监控体系中各级别的流程，配备相应的管理角色、授予相应的管理权限、规定相应的职责任务。例如，“培养计划方案”环节的管理角色是校级的职能部门教务处，其依据学校教学质量监控委员会的授权，组织、协调、确定学校各本科专业的教学培养计划方案，并维持教学计划相对的稳定性。在制定教学计划过程中，必须按照“U－G－E”协同育人的机制和要求，共同制定教学计划；另外，在此流程的“计划执行监控”“计划执行评估”等环节中，流程管理的角色应该是各个院（系）的教学管理小组或是企业的具体部门或班组，其职责应该是对培养计划的执行情况进行监控和评估，并纠正培养计划方案执行过程中的偏差；再如，在子流程的“教学大纲”“授课计划”“课堂教学”“课程总结”等环节中，流程管理的角色应该是教研室或协同企业，其应该进行的操作是：在教学计划的指导下，制定和完善教学大纲，根据教学大纲编写课程授课计划，用以监控课堂教学的内容和进程，并在课程教学完成后，及时进行课程总结，反馈教学计划、教学大纲的执行情况，完善其内容和要求。

最后，用教学质量监控体系中的“流程闭环”整合其他相关的教育教学活动或辅助活动，对这些工作进行分析、定义、整合，或者对原有的流程进行分解、整理和归纳，实现“连续化”“闭环化”和“定量化”，改革原有流程中不合理、不规范的部分，实现流程的优化和再造。例如，目前与高校招生、就业的职能相关的“人才市场需求”“市场需求分析”“人才需求预测”“用人单位反馈”等环节，并没有纳入教学质量监控流程的“闭环体系”，而在“流程管理”思想指导下，可以将原来“招生”“就业”职能分解为“人才市场需求预测”“用人单位反馈”两个环节，统一纳入教学质量监控体系中的主流程。

2. 流程化教学质量监控体系的运行

第一，利用计算机网络平台相对固定流程。根据教学质量监控流程运作的要求，借助信息技术和强有力的网络，创建教育教学质量管理系统，突破单一线性式的管理局限，实现业务纵深层次的有机组合与衔接。同时将质量监控流程分解、细化、相对固定，利用计算机信息共享平台，管理各岗位角色的操作内容和数据接口，实现质量监控流程的整合。

第二，建立与流程管理相适应的组织环境。根据教学质量监控流程管理的岗位，量化流程任务、优化配置人力资源，保证体系的正常运行；合理设置教学质量监控流程的关键性指标，将学校的主体工作确立到提高教学质量目标上，加强监控体系流程的执行能力和成效；建立“闭环接口交接负责”的工作制度，协调流程上各环节的工作。

第三，持续改进和完善监控流程。持续改进是流程管理理念的关键内涵，高校的外部环境和内部管理都处于不断变化中，客观上要求高校不断地改革和发展，也要求教学质量监控流程体系是开放的体系，能够持续自我完善和自我良性循环。

第二节 持续改进与人才培养

如前所述，应用型本科高校的工商管理专业应以职业胜任力为能力导向。要实现这些能力要求，关键在于“U－G－E”协同育人的深入程度，在于教学及其质量保证体系的构建及其持续改进，具体而言就是学生培养方案的构建和持续改进、教学管理机制的建立和持续改进、教学质量控制体系的构建和持续改进、教学过程的持续改进、“U－G－E”协同育人的深入运行与持续改进等。其中持续改进尤为重要。学生的能力培养依赖于所在专业合理的教学体系，尤其是教学质量管理体系的有效运转，而教学质量管理应该是一个闭环，这个闭环应该不断通过“计划—执行—检查—处理”循环，不断完善质量计划的制定和组织执行过程，周而复始地运行，通过不断改进和解决教学质量问题，螺旋式上升，实现学生创新能力培养质量持续提高的目标。

一、持续改进的逻辑

持续改进循环系统内在的逻辑是：学校定位和办学宗旨直接影响专业培养目标与毕业要求；专业培养目标制定受学校办学定位和宗旨、评估与评价、反馈的影响；专业培养目标影响毕业要求；内外评估与评价直接影响专业培养目标，但不直接影响毕业要求；毕业生能力指标直接影响教学活动，受毕业要求、反馈的直接影响；教学活动受反馈和学生能力指标的直接影响，并直接影响证据的评价；证据评价受教学活动直接影响，并直接影响反馈；反馈受形成证据的评价以及解释证据的评价的直接影响，且直接影响培养目标、毕业要求、能力指标、教学活动。通过建立内部评价的持续改进机制，专业可以对课程体系设置和教学质量进行内部的实时监控与定期评价；通过外部的持续改进机制，可以帮助专业考察培养目标的符合度与达成度，考查学生创新能力培养的实现程度。通过有效实施持续改进机制，有利于专业针对教学过程中存在的影响学生创新能力培养质量的问题和薄弱环节采取改进措施，防止再次产生类似问题，并对可能存在的隐患和薄弱环节采取有效措施，从根源上提升学生创新能力培养的效果。

二、学生培养方案的持续改进

例如，本科会计学专业是以面向能够在工商企业、金融机构、中介机构、政府部门、事业单位及其他相关部门胜任会计、财务、税收、审计等工作的核算与管理双能力应用型高级专门人才。在本专业制定和完善学生培养方案的过程中，始终坚持持续改进的理念，“U－G－E”三方协同，“校－院－系”三级互动，充分考虑市场对人才的需求以及同类型高校会计学专业的办学经验，进行教学计划制订与修订工作。教学计划一般每3～4年修订1次，每次修订均首先围绕培养目标展开，修订过程能够很好地体现专业目标的指导性。具体过程如下：

1. 学校发布修订指导原则

学校进行顶层设计，确定教学计划的修订基本原则、总学时学分要求、课程设置要求、实践教学要求、进度要求等。

2. 学院确定本专业的培养目标

学院依据学校的办学特色、学院的学科发展现状以及国家、地方和产业经济建设的需要，组织成立教学计划制订小组，确定本专业的培养目标。

3. 系拟定教学计划初稿

专业依据培养目标，在广泛国内外调研的基础上组织系负责人课程组负责人、资深教授、教师代表、企业代表等对培养目标进行讨论，拟定具体的教学计划，并向本专业全体教师征求意见。

4. 院级讨论与评审

院教学领导小组、院学术委员会和院督导组对教学计划进行第一次评审，并提出修改意见，系里负责完善。

此后，学院按照学校指导原则的要求，将教学计划进行送外评审包括同行学校专家、主要用人单位等。在依据上述评审意见修正的基础上，学院将教学计划提交至学校审查通过。

5. 校级评审和答辩

学校组织校内专家、企业技术专家、校督导组等对专业教学计划进行初审。学院根据反馈意见进行第一轮修改。之后，校教学指导委员会、教务部共同组织教学计划答辩会。学院再次根据答辩反馈意见修改，形成教学计划最终版，最终由学校审定通过。

三、教学管理机制的持续改进

一般地方性本科高校的教学管理实行校、院两级管理机制。学校以国家和教育部相关法律、法规为依据，针对学生学籍管理及学位评定、日常教学管理、教学质量检查与评价、专业建设、质量工程项目、师资队伍建设以及创新实践等制定了一系列教学管理文件，形成了一整套较为完善、规范、与时俱进的本科教学管理规章制度。学校教学管理文件明确了各个教学环节的质量标准和规范要求，成为教师组织教学、学生自主学习和日常教学运行管理的依据，对稳定教学秩序、规范教学过程、提高教学质量、完善教学管理起到了重要作用。学院本科教学工作由学院党政一把手共同负责，院长作为第一责任人具体负责，分管教学副院长、分管学生工作分党委副书记、分管实验副院长等组成学院教学领导小组，明确分工，负责全院教学资源的合理调配、质量标准及相关政策的制定与实施、学风建设等工作；学院教学指导分委员会或学院教授委员会由教学、学术水平高，在教学管理和人才培养方面经验丰富的教师组成，全面负责专业人才培养计划的审定、教研教改项目和教学成果评审、课堂教学与实践教学的质量监控与教学效果评估等工作；学院学位委员会负责审核本科毕业生的学位授予情况；教学秘书和教务员负责教学文件管理、教学计划执行、学生学籍管理以及教学档案的归档等工作；系主任负责专业教学、组织制定与实施专业教学计划，安排日常教学工作、组织教研活动和教育教学改革等；校内外实习实训基地、工程技术中心、实验室等共同承担学生的各类实验和工程实践教学活动；校院两级教学督导组通过听课、巡视、调查、座谈等形式，检查和监督教学质量和教学秩序，督导各教学环节，及时反馈与沟通信息。

四、教学质量控制的持续改进

1. 教学过程质量控制

为实现教学过程质量控制的科学化、规范化和一体化，学校颁布各种规章制度，在管理者、教师、学生中对诸如教学计划制定与执行、课堂教学、教材选用、实践教学、考试、毕业设计等教学过程形成工作规范和约束机制。

2. 监督与评价

建立校、院两级教学质量监控体系，通过设立的本科教学指导委员会、教学督导组、学生信息员、校长（院长）信箱等，以领导听课、督导组听课、考试巡视、学生评教、教学检查、试卷抽查等方式对教学过程进行全程、多方位监督和评价。教务处或评估处和学院分别聘任具有丰富教学经验的专职教学督导员，负责对课堂教学效果检查（特别是青年教师和新开课程），对学院对本专业各门课程的教师聘任、教学进程的监督以及教师教学水平的提高起到了积极作用，有效地保证了课堂教学质量。学院坚持院领导听课制度，每学期院领导听课不少于 4 次，主管教学领导听课不少于 6 次。通过听课，了解教学状况，发现不足，及时整改，全面提高教学质量。每学期末学院都组织学生对本专业任课老师进行评教活动，对教学态度、教学方法、教学内容、教学效果、教学育人等方面打分，有效地促进了教学质量的提高。

3. 反馈与改进

建立较为完善的反馈和改进机制。对于从各种途径获得的评价信息，通过分析、归纳、总结，形成反馈信息，用于教学计划修订和本科教学过程各环节的持续改进，切实提高本科教学质量。其中对教师教学水平提高是以课程教学为切入点，根据学生对课堂教学、教学管理、实验实践教学等教学环节的反馈信息以及学校、学院教学督导组反馈意见等，经分析、总结反馈于上述教学过程，提出切实可行的整改措施，促进教学质量提高。对少数责任心不强、教学质量不高的教师，学院根据相关规定给予相应处罚。学校、学院教学督导组每学期抽查部分教学文件，根据教学文件抽查反馈意见，对任课教师提出整改意见，督促教师严格执行，对于部分问题严重的任课教师，学院根据相关规定给予相应处罚。

4. 对课程教学和学生学习状况的反馈渠道

保证课程教学和学生学习状况反馈体系的正常运转，是提高教学质量的前提。为此，采取了课前检查、课中监控、课后评价等监督措施。学校通过学生评估等途径，了解学生对教师的测评意见，并以此作为教师年终考核评优、评先进、晋升职称的重要依据，调动了教师认真施教的积极性。实施严格调课、停课制度，任何教师不得随意调动上课时间，更不得缺岗。特殊情况需提前提出书面申请并经学院批准同意、报校教务部注册中心备案后，才能执行。此外，校教务部、学院开通监督邮箱、电话，学生可以随时对教学中的问题进行反映，学院教务办公室及学院领导随时接待反映问题的学生；学校设立了校长信箱、接待日，对学生提出的问题，学校要求尽快给予答复。

五、毕业要求达成情况的评价机制

1. 评价原则

（1）毕业要求达成度评价包括：课程教学对毕业要求达成度的评价、

毕业生能力达成度的自我评价、用人单位对毕业要求达成度的评价；

（2）课程教学对毕业要求达成度的评价方法是：人才培养方案中明确了各专业的毕业要求，其中包括核心要求，每个毕业要求分解为若干指标点，每个指标点由若干课程支撑，各支撑课程需确定用于支撑该指标点的考核内容和方式；

（3）各支撑课程确定的用于支撑该指标点的考核内容和方式需合理、可衡量；

（4）在设置分指标点支撑典型课程的权重时，主要综合考虑课程对指标点支撑的强弱关系，课程内容与毕业要求分指标点内涵的相关度，以及支撑课程的课时数等因素；

（5）对每门课程在指标点中的权重进行赋值，每个指标点对应的所有课程权重赋值之和等于1；

（6）评价对象：取金属材料工程专业该届全体学生作为评价对象；

（7）经指定的责任教授对每门课程评价方案和依据的合理性进行确认；

（8）课程和毕业要求达成度必须严格按照考核方式和成绩进行评价；

（9）评价责任人和课程责任教授需严格按照本评价办法对课程达成情况进行评价，评价小组需严格按照本评价办法对毕业生毕业要求达成度进行评价；

（10）评价结果作为持续改进的依据，不作为教师考核的依据。

2. 评价方案

（1）毕业要求达成度评价机制：首先依据培养目标制定适合本专业学生的毕业要求，进一步分解为若干个指标点，设置相应的教学环节支撑指标点，每一个指标点由2～5门主要课程支撑，对每门课程根据其对毕业要求的贡献度赋予相应的权重。围绕相应指标点实施教学活动，制定各指标点详尽的评价计划。评价计划包括选择恰当的评价方法、实施评估并收集评估数据、分析得出评价结果、将评价结果用于持续改进等。

（2）评价方法：以直接评价为主，间接评价收集的数据作为补充。直接评价方法包括考核成绩分析法和评分表法等评价技术性指标。考核成绩分析法是通过计算某项毕业要求指标点在不同课程中相应试题的平均得分比例，结合本门课程贡献度权重，计算得出该项毕业要求的达成度评价结果。评分表法主要用于评价非技术性指标，为了评价学生对某一项毕业要求指标点在某一门课程中的达成情况，制定了详细、具体、可衡量的评价指标点，设置不同的达成情况层级，并对指标点的不同达成情况给出定性描述。对某一项毕业要求在某一门课程中的达成度评价由指导教师依据评分表，根据学生的试卷、实验报告、课程报告、作业等评价学生在该项指标点上的表现，并通过满意程度给出量化分数，计算出该项毕业要求在该门课程中的达成度评价值。最后综合该项毕业要求在不同课程中的达成度评价值和相应课程的支撑权重，计算得出评价结果。间接评价方法采取调查问卷方式，包括应届毕业生、往届毕业生、毕业生就业单位的调查及社会第三方调查，获取培养目标和毕业要求的达成情况。

六、社会评价与毕业生反馈机制

为了提高专业办学水平和教学质量，必须重视社会评价。本专业建立了包括毕业生、用人单位等信息反馈在内的社会评价机制，通过问卷、网络调查、座谈等形式收集对本专业人才培养质量和方案的意见和建议。

1. 培养方案的社会评价与反馈制度

专业培养方案教学计划每3～4年会修订1次。在修订方案的过程中，专业积极吸收了用人单位意见，根据社会需求适当调整培养方案，增加了对学生创新能力培养的权重。

2. 学生培养质量的社会评价与反馈机制

就业单位对毕业生的质量评价与反馈机制。利用会议、座谈、走访等方式，加强与各地人力资源主管部门、企业、高校和科研机构的联系，跟踪毕业生的就业和发展状态，了解工商管理专业学生人才培养质量情况，了解社会对学生创新能力培养的要求，听取用人单位对毕业生的质量评价与人才培养的意见建议。

3. 毕业生调查与反馈机制

定期与毕业生进行交流，探讨培养过程、手段、措施，课程设置、实践教学、实习锻炼等各方面的反馈意见和建议。

4. 高校、研究机构评价与反馈机制

不定期深入同行单位调研，发放、征集研究生信息反馈表，了解各高校、研究机构对于本专业考取的研究生的质量评价及反馈意见。

通过上述反馈机制的建立和组织实施，在学生创新能力培养方面取得了明显进步。学生在多项创新创业大赛上取得了优异成绩，在就业市场也广受欢迎。毕业生的实践和创新能力强，用户单位反馈良好。

第三节 持续改进案例

持续改进是 OBE 理论的重要内容，契合了新时代本科教育的新要求，也是应用型人才培养的基本要求。不少地方高校先后参加了工科专业认证、师范专业认证等专业认证，深刻领会了“产出导向、学生中心、持续改进”的 OBE 理论的核心内涵与实质，也采取了一些切实可行的措施，取得了显著成效。盐城师范学院于 2017 年上半年参加了中学全科 12 个师范专业的专业二级认证，以优异的成绩通过了专家的现场评审和教育部的复核性评审，也是全国首家中学全科 12 个专业一次通过专业认证的学校。在通过了师范专业专业认证之后，盐城师范学院将专业认证的核心内涵和实质迅速在其他各专业中广泛运用，“产出导向、学生中心、持续改进”的 OBE 理论得到了全面的贯彻落实，制定出台了《进一步加强本科教学质量评价与持续改进体系建设的意见》，规范和深化了专业认证的成果。

一、总则

第一条 为贯彻落实《教育部关于加快建设高水平本科教育全面提高人才培养能力的意见》（教高〔2018〕2号）和《关于实施〈普通高等学校本科专业类教学质量国家标准〉的通知》（教高司〔2017〕62号）等文件精神，进一步完善我校本科教学质量评价和持续改进体系，规范评价与反馈工作程序，形成运行、评价、反馈、改进的质量管理闭环，促进教学质量不断提高，特制定本意见。

第二条 指导思想

以习近平新时代中国特色社会主义思想为指导，深入贯彻落实全国教育大会和本科教育工作会议精神，遵循高等教育发展规律，聚焦立德树人根本任务，进一步加强本科教学质量评价和持续改进体系建设，保障和全面提高本科教学水平和人才培养质量。

第三条 基本原则

（一）人才培养目标和要求围绕经济社会发展需求持续改进的原则。主动对接经济社会发展需求，结合区域内高校学科专业特色和优势，加强专业布局顶层设计，动态调整专业结构，做好存量升级、增量优化、余量消减；主动适应新技术、新产业、新业态、新模式对新时代人才培养的新要求，及时修订专业人才培养方案，科学构建课程体系，定期更新教学大纲，切实提高学校人才培养的目标达成度、社会适应度、质保有效度和结果满意度；主动邀请行业、企事业和用人单位的专家和领导参与人才培养方案的论证和修订，充分发挥其在需求分析、标准设计、质量评估等方面的作用，保证人才培养的目标和要求贴近实际、不断优化、与时俱进。

（二）教学活动的开展围绕人才培养目标和要求持续改进的原则。着力推进课程内容更新，将学科研究新进展、实践发展新经验、社会需求新变化及时纳入教材；着力推动课堂教学革命，积极推广翻转课堂、混合式教学等新型教学模式，大力打造适应学生自主学习、自主管理、自主服务需求的智慧课堂、智慧实验室、智慧校园，大力推动互联网、大数据、人工智能、虚拟现实等现代技术在教学和管理中的应用，积极探索网络化、数字化、智能化、个性化教育；着力建好质量文化，积极建立学生中心、产出导向、持续改进的自省、自律、自查、自纠的质量文化，将质量要求内化为师生的共同价值和自觉行为。

（三）师资队伍和教学条件围绕人才培养目标和要求持续改进的原则。加强师资保障，认真制定落实教师队伍建设发展规划及年度计划，完善师资队伍规模结构，不断提升教师教学能力和教学水平，引导教师更好担当起学生健康成长指导者和引路人的责任；加强政策保障，建立健全教师教学激励机制，坚持以师德师风作为教师素质评价的第一标准，把教学质量作为教师专业技术职务评聘、绩效考核的重要依据，加大对教学业绩突出教师的奖励力度，真正将人才培养中心地位落到实处；加强投入保障，突出教学建设的优先地位，完善教学经费预算管理制度，建立健全保障教学经费投入及稳步增长的长效机制，确保教学日常运行支出、实验材料费、学生实习费、实验室基地运行费、教学设备购置与维修、图书文献购置、教学质量工程及教学研究、专业建设、课程建设、教材建设、教学实验平台建设等方面资金投入到位。

第四条 本科教学质量评价和持续改进体系由组织体系、质量标准体系、质量监控体系、质量评估体系和质量反馈体系等五部分构成。

二、组织体系

第五条 组织体系是教学质量评价和持续改进体系的保障。其职能是明确质量目标，确立评价标准，设定监控环节，指导各类评估，关注反馈改进，及时制定或调整政策措施，决策教学重大问题。组织体系由校院两级组织机构构成。

第六条 校级组织机构包括党委常委会、校长办公会、教学指导委员会等。校党委书记、校长是学校教学质量第一责任人，分管教学副校长负责具体管理与执行。学校党委常委会、校长办公会每学期至少召开 2 次会议专题研究本科教学工作。学校每年召开全校本科教学工作会。

第七条 院级组织机构为学院教授委员会。各学院书记、院长是学院教学质量第一责任人。学院每学期至少召开2次专题会议研究本科教学工作。

非学院的教学单位视同学院，须成立专家组履行教授委员会职能，其主要负责人为本单位教学质量第一责任人。

第八条 学校各职能部门主要负责人是保障教学质量的第一责任人，须将保证教学条件、教学运行作为本部门的重要工作，强化服务意识，确保教学质量评价和持续改进体系的有效运行。

第九条 评估处和教务处是教学质量评价和持续改进体系建设的日常管理部门，负责相关工作的组织、落实和协调。

三、质量标准体系

第十条 质量标准体系是教学质量评价和持续改进体系的依据。质量标准体系以《普通高等学校本科专业类教学质量国家标准》为依据，内容涵盖人才培养目标、培养方案、各教学环节标准、教学建设标准、教学管理制度等方面。

第十一条 准确定位人才培养目标。学校根据办学定位和发展战略，确立人才培养总目标，统领学校人才培养工作。各专业紧扣学校人才培养总目标，根据经济社会发展新要求，制定本专业培养目标。

第十二条 科学制定并完善专业培养方案。各专业根据培养目标制定专业培养方案，明确人才培养要求和基本规格，科学构建知识结构、搭建课程体系、规划教学活动。

第十三条 完善各教学环节质量标准。标准须涵盖理论教学、实践教学、毕业论文（设计）、考试考核、教材选用等教学活动各环节。标准须符合我校教学实际，具有科学性、前瞻性和可操作性，由教务处、评估处聘请专家组集体审议后确定。学院可根据学校标准，结合学院和专业实际，经科学论证后，对标准进行适当调整。

第十四条 优化教学建设标准。标准涵盖课程建设标准、专业建设标准、教材建设标准等。标准原则上按照国家或教育主管部门统一标准执行；如尚无明确标准，将由教务处、评估处聘请专家组集体审议确定。

第十五条 规范教学管理制度。定期梳理教学制度，做好“立、改、废”工作，切实保证教育教学有序、高效。

四、质量监控体系

第十六条 质量监控体系是教学质量评价和持续改进体系的核心。其职能是根据教学规章制度、各教学环节质量标准，对主要教学环节教学质量进行监督和控制，包括领导干部听课制度、教学检查制度、教学督导制度、学生信息员制度、教师教学评价制度等。

第十七条 领导干部听课制度。学校各级领导应按《盐城师范学院领导干部听课制度》的要求，深入课堂，及时了解教学状况，发现和解决教学中存在的问题，提高教学管理工作的针对性和有效性。主管教学的校领导每学期听课不少于4课时，其他校领导每学期听课不少于2课时，教务处处长、副处长每学期听课不少于6课时，各二级学院领导每学期听课不少于4课时，其中教学院长不少于10课时。

第十八条 教学检查制度。教学检查分为学校检查和学院自查，检查形式为常规检查和随机抽查，分期初、期中、期末三个阶段，检查内容包括课堂教学、实践教学等教学环节及教学大纲、试卷、毕业论文（设计）等教学资料。检查须做好工作记录和总结分析，学校定期开展督导、抽查。

第十九条 教学督导制度。学校教学督导分校院两级，校级教学督导由学校教学指导委员会聘任，院级教学督导由学院教授委员会聘任。两级督导配合联动，对教学质量进行指导、监督、检查和评估。校院两级督导经费每年不少于75万元。

第二十条 学生信息员制度。加强学生教学信息员队伍建设，按专业和年级遴选一定比例的学生担任信息员，定期反馈有关学生学习、生活信息和学生对教师、教学管理部门以及学校的评价、意见或建议。

第二十一条 教师教学评价制度。构建“主体多元、指标多样”的评价体系，评价主体包括领导干部、教学督导、教师同行、学生和教师本人等，评价指标由教务处聘请专家组集体审议确定。

第二十二条 教学基本状态数据采集制度。利用教育部高等教育质量监测国家数据平台，及时统计、分析师资队伍、学科专业、人才培养、学生发展、教学管理、质量监控等方面的数据信息。采集工作由评估处牵头负责，各教学单位和相关职能部门共同配合完成。根据填报数据生成的数据分析报告须提交学校领导及相关部门，作为学校决策的主要依据。

第二十三条 质量跟踪调查制度。有关职能部门、各教学单位及教师应对反映人才培养质量的各项指标进行长期跟踪和调查。教务处负责组织对在校生学业状况、应届毕业生教学满意度进行调查；招生就业处负责组织对生源情况、毕业生就业去向和质量进行调查，组织用人单位开展对毕业生满意度的调查；各教学单位健全教学质量评价与反馈机制，对本单位教学工作进行定期总结，负责对所属专业的在校生学业情况、毕业生发展、满意度情况进行持续跟踪调查；教师应及时对课程教学、教学建设与改革成效进行总结。

五、质量评估体系

第二十四条 质量评估体系是教学质量评价和持续改进体系的关键。其职能是对学校教育教学工作质量进行评价，包括课程评估、专业评估、专业认证、第三方评估等。评估采取校内评估与校外评估相结合，定期评估与随机评估相结合，全面评估与专项评估相结合。

第二十五条 课程评估制度。学校支持各类课程专项建设，并定期组织评估验收。学校负责校级及以上课程建设项目的评估和遴选推荐工作，其他课程评估以学院自评为主，学校定期抽查。

第二十六条 专业评估制度。按照专业建设标准和上级有关专业评估指标体系，认真做好校内专业评估和省教育厅组织的新设专业评估、学士学位授权专业评审、本科专业综合评估等，评估结果作为学校决策专业招生计划、专业建设及动态调整的重要依据。校内专业评估经费每个专业 4 万元，新设专业评估经费每个专业 5 万元，学士学位授权专业评审经费每个专业 5 万元，本科专业综合评估经费每个专业 15 万元。

第二十七条 专业认证制度。聘请专家对相关专业进行精准指导，提升质量标准，加强常态监测和质量监控。积极推进本科专业认证工作，认真开展保合格、上水平、追卓越的三级专业认证。师范专业专业认证经费每个专业 15 万元，工程专业认证经费每个专业 30 万元。

第二十八条 第三方评估制度。根据国家有关文件精神，委托用人单位、专业机构对学校教学工作和人才培养质量进行评估，保证评价客观、科学，持续推进学校育人体系建设。

六、质量反馈体系

第二十九条 质量反馈体系是教学质量评价和持续改进体系的目的。由结果反馈、信息利用和持续改进三个模块组成。其职能是将监控系统收集信息和评估系统评价结果，准确、全面、快速地反馈到各级质量保障组织机构，为其做出正确决策提供可靠依据，完成及时调控和持续改进。

第三十条 教学质量信息公开发布制度。完善教学质量信息发布机制，及时发布各类评估结果、质量分析报告等，定期向社会公布年度本科教学质量报告、毕业生就业质量报告等，引导社会各界参与学校质量监督。

第三十一条 教学奖惩制度。强化评价结果的应用，将教师教学工作考核评价作为教师年度考核、聘期考核、评优评先、各级各类评选、出国研修、岗位聘任、职称评聘、绩效发放、续聘合同等的重要依据。

第三十二条 持续改进制度。建立由课程、专业、学院、学校构成的“四级链接”教学质量持续改进体系。

（一）各课程在教学过程中都要根据质量评价反馈信息及时进行整改，在课程结束时对持续改进情况进行自评，并将自评结果报教师所在系审核。

（二）各专业建立“本科人才培养质量年度自评报告制”，对专业教学质量状态作出小结，提出下一年度持续改进的思路，向学院提交自评报告并在评估处备案。

（三）各二级学院认真做好对本院相关专业自评报告的审核及持续改进的评估工作，在此基础上形成学院年度本科教学质量报告，提出进一步改进的方案，并向评估处提交学院自评报告。

（四）教务处、评估处会同相关职能部门在做好各二级学院本科人才培养质量审核工作的基础上，实现本科教学基本状态数据常态监测，完成学校本科教学质量年度报告，报上级教育主管部门审核评估。年终结合教学目标任务完成情况，教务处、评估处组织校教学督导组对二级学院教学管理工作进行目标考核。

（五）学校针对教学质量持续改进开展专项督查。对于教学评价中反映出的教师教学质量问题，相关院系应和教师本人共同制定改进方案，在院、系两个层面实施教学能力提升计划；对较为严重的教学质量问题，教务处可暂停其本科教学工作，由校教师发展中心和相关二级学院共同制定限期整改方案，因个人原因未能按期实现整改目标者，应调离本科教学工作岗位。对于教学评价中反映出的学生学风问题，教务处、评估处应及时将相关信息反馈给学生工作部和相关二级学院，由学生工作部和相关二级学院负责实施学风改进提升计划。对于教学评价中反映出的教学管理及后勤保障服务问题，评估处应及时将有关信息反馈给相关职能部门和二级学院，并敦促其做好相关改进工作。

参考文献

[1]潘懋元．应用型人才培养的理论与实践[M]．厦门:厦门大学出版社,2011.

[2]洪银兴．产学研协同创新研究[M]．北京:人民出版社,2015.

[3]邵云飞,等．高校协同创新机制与人才培养模式研究[M]．北京:清华大学出版社,2015.

[4]唐毅谦,等．高素质应用型人才培养模式多途径的理论与实践[M].北京:科学出版社,2016.

[5]罗焰,等．地方院校产学研合作模式及运行机制研究[M]．成都:四川出版集团巴蜀书社,2009.

[6]王玉丰．中国新建本科院校转型发展研究[M]．北京:教育科学出版社,2011.

[7]莫山农,等．地方财经类院校产学研合作人才培养模式与运行机制研究[M]．武汉:武汉大学出版社,2017.

[8]蔡柏良,刘曙霞．“U－G－E”全链式协同提升经管人才职业胜任力的改革与实践[J]．盐城师范学院学报,2017(2).

[9]赵建立,丁慧东．“U－ G－ E”协同视角下的大学生就业创业扶持模式研究[J]．经济师,2015(9).

[10]刘英娟．“三螺旋”理论视角下地方高校创业人才培养模式研究[J]．教育与职业,2013(11).

[11]刘祥城,葛梦凡．“三螺旋”理论视角下提升高校毕业生就业能力途径研究[J]．中国集体经济,2017(9).

[12]谭金飞.“三螺旋”理论指导下校企合作人才培养模式研究[J]. 中南林业科技大学学报,2014(10).

[13]陈明明,汤虹,等.“三螺旋”视角下区域本科高校产教融合机制研究[J]. 教育现代化,2018(11).

[14]唐贵伍,等. 大学、产业、政府三重螺旋创新模式探析[J]. 商业经济研究,2017(11).

[15]马永斌,王孙禺. 大学、政府和企业三重螺旋模型探析[J]. 高等工程教育研究,2008(5).

[16]王成军,黄宝东,邱瑜. 基于网络计量的三重螺旋比较研究[J]. 技术与创新管理,2006(3).

[17]牛盼强,谢富纪. 创新三重螺旋模型研究新进展[J]. 研究与开发管理,2009(9).

[18]殷惠光,等. 地方高校开展政产学研合作的基本模式和保障措施[J]. 江苏高教,2011(4).

[19]杨林. 工商管理学科建设:内涵、内部影响因素及其保障机制[J]. 石家庄经济学院学报,2007(2).

[20]金伟,等. 构建大学－企业－政府三螺旋创新型人力资源开发模式[J]. 辽阳师专学报(社会科学版),2008(1).

[21]周春彦,等. 国内外三螺旋研究的理论前沿与实践探索[J]. 科学与管理,2011(4).

[22](美)亨利·埃茨科威兹. 大学·产业·政府三元一体的创新战略:三螺旋[M]. 周春彦,译. 北京:东方出版社,2005.

[23]Loet Leydesdorff,Martin Meyer. 三螺旋模式和知识经济(The Triple Helix Model and the Knowledge－Based Economy)[J]. 周春彦,译. 东北大学学报(社科版),2010(1).

[24] Chunyan Zhou. The "Government－pulled" Triple Helix of Regional Innovation in China, Theory and Practiceof Triple Helix Model in Developing Countries (RoutledgeStudies in Innovation, Organizations and Technology)

(Hardcover). Ohammed Saad (Editor) and Girma Zawdie (Editor)[M]. London;New york:Routledge, 2008.

[25] Henry Etzkowitz & Loet Leydesdorff (Eds.). Universities and the Global Knowledge Economy: A Triple Helix of University - Industry - Government Relationsl Book of Abstracts[M]. Amsterdam: University of Amsterdam, 1997.

[26]Loet Leydesdorff and Martin Meyer. Triple Helix Indicators of Knowledge - based Innovation Systems:Introduction to the Special Issue[J]. Research Policy, Volume 35, Issue 10, December 2006.

[27] Henry Etzkowitz, Chunyan Zhou. Triple Helix Twins: Innovation and ustainability[J]. Science and PublicPolicy,Vol. 33, No. 1,2006. 2.

[28] Henry Etzkowitz. The Norms of Entrepreneurialscience: Cognitive Effects of the New University - Industrylinkages[J]. Research Policy, Volume 27, Issue 8, December 1998.

[29] Henry Etzkowitz. Research Groups Asquasifirms:the Invention of The Ntrepreneurial University [J]. Research Policy, Volume 32, Issue 1, January 2003.

[30] Henry Etzkowitz, José Manoel Carvalho de Mello, Mariza Almeida. Towards "meta - innovation" in Brazil: The evolution of the incubator and the emergence of a triple helix [J]. Research Policy, Volume 34, Issue 4, May 2005.

[31] Henry Etzkowitz, Chunyan Zhou. Evolution of the University's Role in Innovation and The New Asia Model, Douglas et al eds [M]. Globalization's' Muse: Universities and Higher Education Systems in a Changing World. Berkeley:Public Policy Press,2009.

[32] University - Industry - Government Relationsin China: An emergent national system of innovations[J]. Industry and Higher Education,2001, 15(3).

[33] 方卫华. 创新研究的三螺旋模型:概念、结构和公共政策含义[J].

自然辩证法研究,2003(19).

[34] 任锦鸾,陆剑南. 复合三链螺旋创新系统模型研究[J]. 科学学研究, 2003(5).

[35] Henry Etzkowitz, Chunyan Zhou. Singapore Triple Helix Conference VI[EB/N]. Theme Paper, May 16－18, 2007. Seehttp:// www. triplehelix6. com.

[36]王成军. 中外三重螺旋计量比较研究[J]. 科研管理,2006(6).

[37]严华,等. 基于产学合作教育的应用型本科人才培养模式[J]. 教育与教学研究,2011(11).

[38]吴姮,等. 基于多重螺旋理论探索“官产学研用”协同创新途径[J],科技与产业,2013(3).

[39]王成军. 官产学三重螺旋创新系统模型研究[J]. 科学学研究,2006(12).

[40]康健,等. 基于区域产业互动的三螺旋协同创新能力评价研究[J]. 科研管理,2014(5).

[41]涂俊,等. 三重螺旋模型及其在我国的应用初探[J]. 科研管理,2006(3).

[42]廖苑伶. 基于三螺旋理论的芬兰政产学合作模式研究[J]. 世界教育信息,2016(7).

[43]周春彦,等. 三螺旋创新模式的理论探讨[J]. 东北大学学报(社会科学版),2008(7).

[44]李培凤. 我国大学、产业、政府三螺旋效果分析及政策建议[J]. 科学学与科学技术管理,2014. 35(12).

[45]叶柏青,等. 我国官产学三螺旋关系测度研究[J]. 商业研究,2014(10).

[46]孟伟东,等. 我国三螺旋创新理论研究综述[J]. 燕山大学学报(哲学社会科学版),2013(12).

[47]徐萍平,等. 应用型本科经管专业实践教学体系构建与实施[J].